耶稣会与明清之际
中西文化交流

朱雁冰 著

浙江大学出版社
ZHEJIANG UNIVERSITY PRESS

目录

耶稣会与明清之际中西文化交流

关于耶稣会这个曾对中西文化交流产生过广泛而深远影响的天主教团，德国浪漫派诗人诺瓦利斯（Novalis，1772—1801）在他于1799年写成的《基督教或欧洲》一文中，作过如下描述：

> 对旧秩序堪称福音的是，现在出现了一个新成立的教团，濒死的宗法精神仿佛将它的余晖全都投射给了它，使它以新的力量接过旧的衣钵，以令人惊叹的睿智和毅力，以比以往任何时候都更加巧妙的手段维护着教皇王国并使之重新获得活力。在世界上从未有过这样的团体。即便古罗马的参议院也未曾怀着如此必胜的信念拟定它征服世界的计划。从没有人以如此高度的理智考虑过实现一个如此伟大的理想。这个团体将永远是那些像有机体那样向往着无限扩张和永世长存的团体的一个范例——然而，它也永远证明，不受监管的时代本身将使哪怕是计划最周详的行

动归于失败，而整个机体的自然生长将不可阻挡地遏制其某一部分的人为生长。所有个别部分本身，其力量都是有限的，只有整个机体的力量才是无限的，所有跟整个机体结构不完全适合的计划必将落空。尤其令人注目的是，这个团体可谓秘密社团之母，尽管现在还不成熟，但已显示出重要的兆头。新路德派（而不是抗议派教会）面对的可能是一个最危险的对手。天主教信仰的全部魔法在他们的手中变得更加有力，科学珍宝流回他们的禅房。凡是在欧洲所失去的一切，他们便千方百计地在世界的其他部分，在最遥远的西方和东方得到几倍的补偿，他们努力并有效地使用教皇所授予的尊位和职业这两种身份。在接近人民的努力中，他们也不甘落后，他们清楚地知道，路德的成功在极大的程度上是由于他煽动性的宣传手法，是由于他熟悉人民。他们到处建立学校，占据忏悔师职务，登上讲台；左右舆论，以作家和哲人、大臣和殉道者的身份出现。他们在从美洲经欧洲到中国这样无比广阔的地区，以令人无比惊异的默契，协调着他们的学说和行动。[1]

应强调的一点是，诺瓦利斯写这篇文章时，欧洲因受法国革命的冲击正处于动荡之中，他认为动荡的原因是宗教的衰微，宗教改革是破坏性因素，法国革命则直接滥觞于宗教改革。诺

---

[1]《诺瓦利斯文集》(*Novalis Schriften*, hrg.von R.Samuel, Stuttgart 1968)，卷三，第513—514页。

瓦利斯的理想是恢复统一的、不分教派的基督教，通过精神力量和信仰革新世界。因此，他颂扬耶稣会，认为它是以新的手段重建统一教会的尝试。在他写这篇文章二十六年以前，即1773年7月21日，教皇克勒门斯十四世已签署文告宣布解散耶稣会。不过，诺瓦利斯却以诗人的笔触就耶稣会成立的时代背景，它的性质、工作方式和策略以及所要达到的目的，作了准确的概括。这也是本文展开论题的基本框架。

一

耶稣会创始人原名伊尼果·德·罗耀拉（Inigo de Loyola），从1537年开始他只称自己为伊格纳修（Ignatius），1491年出生在西班牙居普斯科省（(Guipuzcoa）阿兹佩齐亚村（Azpeeitia）一个巴斯克贵族家庭中。他在基督教历史上的重要地位和传奇性可以从下面的数字看出来：据耶稣会史学者卡拉翁（August Carayon，1817—1874）在他的《耶稣会史书目》（*Bibliographie Historique de la Compania de Jesus*，Paris 1864）中统计，他的传记有一百二十一种之多，据说其中七十三种为耶稣会士的著作[1]。自那时以来到现在，又有一批关于或涉及他的生平的著作问世。他的第一部传记的作者是他最得意的门生利巴顿纳拉

---

[1] 参见 K.Sommervogel，《耶稣会书目》（*Bibliotheque de la Compania de Jesus*，Brüssel，Paris 1890—1900）。

（Pedre Ribadeneira，1526—1611），在后者的笔下，青年时代的罗耀拉是"一个高雅的骑士，衣饰讲究，乐于寻花问柳；一个深陷世俗浮泛生活的阔少；一个好斗的、跋扈的大兵"。他虽曾按照当时贵族的习惯接受剃度，但奉神意识甚淡。这一点完全符合他本人的自述："在二十六岁以前，他沉湎于世俗的浮泛生活，出于不可遏制的爱虚荣、出风头的欲望，最爱动武。"[1]

他在献给上帝的赞美诗中也说：

> 千真万确，
> 他曾是个好斗的人。
> 他曾明目张胆，
> 干出无数蠢事。[2]

具有这样一种气质的人本应成为一个冒险家和征服者到新大陆一显其身手，但命运给他安排了另一条生活道路。他的转变发生在 1521 年 5 月间，当时他在与法国接壤的纳瓦拉省（Navara）总督的军队中服役。在保卫受到法国攻击的帕普洛那（Pamplona）城堡的战斗中，他受伤了。在乡居养伤期间，当地文化的落后，使他不可能得到他一直爱读的骑士小说，尤其他最喜爱的关于骑士阿马狄斯（Amadis von Guala）的小说。人们

---

[1] Ignatius von Loyola，《朝觐者的自述》(Der Bericht des Pilgers，德译者为 B. Schneider，Freiburg 1956)[I]，第 41 页。这部回忆录是用第三人称写成的。

[2] Ignatius von Loyola，《朝觐者的自述》，第 41 页。

4

能够提供给他阅读的只有一部维拉乔（Jak von Viraggio，1228—1298）的《圣徒传说》（*Flos Sanctorum*）和萨克森（Ludolf von Sachsen，1300—1377）写的、译成西班牙文的四卷本《耶稣基督生平》（*Vita Jesu Christi*）。在孤寂的病榻生活中，他时断时续地翻阅着这些他以往不屑一顾的书籍。他为之感动了，"在他阅读我们主和圣徒的生平事迹时，他陷入沉思并暗自考虑：要是我也能干一番圣徒方济各或者圣徒多明我所曾干过的事业，不是很好么？"[1] 这位大难不死、身体致残的人在绝望之中从这些书里得到了安慰。后来，他在他写的题为《灵性训练》的著名的小册子里记下了他当时的感受："所谓'安慰'，我指的是，在灵魂中产生的某种内在冲动，随之，灵魂便燃起它对其创造者和主的爱的烈焰；这时，它面对着大地，不再是为了自己，而仅仅是为了万物的创造者爱着他的创造物。"[2] 于是，他幡然悔悟，一洗过去轻浮的及时行乐之心，立志效法圣徒敬奉上帝，为他的新主人耶稣基督服务。这种愿望因一次不平凡的经历而变得更加强烈，他在他的回忆录中写道："在一个夜晚，当他清醒地静卧在床上的时候，他清楚地看到我们所热爱的女人怀抱圣婴耶稣的形象；他注视着那形象，在很长一段时间里，他感到无比欣慰。他内心充满着对于自己以往生活，尤其对于他犯下的肉体罪孽的厌恶，他觉得他以往印入自己灵魂中的所有观

---

　　[1] Ignatius von Loyola，《朝觐者的自述》，第 44—45 页。
　　[2] Ignatius von Loyola，《灵性训练》（*Geistliche Übungen*，德译者 A.Feder，Freibung 1939)[II]，第 152 页。

念全都消失。因此，从那个时刻起一直到1553年写这段回忆的时候，他再也没有容许过，可以说，丝毫没有容许过情欲的诱惑。就这些事件的影响而言，可以说，那幻觉是神所使然，尽管他本人不敢十分肯定，而只是一再证实上面提到的事件。不过，他的弟兄以及家中所有其他的人从他的行为举止已看出他灵魂深处所发生的变化。"[1] 有的耶稣会作者认为，"这一在潜心默祷中所发生的现象对他而言是一个开始。后来，他在做圣事时和在教会生活中一再发现玛丽亚的存在。他觉得玛丽亚是教堂的象征……她是这样一个所在，在这里不仅人自身得以繁衍，而且初始，即为上帝所创造的'创造者'（指耶稣——引者注），也是从这完全有限者的母体，即神之母的体内降临到世界上来的。只有借助他，在他身上和通过他，她才得以解脱，她的无时不在的形象才在教堂中出现——尽管经常由于她的信徒的罪孽而显得暗淡。对于伊格纳修而言，她就是得救的所在。"[2] 据说，这一事件决定了他一生对玛丽亚的崇拜和对于教会的看法[3]。然而，这一事件也为某些非耶稣会作家从性爱的角度分析这位经常耽于幻想的贵族阔少的思想转变提供了材料[4]。固然，有的分析不太明确，比如说，自从他眼前出现圣

---

[1] lgnatius von Loyola，《灵性训练》，第46—47页。

[2] P.Imhof，"伊格纳修·冯·罗耀拉"，载 M.Greicht 编，《教会史人物传》(*Gestalten der Kirchengeschichte*，Stuttgart 1981)，卷六，第33页。

[3] 同上，第32页。

[4] 参阅 G.Lohmer，《伊格纳修·冯·罗耀拉——从寻花问柳者到圣者》(*lgnatius von Loyola，Vom Erotiker zum Heiligen*，München 1930)。另外，Paul von Hoensbroech 在他的《耶稣会辞典》中，也强调伊格纳修在他发展成为耶稣和圣母玛丽亚的骑士的过程中"圣洁"性爱的作用。

母的幻象以后，"所有一直苦恼着他的对于青年时代的狂乱的感官享受的回忆尽皆消失，他在他的心中只给一个女人的形象留有空间，这就是圣洁的贞女"[1]。有的则明确地强调在阔少伊尼果发展成为耶稣和玛丽亚的骑士和圣徒伊格纳修的过程中"圣洁的"性爱所起的作用[2]。这个问题并非本文讨论的主旨，我们姑且不作评论。总之，他转变了。如果说以往他的梦想是当一个游侠（chevalier crrant）漫游四方，那么现在则是准备在到耶路撒冷朝圣之后作一个云游僧人巡行各地，因此，伏尔泰在他编的《哲学辞典》（*Dictionaire Philosophique*，1764）中称他为堂吉诃德。

这位头脑留在中世纪的新人觉得第一件要做的事就是忏悔，跟旧我诀别。于是，他离开家乡，换上乞丐衣服，开始他向圣地的苦行旅程。这期间他思想上曾有过几次反复，据他自述，他行至曼勒萨（Munresa）附近的卡尔多纳河边静坐默祷时，他的"理性的眼睛"顿然"睁开"，使他看清了信仰的真谛：耶稣就是上帝肉体化的存在，他包容一切，而又"存在于最卑微者的心中"，"他顿然领悟，觉得一切都以新的光辉出现于他的眼前"。[3] 这次"顿然领悟"使罗耀拉形成了自己的祈祷和体认上帝的方式，即"在所有事物之中去寻找和发现上帝"[4]，而且，

---

[1] Heinlich Boehmer，《耶稣会士》（*Die Jesuiten*，Stuttgart 1957），第 9 页。

[2] P. v. Hoensbroech，《耶稣会辞典》（*Die Jesuitenorden，Eine Enzyklopadie*，Bern/ Leipzig 1926/27），卷二，第 144 页以下。

[3] Ignatius，[I]，第 65 页。

[4] Imhof，第 36 页。

"从此他视耶稣为仁慈的统治者和国王，他愿毫无保留地为拓展他所开创的王国工作"[1]。后来，他从德国神秘主义者坎普滕的托马斯（Thomas à Kempis，1379—1471）的《效法基督》（De imitatione Christi）一书中得到启示：圣徒式的生活不是灭绝肉体欲念，而是首先改革灵魂、洗涤内心使之达到圣洁，以便完全听命于上帝的意志，这是使自己内心的灵性部分跟唯一的上帝合而为一的前提。[2] 于是，他便将个人体验和托马斯的启发结合起来，提出了所谓"灵性训练"（Exercitia spirituala）一说，并以此为题写了一本小册子。其实，他的这套方法对中国读者也许并不陌生，这很有点像禅宗南宗开山祖师慧能提出的"顿悟成佛"说，只是后者主张个人自觉坐禅养性而达到"离妄念"，"本性净"，以至"顿悟"；罗耀拉则强调在神甫指导下，对人进行"灵性训练"，这说明他这种"顿悟"带有很大的强制性并有神秘意味。因为"正如人的外部生活一样，人的内心生活也需要某种秩序和守纪训练"。[3] 所以，当他参拜圣地后经意大利回到西班牙，用他这种强制性方法集中训练他的信女们，"拯救"她们的灵魂的时候，宗教裁判所曾经两次以"施秘术者"的罪名将他逮捕、审判并驱逐出所在城市[4]，这也就毫不奇怪了。1528 年，罗耀拉游荡到巴黎，一面继续给人们，尤其是大学生施以"灵性训练"，一面在大学听课。在巴黎他得

---

[1] Imhof，第 36 页。
[2] Boehmer，第 14 页。
[3] Boehmer，第 15 页。
[4] Boehmer，第 15 页。

到了后来成为耶稣会"元勋"的六个崇拜者，他们全部是大学生，其中便有后来试图进入中国传教而没有成功，死在珠江口外上川岛上的沙勿略（Franciscus Xavevius）。1534 年 8 月 15 日，即在玛丽亚升天节这一天，这七位志同道合者来到巴黎的蒙泰马特区的玛丽亚礼拜堂，他们依次大声宣誓，结束学业以后保证终生安贫独身、作为教士效命上帝，首先是到耶路撒冷朝圣并在那里传教；如果朝圣不成便直接效命于最了解基督教事业当务之急的教皇。1537 年 1 月，他们到达威尼斯，准备由此动身前往"圣地"。后来由于第四次土耳其战争（1537—1540）爆发，他们的计划落空。1537 年 10 月，罗耀拉离开威尼斯去罗马。在离罗马不远的一个小村的礼拜堂里"奇迹"发生了：伊格纳修自称他在祈祷时看见了背着十字架的耶稣和他的天父。他听到天父对他说："我将在罗马降恩于你们（ego ero vobis Romae pribitius）。"又听耶稣对他说："我愿意你当我的奴仆。"[1] 在罗马，他最初仍然按照他"灵性训练"那一套方法"拯救"人的灵魂。1539 年 4 月，他和他的崇拜者经过商讨决定：建立新的教团，对教团首领宣誓绝对服从，教团定名为耶稣会（Socictas Jesu），这样，耶稣会的三个基本特点逐渐形成了：以传教为目的；直接效命于罗马教皇；绝对服从首领。

　　1539 年 6 月，罗耀拉向教皇保罗三世（Paul Ⅲ，1468—1549）提出"耶稣会章程草案"（Prima Instituti Seimma），1540

---

　　[1] Imhof，第 45 页，Ignatius，[I]，第 185 页。

年 9 月 27 日保罗三世下达"圣谕"（名称为 Regimini militantis ecclesiae，即"战斗的教会领导"），正式批准耶稣会的成立。同时，罗耀拉当选为会长。从此他便一直寓居罗马，领导各地耶稣会士的活动，直到 1556 年 7 月 31 日死时为止，1609 年得到教皇保罗五世（Paul Ⅴ，1552—1621）的祝福，1622 年 3 月 12 日被教皇格里高利十五世（Gregor ⅩⅤ，1621—1623 年在位）追认为圣徒。总结一下，可以说，耶稣会从西班牙得到灵魂，即那种野心勃勃的历险和进取精神，从法国得到作为它活动的主要手段的科学，从罗马得到教皇的支持，这使它比其他任何教团显得更富有活力。

现在，让我们回过头来看一看罗耀拉和他所创建的耶稣会所处的那个时代。罗耀拉的故乡西班牙是个天主教大国，西班牙国王卡尔五世（1500—1558）于 1519 年被选为神圣罗马帝国皇帝，他是最后一个由教皇加冕的皇帝，同时又是罗马教会的强有力的保护者。就是他在 1521 年 4 月 17 日和 18 日驾临沃尔姆斯帝国议会，听取马丁·路德揭露罗马教廷的谬说和滥用圣职的慷慨陈词，听取路德为自己的主张和行为辩护的演说，随之便采取敌视宗教改革的立场。然而，宗教改革这一冲击中世纪、开启新时代的烈火越烧越旺，路德教派以维腾堡为中心向外扩展占领了德国北部、芬兰和斯堪的那维亚。加尔文教派的日内瓦不仅是瑞士新教运动而且也是西欧新教运动的中心。整个中欧和北欧脱离了罗马教廷，只有亚平宁和比利牛斯两个半岛还处在罗马教廷的控制下，但也不乏新教"异端"的萌动。在东方，神圣罗马帝国和罗马教会的传统敌人土耳其人凭借着他们强大的舰队虎视眈眈。欧洲世俗的和宗教的旧势力正处在内忧外患之中。另一方面，随着十五世纪末从欧洲通往美洲和亚洲的新航路的发现和开通，葡萄牙和西班牙在进行着疯狂的殖民扩张并取得很大进展。从天主教内部来看，十六世纪也有些变化。在西班牙由于政治上取得了统一，它的教会有所发展。在威尼斯共和国，由于开明的主教吉伯提·维诺拉的倡导，在传教和圣事中严肃的宗教精神占了上风。在意大利则出现了几个强调严格守贫和隐居的灰衣僧教团，如特阿廷、索马斯克等。他们和信奉天主教的君主在要求消灭新教、恢复天主教会的正常宗教生活的同时，也希望改革教皇职司、限制教皇权力和教皇收入。很明显，这三项改革要求都是针对教皇的。耶稣会还在它酝酿阶段的时候就明确表示毫无保留地支持教皇，这在当时可谓独一无二，尽管它也是以改革者的形象出现的。因此，它受到历届教皇的宠信也是自然的了。在1545 年 3 月 15 日开始的、在天主教历史上至关重要的特伦托主教会议（Tridentinum）上，与会者本来就不多，属于新成立的耶稣会的人却有三名，其中的两名，即后来接替罗耀拉担任会长的莱尼兹（J. Lainez，1502—1565）和萨美伦（A. Salmeron，1515—1585），是教皇保罗三世亲自委派作为教皇神学顾问参加会议的。他们竭尽全力维护教皇的尊严并对以路德和加尔文为代表的新教派采取毫不妥协的立场。这次会议断断续续地开了十八年，直到 1563 年方才结束。会议的最后结果使陷于危机的教皇权力得到巩固。这其中便有耶稣会的一份功劳。教皇在巩固了自己的地位以后便全力来对付宗教改革派，而他最可信的依靠力量便是耶稣会士。

二

新成立的耶稣会一方面巩固罗马教会的阵营，一方面开拓海外布道，向东西方发展。

首先谈它如何巩固阵营。这有两层含义：一、内修会务；二、巩固天主教国家的阵地，遏止新教势力的进一步发展。而在这两方面，它都是卓有成效的。罗耀拉把在耶稣会酝酿阶段所形成的观念，如重传教的意识、毫无保留地效忠教皇、强调服从首领的意识、重视用神学和科学知识培养后备力量等都写进了耶稣会章程（Constitutiones Societutis Jesu）。章程共十章，各章标题如下：序；一、预备会士的吸收；二、不合格者的开除；三、被吸收入会者奉神思想的培养、维护和发展；四、科学和神职教育；五、受培训会士的组织隶属关系；六、会士义务；七、会士的使用和工作分配；八、会士之间和同会长的统一和一致；九、会长；十、维护整体团结。我们看到，这个章程有点像准军士组织的条例，只是它重视会士的奉神思想和科学知识的教育罢了。除了这个在会内具有法律约束力的章程以外，还有对预备会士进行教育和考察的《考察纲要》（Examen generale）及其解释（Declarationes）和对于章程本文的解释，这些对会士都具有约束力。另外，前文提到的罗耀拉的《灵性训练》，实际上是耶稣会士的圣经。就其内容而言，与其说这是一本神学著作，不如把它看成是"灵性"教练的工作手册。它把整个训练过程分为四个星期，每星期有若干训练项目和附加要求，每天都规定有具体的项目，日程排得满满的。训练的目的就是强化人的奉神意识，比如第一星期一开始就要求人们树立"基本真理和基础"观念："人之被创造，就是为了赞美我们的主上帝、为了对他表示敬畏和为了做他的奴仆，从而使自己的灵魂得救。尘世间的其余万物都是为了人而创造的，使人在追求他为之而创造的目的时得到帮助。因此，人只有在万物有助于他达到目的时，才得使用它们，而当他们达到目的时，则必须摆脱它们。"[1] 后面这几句话实际上是说，世上万事万物皆是人藉以奉神的工具。训练的方法就是在训练教师指导下按照日程安排进行内心反省、总忏悔和圣餐、思考和祈祷。

奉神意识要达到什么程度，才算合格呢？在该书所附的"教会思想守则"第一条说得很清楚："我们无须自己下判断，必须时刻心甘情愿地使我们的思想在一切方面顺从我主基督的真正新娘[2]、我们的圣母，即正宗教会。"[3] 这里所说的"新

---

[1] Ignatius，[II]，第 32 页。
[2] "基督的新娘"（Braut Christi）原指修女，这里指罗马教廷；下文的新郎（Brautigam 或 Himmlischcr Brautigam）则指基督。这种称谓只在天主教内通用。
[3] Ignatius，[II]，第 168 页。

娘"、"圣母"、"正宗教会"指的是罗马教廷。"守则"的第十三条说得更明白:"为了在一切方面行事稳妥,我们必须始终坚持:哪怕出现在我眼前者是白的东西,一当正宗教会判定是黑的,我也说是黑的;我确信在新郎,即在我主基督身上,和他的新娘,即教会身上,都存在着同一个精神,这种精神引导和驾驭着我们达到灵魂得救的目的;因为我们的圣母,即教会,也是为同一种精神,即规定十诫的我主,所引导和驾驭的。"[1]《灵性训练》这个小册子产生于罗耀拉的曼萨时代(1522 年以后),而"教会思想守则"则是在他的巴黎时代(1528—1535)写成的,当时宗教改革运动已风起云涌,因此,它的针对性是很强的。铁的纪律加"灵魂训练"使耶稣会士真正成为罗马教皇的驯服工具。另一方面,罗马教皇也给予耶稣会许多特权,如不着僧衣、不齐诵弥撒、自由支配时间、自由活动等,这使他们摆脱开了一般僧侣所受的限制。后来,当耶稣会积极扩大它在教育领域的影响的时候,教皇尤利乌斯三世(Julius Ⅲ,1550—1555 年在任)便给予会长以学位授予权,后者可以按照一定条件授予会士学士、硕士和博士学位。对于耶稣会士所享受的所有这种种特权,尤利乌斯三世都在 1552 年 10 月 22 日颁布的"圣教文告"(Sactae Religionis)中加以确认。

罗耀拉为了巩固意大利、西班牙、葡萄牙这些天主教国家的阵地,一方面派出会士在普通群众中用通俗的语言宣讲教义,

---

[1] Ignatius,[II],第 172 页。

促使听讲者经常向神甫忏悔，坚定他们的信仰，同时定期以教义问答的形式对青少年进行宗教教育，从下层基础上巩固罗马教会的地位；另一方面在各国宫廷担任所谓宫廷忏悔神甫的会士则从上层影响各国王室。他在 1553 年 2 月 1 日就是否接受葡萄牙国王约翰三世（Johann Ⅲ）的宫廷宣教士和忏悔神甫职务问题写信给会士雅可布·米伦说："……您的职业和终身使命是给所有等级和年龄的人施行忏悔和祭奠圣事；您对低贱者和高贵者都担负着给予安慰和帮助的义务。所以，整个教团将由于此一开端特别感激陛下，这是以往任何基督教君主不配领受的……此外，如果注意到整体福利和在更大的范围服务于上帝，那么，这个职务便更富有成效。我可以相信主会作出判断。四肢应关心头脑的健康，所有奴仆应关心君王的福祉；因此，给予这样一个人以心灵帮助比给予其他人其价值更高……"后来，耶稣会士在各个国家有意识地积极接近、进而影响上层，其根据便在这里。在这封信中罗耀拉重复他经常引用的使徒保罗的名言："设法成为一切人之一切，以便为基督争得一切人"（《新约·哥林多前书》第九章）。这便是耶稣会在各国传教时实行因地制宜的"适应政策"（Accomodatio）的根据。他在信中最后说："为了在这一点上最终满足我内心的使命感，我命令您和康查维斯以神圣的服从精神答应陛下就此事所表达的愿望……您要相信上帝的善良旨意，服从精神所带来的一切都将是最完美的！"[1] 罗耀拉所确定的这一从上层和下层一齐动手的方针后来得到了发展并且被证明是非常有效的，最成功的例子是奥地利和巴伐利亚。在维也纳宫廷担任忏悔神甫的乔治·谢尔（G. Scherer 1540—1605）藉助王室力量重建了奥地利的天主教会。慕尼黑公爵阿尔布莱希特五世（Albercht Ⅱ，1528—1579），在他的几个耶稣会忏悔神甫的影响下使巴伐利亚成为德国第一个罗马天主教反对宗教改革的公爵领地。有的宫廷忏悔神甫不仅从信仰上影响王室而且还直接担任世俗职务，如尼哈德（J. E. Nidhard，1607—1682，奥地利人）于 1666 年成为西班牙内阁成员和宗教裁判法庭大法官，费尔南德茨（M. Fernandez，1614—1693），1667 年成为葡萄牙内阁成员。另外，这些宫廷忏悔神甫在华沙、布鲁塞尔和一些小邦宫廷里的活动也很得手，但在法国却受到黎塞留（A. d. Plessis Richelieu，1585—1642）的抵制，他不仅从法国而且也从都灵宫廷赶走了那些试图破坏他的计划的耶稣会士，并把法王路易十三的忏悔神甫科辛（N. Caussin，1583—1651）放逐到外地。但在他死后，耶稣会仍再次得势，在 1675—1709 年期间担任宫廷忏悔神甫的拉歇斯（P. Lachaise）实际上是法王的宗教事务顾问，他可以就各教区大主教、主教的任免向国王提出建议。

在一些非天主教国家，耶稣会士要么以教皇使节的身份

---

[1] Ignatius von Loyola，"属灵信札（Geistliche Briefe）"，载 H. U. Balthasar 编，《教会人物文献汇编》（*Menschen der Kirchen in Zeugnis und Urknnde*，*Einsiedeln*，Zürich，Köln 1956），卷二，第 237—240 页。

出现，要么派遣教士去秘密传教。耶稣会士波泽维诺（A. Posservino，1533—1611）曾以教皇公使（Legat）的身份先后到过瑞典、俄国和波兰，试图重建罗马教廷同这些国家的关系。耶稣会曾派会士到英国和瑞典秘密传教。这当然是很危险的，特别在英国，当时它对耶稣会采取最严厉的措施，1581 年 12 月 1 日受教皇和会长派遣在英国建立传教团的卡皮翁（E. Campion）被以谋叛罪处死。

耶稣会很重视海外传教，即向非基督教地区的传教，也是它最成功的一个活动领域。当 1539 年葡萄牙国王约翰三世向罗马教皇保罗三世和罗耀拉请求派耶稣会士去印度传教时，罗耀拉立即派他最信任的人、堪称耶稣会第二号人物的沙勿略前往。从此罗耀拉和约翰三世为了共同的利益建立了亲密的友谊，在这位国王的支持下，他在葡萄牙科英布拉（Coimbra）城建立了一个专门培养传教士的学校并控制了这个城市的大学。可以说"世俗的和教会的占领（conquista），即征服和传教在中世纪从葡萄牙和西班牙建立其殖民帝国之初就是携手合作的，尽管征服者自己经常把十字架搁在一旁不用，以便肆无忌惮地把黄金捞进自己的口袋，然而，教会却竭尽全力使传教活动得到殖民帝国政权的认可，让它承认这是官方活动，给予指导和支持，甚至有时由官方直接插手进行"[1]。沙勿略的东行便是一个例证：教皇保罗三世任命他为罗马教廷在印度洋沿岸各国的代表，

---

[1] Boehmer，第 132 页。

葡萄牙国王约翰三世颁发命令宣布他担负的是官方使命，并指示各级官员全力支持他的活动。1541年4月7日，沙勿略乘由五艘战船组成的皇家舰队的旗舰由台若港（Tejo）启程，1542年6月5日到达葡萄牙向东方进行殖民扩张的根据地果阿。从此，揭开了耶稣会士亚洲传教活动的序幕。接着耶稣会士在非洲的埃塞俄比亚、刚果河流域，美洲的巴西、墨西哥、秘鲁、巴拉圭等地开展了传教活动。耶稣会成立后的第一个世纪，即从1540年到1640年是它的黄金时代。正如它的发展是靠教皇和殖民主义国家的君主，即教会权威和世俗政权的支持那样，随着殖民主义国家之间矛盾的加剧，支持它的葡萄牙殖民帝国的衰微，它也逐渐走下坡路，最后成为殖民主义国家之间和罗马教会内部各教团之间斗争的牺牲品。1773年7月21日教皇克勒门斯十四世（Clemens XIV，1705—1774）签署文告，宣布将它解散。

三

　　耶稣会士是随着葡萄牙殖民主义的扩张势力到达中国的。葡萄牙人在1517年首次出现在中国沿海一带，1552年作为教皇在东方的代表和得到葡王全力支持的耶稣会士沙勿略到达西江口外的上川岛。他想方设法，甚至试图偷渡进入中国内地，但没有成功，最后病死在岛上。1557年，葡萄牙正式占领澳门。

"航海追求财富的愿望，把这些海上商人带到这个已知世界的边缘：但葡萄牙帝国不能比基督教扩张得更远。各个教团的成员或世俗传教士一直伴随航海家以保持后者的信仰并把基督教带给他们可能遇到的异端。"[1] 现在我们看看中国这个"异端"在当时的情形。从耶稣会士准备打进中国到利玛窦获准进入北京（1601 年）这段时期，正当明朝嘉靖（1522—1566）、隆庆（1567—1572）和万历（1573—1619）年间。整个明代是偏重国内治理和恢复汉民族本位文化的时期，国防工程、水利设施、道路、桥梁得到整修和扩建，大运河畅通无阻，寺庙、园林、楼阁、陵墓大量涌现，五百多座重要城垣整修一新，当时的北京和南京已具有今天的规模。利玛窦笔下的南京"真正到处都是殿、庙，塔、桥，欧洲简直没有超过它们的类似建筑。在某些方面，它超过我们欧洲的城市"[2]。这一切当然是以高度发展的经济为基础的。万历年间粮食总产和亩产比元代成倍增长，棉花种植已很普遍，蚕桑也有很大发展。开矿、冶铁、造船、制糖、制茶、陶瓷、造纸、印刷等生产技术有很大进步。所以，利玛窦说："他们的大部分机械工艺都很发展。他们有各种各样的原料，他们又生来赋有经商的才能，这两者都是形成机械工艺高度发展的有力因素。"[3] 对于明代内河交通的发达情况，利玛窦曾感叹地说："如果不必担心夸张而又更近实情的话，那

---

[1] 利玛窦，《中国札记》，何高济等译，北京：中华书局，1983 年，第 141 页。
[2] 利玛窦，《中国札记》，第 286—287 页。
[3] 同上。

19

么可以说，这个国家的船只之多可能等于世界上其余部分的总和。"同时，明代在中国历史上是"开发海洋的最伟大的时代"[1]。从1405年开始的三十年内，郑和（1371—1435）连续七次率舰队远航南中国海和印度洋，最远的一次曾到达索马里和伊斯兰教圣地麦加。舰队有船六十二艘，官兵二万七千八百人。但郑和死后便停了下来，后果是把南中国海和印度洋的控制权让给了葡萄牙人。

关于明末清初的科学，胡适以当时欧洲的科学发展为背景作了一个比照：

> 顾亭林研究古韵，他的确是用新的方法，不过他所使用的材料也还是书本。阎若璩研究古文尚书，也讲一点道理，有时也出去看看，但是大部分的材料都是书本……可是西方同他们同时代的人，像刻伯勒、伽利略、牛顿、哈维、波耳，他们研究学问所用的材料就不仅是书本，他们用作研究材料的是自然界的东西……结果，他们奠定了三百年来新的科学的基础，给人类开辟了一个新的科学的世界。[2]

从这一对比中，胡适得出的结论是，中国学者是从书本到书本的研究，写出更多的书本，而西方学者研究的对象是星辰、球

---

[1] Joseph Needham，《中国科学技术史》(Science and Civilasation in China, Cambridge / New York / Melbourne, 1979)，卷一，第143页。
[2] 胡适，"治学方法"，载《胡适哲学思想资料选》，上海：华东师范大学出版社，1982年，第471—472页。

体、杠杆、化学物质，从而创造了一个新世界。胡适是在分析阻碍中国自然科学发展的社会文化因素时讲这番话的，难免有过激之处，实际上这一时期除了语言学以外，在医学、植物学、地理学、军工、矿物学、冶金等方面都有新的进展。而且，正如李约瑟说的："不论我们以后在中国社会中会发现多少阻碍性因素，但在中国人的头脑中的确没有任何东西阻碍发展那些符合最严格的考据原则、精确性和逻辑体系的知识。"[1] 恒慕义更具体地指出："应用归纳法所使用的术语也跟我们西方是一致的。"[2] 李约瑟认为，阻碍中国科学的发展者是在明代哲学中占统治地位的王阳明心学，他说，王学"滑离宋儒之科学人文主义而陷入反科学的唯心主义"[3]。

还有一个事实，明代中叶以后，中国在意识形态方面比较开放、气氛比较自由。当时中国先进的思想家集中批判禁锢人们思想的、维护封建统治秩序的宋明理学，与利玛窦同时并与之有过交往的李贽（1527—1602）提出"不执一说，便可通行；不定死法，便是活世"[4]，因此，被正统派攻击为"异端之尤"。其后的黄宗羲（1610—1695）的《明夷待访录》"对于三千年专制政治思想为极大的反抗"[5]。顾炎武（1613—1682）则称十七世纪为"已居不得不变之势"的时代。王夫之

---

[1] Needham，卷一，第 147 页。
[2] 转引自 Needham，卷一，第 146 页。
[3] 同上，第 145 页。
[4] 李贽，《藏书·孟轲传》。
[5] 梁启超，《中国近三百年学术思想史》，转引自徐宗泽，《明清间耶稣会士译著提要》，北京：中华书局，1989 年，第 7 页。

（1619—1692）用"伸斧钺于定论"[1]，方以智（1611—1671）用"坐集千古之智，析中其间"[2]来说明哲学家的历史责任。1604年，即利玛窦通过各种关系获准定居北京以后三年，顾宪成（1550—1612）、高攀龙（1562—1626）在无锡重建东林书院，这就是历史上有名的东林党，他们讲学论政，抨击当朝权贵。文学家陈子龙（1603—1647）等成立文学组织"几社"，其作品以针砭时弊为主要内容。所有这一切都表明，中国社会正在以自己的方式缓慢地迈向近代。

然而，经济的发展，科学的进步并不绝对意味着政治上的开明，东林党很快就被镇压了下去。由于日本海盗和葡萄牙人在东南沿海活动的加强，明朝当局实行了严厉的海禁政策。从历史上看，明代是比较弱的一个王朝，统治者满足于维持国内的稳定局势，缺乏积极向外开拓的气魄。既没有汉帝国向西"凿空"的勇气，更没有唐代对外来文化广泛吸收的博大胸怀。明朝军队在追击蒙古残部时，曾北抵雅布拉诺夫山脉，最初疆域在东北直抵日本海、鄂霍次克海、乌地河流域，后来，逐渐退缩到辽河流域，尤其晚期几个皇帝的对内镇压、对外封闭的政策说明他们是缺乏自信的君主。但是在汉、唐帝国盛世因达到的高度文明而养成的以中央王国自居，四方异族皆蛮夷的中国沙文主义思想却是根深蒂固的。

耶稣会士，这些经过十字军和修道院式的严格宗教生活与

---

[1] 王夫之，《读通鉴论》，卷五。
[2] 方以智，《通雅》，卷首。

十字军骑士献身公职的传统，结合对于每个人的精神和灵魂的严格科目计划训练出来的人，既具有航海家的冒险精神又富宗教热情。他们认为欧洲即世界，基督教徒之外的人皆异端（"异端"一词在拉丁文为 paganus，原意为乡下人，这与"蛮夷"的含义相去不是太远）。他们到达一个未曾听说过的地方，便是他们的"发现"，而不是证明他们以往的无知。这种欧洲沙文主义思想至少跟中国人的中国沙文主义同样严重。历时一百年的所谓"中国礼仪之争"，除了政治的和天主教内部宗派的原因以外，基督教文化不应迎合非欧洲文化这样一种看法，不能不说是一个重要原因。继利玛窦之后任在华耶稣会会长的龙华民说，中国人的所有宗教，不过是一幕喜剧而已。[1] 他这里说的所有宗教是包括，而且主要是指作为中国主体文化的儒家学说。以范礼安、利玛窦为代表的主张对中国文化采取迎合政策的耶稣会士，倒不完全是因为他们认识到中国文化本身的价值，他们主要是为了传教的需要，这从他们对于他们自以为不利于传教的宋明理学和作为竞争对手的中国佛教和道教的敌视态度可以得到证明。现在，这些"世界的发现者"，这些"异端的改造者"站在紧闭着的中国国门之前，这里不是巴拉圭，在那里，他们可以自由出入，采用近乎集中营的方式迫使印第安人集中居住、作息、接受福音。这便是著名的"耶

---

[1] 转引自朱谦之，《中国哲学对于欧洲的影响》，福州：福建人民出版社，1985 年，第 205 页。

稣会国家"(Jesuitenstaat)。[1] 这里也不是印度果阿，在那里葡萄牙占领者阿尔布凯格（Alfonso de Albuquerque，1462—1516），可以命令杀死八千穆斯林，[2] 葡王约翰三世可以从遥远的欧洲命令他的总督摧毁全部印度教寺庙。随之天主教传教士从容不迫地建立教堂、传布福音，并且根据天主教果阿教区主教阿莱克修斯·孟内泽斯（Alexius Menezes，1594—1612）的训示焚毁景教的全部叙利亚文经典，强制推行景教的拉丁化。[3] 现在，他们面对的是一个尽管并不强大，然而还不是弱得可以任人占领的明王国。它的人民有着久远的历史和古老的文明。我想，这是耶稣会制定迎合中国文化的传教方针的背景。

迎合中国文化的传教方针的提出者是耶稣会印度传教团视察员范礼安（Alexander Valignano），而真正的奠基人和执行者是利玛窦。它包括下述内容：1.衣着和礼仪随俗；2.举止温文尔雅；3.引起对方好奇心；4.献殷勤和送礼物；5.介绍欧洲科学知识；6.研究中国文化，包括学习语言；7.跟文人和官员建立友好关系。[4] 1、2项要求传教士个人有良好的仪表举止并尊重中国礼俗；3、4项是打通跟官员的关系的主要手段。罗明坚

---

[1] 参见 Ludwig Koch，《耶稣会辞典》(Jesuitenlexikon，Waversebaan 1962)，"Accomodation" 条下。

[2] John Horace Parry，《如此高雅的船长》(So noble a captain，London,1955)，此处转引自 Kawerau，《东方教会史，卷一：葡萄牙人出现在印度洋沿岸以前的亚洲和非洲的基督教》(Ostkirchengeschichte，Band 1: Das Christentum in Asien und Afrikan bis zum Auftreten der Portugiesen in indischen Ozean，Lovannii in Aedibus，E.Peters，1982)，第195—197页。

[3] 同上。

[4] 同注 [1]。

（Michele Ruggieri）和利玛窦主要通过送礼，而且是根据对方身份的高低以决定礼物的轻重，取悦于各级官吏，先后于1582、1583年进入中国内地的。利玛窦1601年之获准进入北京并定居下来，他向皇帝进贡的自鸣钟、地舆图和西洋琴也并非毫无作用。5、6项是结交士大夫的手段，与士大夫交往是提高他们的社会地位和树立良好形象的必由之路。7项是传教的基础。利玛窦正是依靠官方的支持和士大夫的同情才使耶稣会在中国的传教事业取得成功，并为个人留下了良好声誉。继利玛窦之后来华的耶稣会士基本上都是按照他所奠定的这一方针进行工作的。他们的区别在具体做法上，如利玛窦侧重同文人交往，而白晋则局限于宫廷的活动。当然会内也存在着反对派，如继利玛窦之后担任在华耶稣会会长的龙华民（Nicolo Longobardi，1565—1655）就是反对利玛窦方针最力者。后来围绕着这一方针，特别就基督徒可否尊孔祭祖问题在天主教内部展开了一场所谓"礼仪之争"，这场争论持续了百年之久（1634—1742），最后发展成为中国政府和罗马教廷之间的外交事件。应当指出，这场争论除了政治、宗教和天主教各教团内部矛盾诸方面的原因之外，其中还有一个不容忽视的因素，即基督教文化不愿迎合非欧洲文化，尽管它在历史上吸收了古希腊和罗马以及日耳曼文化而使自己日臻完善。这样一种欧洲中心论的思想，正是罗马教廷所要坚持的东西，"当时日益强烈的西方民族主义和殖民主义，以及与此相联系的对于非欧洲人民的优越感诸因素交织在一起，其结果是越来越歧视中国人和中国文化"[1]。争论一开始就反映了这样一种倾向，如龙华民说，中国人的全部宗教不过是一幕喜剧而已。他"全面批判中国文化"[2]，这种态度当然是中国文人所无法容忍的，因为在中国的历史上，没有任何外来思想文化不是以自己的中国化为代价而为中国人所承认才得以存在下来的。这一争论的结局是罗马教廷坚持负责在中国境内的宗教事务，中国政府下令禁止天主教在中国的传教活动。我们看到在罗马教皇和康熙皇帝的谕旨中都各有所恃。克勒门斯十一世1719年颁发的圣谕说："今有可行与不可行之礼，俱由教皇之使臣定夺。若教皇之使臣不在中国，有主事之人同主教之人即可定夺。有与天主教不相反者，许行；相反者俱决断不行。"[3]看完教皇的圣谕，康熙皇帝于康熙五十九年十二月二十一日用朱笔在档上批示："览此告示，只可说西洋人等小人，如何言得中国之大理。况西洋人等，无一通汉语者，说言立论令人可笑者多……以后不必西洋人在中国行教，禁止可也，免得多事。"[4]一副中央王国皇帝的盛气，没有把对方放在眼里。在康熙时代以及后来的乾隆时代，欧洲和中国基本上还处在平等的地位，而在后来，特别是十九世纪中叶以后，随着欧洲的日渐强盛和中国的停滞不前与国力的衰微，双方不可

[1] Wolfgang Franke，《中国与西方》（*China und das Abendland*，Göttingen 1962），第50页。

[2] David E.Mungello，《莱布尼茨与儒家思想——探索和谐之路》（*Leibniz and Confucianism. The Search for Accord*，Honolulu，1977），第135页。

[3] 故宫博物院编，《文献丛编》第六辑，"康熙与罗马使节关系文书"，第13—15页。

[4] 同上，第14页。

能再有平等的（哪怕是傲慢的）对话。那时不仅昏庸无能而又夜郎自大的皇帝处于被动的劣势地位，连整个中华民族都被认为是"日益腐败的，半开化的"并"带有傲慢的偏见，愚蠢、饱学的无知和迂腐的野蛮"。[1]

四

自汉唐以来，中国与外界思想文化上的交往，往往与宗教联系在一起。公元初年佛教的传入和随后佛经的翻译在中国思想史上所造成的影响不可估量。至少可以说，程朱理学和陆王心性之说便直接得益于佛教的思辨哲学。当然，中国的本位文化彻底改造了佛教，使之成为中国文化的一部分，并发展出了中国独有的佛教宗派——禅宗。但是，中国文化在当时在多大程度上影响了佛教所由出的那些国家，尚有待考察。也许可以说，伴随着佛教的入华而与外界进行的交往，毋宁说是中国将外来文化吸收、消化丰富自己文化的过程，而对佛教所由出的国家的影响是很小的。从这一方面讲，中国的影响毋宁说是将佛教改变之后继续传播开去。

中国与外界（或者姑且将此一外界限制在欧洲）思想文化层面上的双向交往，可以说是经明清之际的耶稣会传教士的中介而

---

[1] 恩格斯，"波斯—中国"(Persien-China)，载 Adrian Hsia 编，《德国思想家论中国》(*Deutsche Denker über China*，Frankfurt/Main 1985)，第 261 页。

发端的。从 1582 年罗明坚踏上中国土地传教到 1814 年最后一个在华耶稣会士贺清泰（Louis-Antoine de Poirot）获准留寓并老死北京，两个多世纪期间来华耶稣会士四百多人。他们中的绝大多数既是传教士又是学有专长的学者。徐宗泽的《明清间耶稣会士译著提要》一书中收录的译著共有一百八十七种，涉及神学、哲学、天主教教义、天主教史、语言学、数学、天文学、机械、地理学、生物学、医学等诸方面。这仅仅是在中国以汉语出版的译著。在这同一时期，他们用西方语言完成的译著的数量则大大超过他们在华的出版物。法国学者高弟（Henri Cordier）编有《中国书目》（*Bibliotheca Sinica*，*dictionaire bibliographique des ouvrages relatifs à l'Empire chinois*，Paris，1904—1924）全书共五卷，近四千页，收录了明清之际耶稣会士关于中国以及在中国礼仪之争中的一些论战性的著译目录。

从学科门类分析，在华出版物中，天主教教理阐释和教史方面的著作最多，其次则是数学和天文学。纯哲学书籍甚少，最重要的为傅泛际（F. Furtado）与李之藻合译的《名理探》。此书原为葡萄牙科英布拉大学的讲义，讲述亚里士多德关于概念、范畴的学说，这是介绍到中国的第一部阐释西方逻辑学的著作，有些译名至今仍在袭用。另外，他两人还合译了亚里士多德的《论天》（*De caelo et Mundo*），译名为《寰有诠》，于 1626 年在杭州刊布。他们以西方语言撰写在欧洲出版的书籍多为关于中国国情的评述，在当时影响较大者有曾德昭（S. Semedo）的《大中华帝国概况》（*Relatione della grande monarchia della*

Sina，1643）、安文思（G. de Magalhaes）的《中国现况》（*Nourelle Relation de la Chine*，1688）和李明（L. le Comte）的《中国现状追忆录》（*Nouveaux mémoires sur l'état présent de la Chine*，1696）等。尤其曾德昭的《大中华帝国概况》由于全面介绍了中国的风俗、历史、语言文字而引起广泛注意，成为后来风靡一时的耶稣会士基尔歇（A. Kircher）的《中华图志》（*China Illustrata*，1667）之主要材料来源，后者因载有 1625 年在西安出土的《大秦景教流行中国碑》碑文之拓片和拉丁文译文以及李之藻写的《读景教碑书后》之拉丁译文而在欧洲引起轰动。

耶稣会士的最大贡献是将中国思想文化介绍到了欧洲。这一介绍工作是通过两种方式完成的：其一是自觉、直接地将中国典籍译成拉丁文，1687 年柏应理将《大学》、《中庸》和《论语》的前十章，即习惯上称的《上论》的拉丁译文结集以《中国哲人孔子》为题在巴黎出版；1711 年卫方济（F. Noel）的《中华帝国六部经典》（*Sinensis imperii libri classici sex*）在布拉格出版，其中包括四书以及《孝经》和《小学》的拉丁文译文。随之，在整个十八世纪，耶稣会又陆续将《易经》、《书经》、《诗经》、《礼记》译成拉丁文或法文出版。冯秉正（J. A. M. de Mailla）于 1692—1698 年间将朱熹的《通鉴纲目》摘要译成法文，1777—1785 年间于巴黎出版，全书十三卷。朱熹以纲（提要）和目（叙事）的方式简化和解释《资治通鉴》，以阐发他的"辨名分、正纲常"的政治伦理思想，而冯秉正的摘要译文在欧洲是作为第一部中国通史出版的，影响很大。黑格尔说，"中国原本就没有历史"这种错误印象便来自此书。[1] 其二是耶稣会士从中国发往欧洲的关于中国的研究文章和信件。前者集中收录于《在华耶稣会士关于中国历史、科学、艺术以及风尚与习俗的论文集》(*Mémoires concernant l'histoire，les sciences，les arts，les mœurs，les usages，&c.des chinois；Par les missionnaires de Pekin*)，全书共十五卷，于 1776—1791 年间在巴黎出版。这部文集包括耶稣会士的许多专著，如宋君荣(Antoine Gaubil) 的《大唐史纲》(*Abrégé de Histoire Chinoise de la grande dynastie Tang*)、钱德明 (J. J. M. Amiot) 的《中国古今音乐考》(*Memoire sur la musique des Chinoise，tant anciens que modernes*) 和《孔子传》(*Vie de Kong-tse*) 等。后者收录于郭弼思 (Charles de Gobien) 和杜赫德 (J. B. Du Halde) 编辑出版的《耶稣会士书信集》(*Lettres édifiantes et curieuses de Chine par des missiannaires jésuites*)，此书从 1702 年开始在巴黎印行到 1776 年共编辑出版二十六卷，前十五卷收录来自近东印度和美洲的教士的书信，第十六到二十六卷则是在华教士发回的函件。其中也收有个别著作，如 1773 年出版的第廿五卷载有利玛窦的《天主实义》的法译文。主编此一书信集的杜赫德根据多年积累的资料编成《中华帝国及其所属鞑靼之地理、历史、纪年、政治与自然全志》(*Description geographique，historique，*

_____

[1] 参阅《欧洲与中国皇帝》(*Europa und die Kaiser von China*，Frankfurt /Main，1985)，第 394 页。

chronologique，politique et physique de l'Empire de la Chine et de la Tartarie Chinoise），于 1735 年在巴黎出版。全书大开本四卷，有大量铜版画插页。第一卷为中国地理描述和从伏羲到雍正皇帝的编年大事记；第二卷介绍中国皇室、政府机构和社会生活各方面的状况以及中国的语言、文字、文学，综述四书、五经的内容，尤其对《孟子》一书的介绍至为详细；第三卷记述关于中国宗教、医药、博物等情况并载有元曲《赵氏孤儿》法译文，伏尔泰据以改编为《中国孤儿》一剧，这成为中国戏剧传布欧洲的先声；第四卷为关于满洲、蒙古、朝鲜和西藏的记述，其中包括张诚（J.-F. Gerbillon）的《鞑靼纪行》（*voyage dans la Tartarie*）。此一百科全书式的著作一出版立即引起广泛注意，第二年，即 1736 年，再版并于同年开始出英文版，1741 年出齐；1747—1756 年德文本陆续发行，1774 年俄文译本出版。当时欧洲学者关于中国问题的讨论大都仰赖此书所提供的材料。而且，正是耶稣会士这一系列的著作才为欧洲真正意义上的汉学的发展奠定了科学基础。

在明末清初中西文化交流这段历史中，究竟哪一方获益多一些，国人与西方学者评价大相径庭。梁启超在谈到中西思想文化上的交往时说："中国知识线和外国知识线相接触，晋唐间的佛学为第一次，明末的历算学便为第二次。在这种新环境之下，学界空气当然变换。后此清朝一代学者，对于历算学都有兴味，而且最喜欢谈经世致用之学，大概受利（玛窦）徐（光启）诸人影响不少。"[1]继梁氏之后，胡适在他题为《考证学方法的来历》的演讲中认定，中国近三百年来思想学问皆趋于精密细致科学化，一般学者认为系受西洋天主教耶稣会教士来华之影响，他说："其立论有二：一、中国大考据家祖师顾亭林之考证古音著作，有《音学五书》，阎若璩之考证古文尚书有《古文尚书疏证》，此种学问方法（考据方法）完全系受利玛窦来华影响。二、考据学方法，系当时学者受西洋算学、天文学影响。"[2]

李约瑟的看法则与此完全相反，他认为关于耶稣会士将欧洲数学、科学和技术传给中国人之史诗般的描述令人感到眼花缭乱，以致人们几乎要相信，欧洲人的思想很少或者几乎没有从耶稣会神甫们力图正确理解的宏伟的中国哲学大厦中得到什么启发。他说："我相信，集中体现于宋儒的中国思想（thought）对欧洲思想方法（thinking）的贡献比人们所已经认识到的还要大，最终这可以抵偿中国人对那些将欧洲十七和十八世纪的科学和技术带给他们的人所欠下的债务。一些欧洲最杰出的人物藉助于耶稣会士的书信及时研究中国哲学。"[3]他指出，关于中国文化对于欧洲文化之多方面的影响，人们已进行过充分讨论，但他认为关于哲学上的全部影响则尚未给予正

---

[1] 梁启超，《中国近三百年学术思想史》，转引自徐宗泽，《明清间耶稣会士译著提要》，北京：中华书局，1989年，第7页。
[2] 胡适，《考证学方法的来历》，转引自徐宗泽，第7—8页。
[3] Needham，卷二，第496页。

确评价。[1]

李约瑟特别分析了莱布尼茨在创立他的新学说的过程中经耶稣会士而与中国哲学相遇这种情况。他认为莱布尼茨在对宋儒学说的评论中暗示，"现代科学的种种发现更加符合宋儒之有机自然论，而不是欧洲的唯灵论（spiritualismus）"[2]。他引用莱布尼茨的《论中国哲学》中一段话以资证明："……人们甚至可以在某几点上支持现代中国诠释家们的看法，例如他们把对天和其他事物的主宰归结于自然原因，而不是像无知的民众那样，从中寻找超自然的、超形体的奇迹，如那种神力干预（Deus ex machina）[3]式的精灵。但是，人们必须就这些问题进一步启发他们，传授欧洲的新知识，借助于这些知识，人们可以用数学方法对一些巨大的自然奇迹进行精确解释并揭示宏观宇宙和微观宇宙之真正体系。"[4]为了进一步研究耶稣会以直接或间接方式传入欧洲的宋儒学说对莱布尼茨的影响，李约瑟提出下述观点：如果说欧洲不再以整合的努力来克服欧洲人在神学活力论（theological vitalism）与机械唯物主义（mechanical materialism）之间的矛盾的话，这应归功于从中国的有机自然论（organic naturalism）所受到的深刻而重大的启发，中国的这一理论在公元前三世纪道家哲人的学说中已经得到精彩表述，

---

[1] Needham，卷二，第 496 页。

[2] Needham，卷二，第 502 页。

[3] 在古希腊戏剧中，当出现难解的冲突时，便以神力来解决难题，使戏剧剧情节得以顺利展开。Deus ex machina，直译：舞台机关送出的神。

[4] Leibniz，《关于中国哲学和二进位数体系的两封信》（*Zwei Briefe über das binare Zahlensystem und die chinesische Philosophie*，Stuttgart 1968），第 100—101 页。

在十二世纪的宋儒思想家的著作中成为体系。他说："近代自然科学的巨大成功之所以可能是由于提出一个机械性宇宙的假说（assumption of a mechanical universe）——这当然是必要的，但是只有当因知识的增长而需要接受一种更具有有机性的哲学——既是自然论的，也是原子论的唯物主义——的时候，这个时代才有可能到来。这便是达尔文、弗雷泽、巴斯德、弗洛伊德、斯佩曼、普朗克和爱因斯坦的时代。如果要理出一条为之开辟道路的哲学家构成的承传之线——从怀特海追溯到恩格斯和黑格尔、从黑格尔到莱布尼茨——那么这灵感之所由也许根本不是欧洲人。大多数现代'欧洲人的'自然科学之理论基础也许更应归功于像庄周、周敦颐和朱熹这样一些人，对这一点世人迄今还没有充分认识到。"[1]

关于明清之际中西思想文化交流的双方哪一方获益，即受到对方的影响更大的问题，一时大概还很难下定论，也许在很长的一段时间内不会有定论，因为有诸多因素在起作用。但有一点是可以下定论的：这一次东西之间的交往之所以可能，完全是由于当年的耶稣会士的中介。所以，我们这些迄今仍在领受着他们的业绩之浸润的人，不论东方人还是西方人都不应忘记他们。

（原刊香港《汉语神学学刊》1995 年第 2 期）

---

[1] Needham，卷二，第 505 页。

从西方关于儒家思想的最早传说
到利玛窦的儒学评介

一

中国和西方的古代文献对于对方都有一些零星的记载，从现代中外学者所辑录的这些记载看[1]，其中包含有极大的想象成分。但是尽管如此，这却反映了古代人了解外部世界的愿望。既然双方都有关于对方的记载，那么双方就必定存在着或直接或间接的接触了。对此，现代中外学者也有比较详细的描述，但大都是根据器物的相似对于这种接触的可能性和最早时限所作出的推断。[2]

法国学者格鲁赛（Rene Grousset）在他的《从希腊到中国》

[1] 参阅 Joseph Needham（李约瑟），*Science and Civilisation in China*（《中国科学技术史》），Vol. 1，Cambridge/London / New York 1979，pp. 168—193；方豪：《中西交通史》，第一篇第四、十一、十二、十三各章，长沙：岳麓书社，1988 年，第 64—76、147—185 页。

[2] 参阅 J. Needham，同上书，pp. 154—167；沈福伟：《中西文化交流史》，上海：上海人民出版社，1985 年，第 20—22 页。

（De la Grece à la Chine）一书的序言中叙述了希腊文化东渐和曲折地进入中国的经过。他的基本观点是，希腊文化随亚历山大（前356—前323）的大军东进，与印度佛教相遇。后来，印度佛教及其受到希腊文化影响的艺术一起传入中国，使中国艺术也被打上了希腊风格的印记，其证据是敦煌壁画和六朝佛像的人物大都是长头高鼻。美国学者李希特（G. M. A. Richter）对产生于公元前五世纪之前的希腊雕像，如雅典卫城上的埃里契西翁神殿的加里亚狄像（即着衣的柱头女像），进行了研究，认为这些女像所着长袍是丝织的，因为它的质地轻薄柔软，正如拉丁作家普林尼（Gaius Plinius Secundus, 23—79）所说，"透过衣服可以看见女人的躯体"[1]。李希特从而断定，公元前五世纪以前已有中国丝绸西运。[2]

关于中国和西方这两大文化圈思想上的接触，中国古代文献中没有反映。相反，西方的古代文献除了保存着大量关于丝绸、丝国人（即 Seres：赛里斯）的记载以外，人们从中还可以找到自汉代以来处于主导地位的儒家思想流传到西方的蛛丝马迹。

叙利亚神学家和诗人巴德散内斯（Bardesanes 或 Bardisanes，154—222）在他一篇对话体文章《论命运》（Über das Fatum）中，描绘和评论了不同民族的风俗习惯。这篇文章已经散佚，有一部分保存在古教会史家犹西比乌（Eusebius, 263 或 260—

---

[1] Gaius Plinius Secundus, *Historia naturalis*（《自然史》），dt：*Natürliche Historie fünf Bücher*，übers.von H.Eppendorf，Strassburg 1543，S. 193.

[2] 转引自沈福伟，第 21 页。

339 或 340）的《福音的准备》（*Praeparatio Evangelica*）里，其中有一段谈到赛里斯人的法律：

在不同的国家，人们都立有不同的法律，有的形成了文字，有的则没有；我将告诉诸君我所知道和我所能回忆得起的关于这方面的情况。让我们从世界开始的地方说起。在赛里斯人那里，法律是防止凶杀、卖淫、抢劫和偶像崇拜的。在整个辽阔的国土上，看不到庙宇、妓女、不忠的女人；没有强盗被带到官府问罪，没有杀人犯，当然也就没有被杀者。在地中海横冲直闯的光荣的玛尔斯（Mars，意为战神）在那里便技穷智拙，无力让人们兵戎相见。维纳斯（Venus，意为爱神）即便跟玛尔斯携手合作，也无法强使一个男人跟他人的妻子媾合。在那里，人们每逢夜晚也可以看到玛尔斯在天空闪烁，然而在赛里斯人中间日日夜夜都有婴儿出生。[1]

一个半世纪以后，希腊教父、该撒利亚大主教大巴歇尔（Basilius der Große，330—379）写道：

每个国家——其他民族跟我们一样——都有君主的法律，不论是成文的还是没有成文的；在某些地方是成文的，

---

[1] Eusebius, *Praeparatio Evangelica*（《福音的准备》），Ⅵ，10，转引自 J. Needham, vol. 1, p.157。

在另一些地方则是（具有法律效力的）习惯。对于没有（成文）法律的人们而言，祖传的习惯便起主导作用。在这些民族中，首先值得一提的是赛里斯人，他们居住在大地的边沿——在他们那里代替法律的是他们先辈的习惯，后者防止了卖淫、盗窃、奸情、偶像崇拜和多神信仰……在赛里斯人中间祖传的法律比为星相所决定的命运更有力量。[1]

从上面两段引文的基本内容看，它们的来源可能是同一个，当然也很有可能是后者引自前者。后来，九世纪拜占庭编年史家哈玛托洛斯（Georg Harmatolos），十一世纪拜占庭作家凯得里诺斯（Cedrenos）和弗兰泽斯（Phrantzes）在他们的著作中也有关于赛里斯人的类似叙述。

这两段内容相近的引文中所包含着的儒家思想因素尽管并非出自儒家经典的原文，但却反映了儒家的一个基本思想——礼治。这里所说的"祖传的习惯"、"先辈的习惯"就是孔子所极力维护的礼，这种礼既是道德规范和社会行为准则，也是国家的习惯法规。孔子认为礼的力量胜过法的力量，他说："道之以政，齐之以刑，民免而无耻；道之以德，齐之以礼，有耻且格。"《论语·为政》2·3）引文所描绘的中国社会景象大概是公元前二世纪中叶前后的情况，当时已经建立了一个从具有孝悌品格的读书人中挑选，经过奉核取士的文官制度，经过董仲舒重

---

[1] Eusebius, *Praeparatio Evangelica*（《福音的准备》），Ⅵ，10，转引自 J. Needham, vol. 1，p.158。

38

新解释的儒家学说已经占据主导地位。引文也反映了董仲舒重文治轻武功的思想。董仲舒说："夫执介胄而后能拒敌者，故非圣人之所贵也……故文德为贵，而武威为下。此天下之所以永全也。"[1] 至于所说没有犯罪等情况，那只是理想化的描述罢了。

罗马帝国时期的哲学家塞尔苏斯（Celsus，公元二世纪人）在他的反基督教的著作《真道》（*Alethes Logos*）中几次提到"不信神的赛里斯人"。这部书已经散佚，只以直接或间接引语的形式保存在希腊教会作家奥利金（Origenes，约185—253/254）的《驳塞尔苏斯》（*Contra Celsum*）一书中。奥利金写道：

> 对上帝和圣事一无所知的赛里斯人。[2]
>
> 据塞尔苏斯说，赛里斯人根本不信仰上帝却照样生活着。[3]

这里所反映的中国人的无神论倾向，实际上是重此世轻彼世的儒家的倾向。孔子本人当然说不上是个无神论者，但对鬼神问题的确一贯是存而不论的，即所谓"子不语怪、力、乱、神"《论语·述而》7·21）。

七世纪初叶，拜占庭历史学家西莫喀得（Theophylactos Simocattes）在他记述毛里基奥斯皇帝（Maurikios，582—602

---

[1] 董仲舒：《春秋繁露·服制象》。
[2] Origenes (Amadantius), *Von der Wahrheit der christlichen Religion wider den Heiden Celsum*（《驳塞尔苏斯》），德文版译者：J. L. Mosheim, Hamburg 1745, S. 800。
[3] 同上，S.801。

年在位）行迹的编年史中曾提到一个名叫 Taugast 的国家，书中说这个国家"国内安宁，无乱事，因皇帝乃生而为皇帝者。人民敬偶像，有公正的法律并富于冷静的理智"[1]。这里所说 Taugast 是指中国，不少学者认为是指鲜卑族拓跋氏（Taba）所建立的北魏王朝（386—534）。西莫喀得所说"人民敬拜偶像"一事反映了佛教在中国南北方广为传布的情况。耐人寻味的是他特别指出，这个国家的人民"富于冷静的理智"。这样一种性格正是儒家所追求的，孔子曾说过，"中庸之为德也，其至矣乎！"（《论语·雍也》6·29）

综上所述，可以说在公元初几个世纪西方文化圈就获得了儒家思想的某些信息。这是欧亚陆上通道开辟的结果。据中外学者考证，公元前五世纪已经存在着沟通中国与欧洲的不稳定的商路，而且有丝绸西运，其根据是在中亚地区对公元前五世纪古墓的发掘中出土了大量丝织品，和上文提到的对产生于公元前五世纪的希腊着衣雕像的研究。公元前二世纪末丝绸之路便已畅通，这正当大月氏人推翻希腊人在大夏（Bacteria）的统治（约公元前130年）和张骞"凿空"的时代（前140—前120）。大夏文化分别受到中国文化、印度文化和希腊文化的影响，而大月氏人是跟罗马帝国和汉帝国都有联系的游牧民族。包括儒家思想在内的中国文化由大夏经大月氏人传向欧洲，并不是不可能的。

---

[1] 转引自 Wolfgang Franke，*China und Abendland*（《中国与西方》），Göttingen 1962，S. 6；方豪：《中西交通史》，第365页。

从不同时代、不同宗教派别的作者辗转引用这个事实看，儒家思想在欧洲思想界流传的范围并不算狭小，时间也不短。这些信息的原始根据何在，不得而知，尚待做深入研究。从巴德散内斯到明清之际耶稣会士来华之前这样一段漫长的时间内，西方对于儒家思想的了解没有超出这个范围。即便在东西陆上联系畅通无阻、人员往来频繁的元代，西方也没有得到更多的信息。十三世纪和十四世纪初东来的方济各会士要么负有外交使命，如柏郎嘉宾（Giovanni da Piano di Carpini，1182—1252）和罗伯鲁（Guillaume de Rubruk，约生于1215—1230年之间，卒年不详）；要么目的仅在传教，如孟德高维诺（Giovanni de Monte Carvino，1247—1328）。他们对于中国文化思想不感兴趣，他们撰写的游记或寄回欧洲的信中没有关于这一方面的任何记述。即便对中国报道颇为详尽的《马可·波罗游记》也没谈及儒家思想。

这一任务历史性地落在了经受过航海家的英武精神陶冶和严格的修道院式生活训练，并用科学和知识武装起来的耶稣会士身上了。

二

为遏止宗教改革运动而于1534年创建的耶稣会，试图通过布道以及教育、科学和著述工作，采用因时因地而异的方法巩固和传播天主教信仰。他们把布道和传授科学知识结合起来，前者是目的，后者是手段。它派往海外布道的教士一反以往把信仰和欧洲价值观念强加于人的大欧洲主义的做法，采取了因地制宜的传教方针。他们认为，强制性的传教方法只适用于处于较低文明阶段的民族，比如在巴拉圭，他们于1607年建立了集中营式的居民点，在耶稣会士统一管理下对土著居民进行宗教灌输。这便是有名的"耶稣会国"。但在印度和中国这些具有高度文明的国家，这种强制性灌输方法只会遭到激烈的反抗。

于是，他们便采取了迎合当地文化的传教方针（die missionarische Akkommodation）。他们研究当地文化、迎合当地礼俗，进而用当地人民所能接受的方式传布天主教信仰。我们可以说，这种传教方针本身便促使来华的耶稣会士不得不研究中国国情和中国文化，首先是作为当时主导思想的儒家学说。他们把他们了解的关于中国思想文化的情况向欧洲报道，不论他们是以反对还是赞赏的态度作这些报道，客观上都促进了儒学在欧洲的传播。另一方面，耶稣会士以科学知识作为接近中国知识阶层和进而向他们传教的手段，客观上也促成了西方文化在中国的传播。单就此点而论，明清之际来华的耶稣会传教士在沟通中西文化交流中的确起了积极作用。

正是这些具有宗教献身精神的传教士的中介，使当时欧洲人知道在大陆的另一端还存在着一种 di nostra qualita——具有我们品质的——文化。使当时的中国知识界除吸收了西方自然科学知识，也第一次读到了亚里士多德的著作，他们的历史功绩是不可磨灭的。

第一个东来的耶稣会士是沙勿略（Franciscus Xaverius，1506—1552），这是他那个殖民扩张和海上历险时代不可多得的一个人物，既有殖民主义者的勃勃野心，又具有充满宗教狂热的献身精神。他于 1541 年受命东来，教宗保禄三世（Paulus Ⅲ，1534—1549 年在位）任命他为驻印度洋沿岸各国（实际上也包括东亚地区）的全权代表，葡萄牙国王约翰三世（Joao Ⅲ，1521—1557 年在位）颁发命令公开宣布他在印度洋沿岸地区的活动是官方性质的，要求各级官员全力支持。[1] 由此可以看出教会和世俗统治者对沙勿略东来的重视。此后十年之中，他活动于印度、锡兰、新加坡一带。1549 年去日本，当他获悉日本文化来自中国后，便决心来中国传教。1552 年来到广东珠江口外的上川岛，几次试图入境未成，最后病死岛上。他向欧洲传达的关于中国的信息，包含在他写回欧洲的六封信中，在 1552 年 1 月 29 日的信中，他提到中国人的精神生活：

> 据曾往中国的葡人报告，中国为信义之邦，一切均讲信义，故以信义卓越著称，为信仰基督教的任何地区所不及。就我在日本所目睹，中国人智慧极高，远胜日本人；且善于思考，重视学术。[2]

---

[1] 参阅 Heinrich Boehmer，*Die Jesuiten*（《耶稣会士》），neu hrsg. von Kurt Dietrich Schmidt，Stuttgart 1957，S.132.
[2] 转引自方豪：《中国天主教史人物传》，北京：中华书局，1988 年，上卷，第 60 页。

在同日发出的另一封信中，叙述更为详细：

> 中国人聪明好学，尚仁义，重伦常，长于政治，孜孜
> 求知，不怠不倦。……日本现行教派，无一不来自中国；
> 中国一旦接受真道，日本必起而追随，放弃现有各教。[1]

沙勿略在描述中国人的品格时，于无意之中传达了体现于
这种品格中的儒家思想，尽管他并没有明确指出来。鉴于中国
人"善于思考、重视学术"这种情况，他在 1552 年 4 月 8 日
致葡王约翰三世的信中反复强调，中日两国需要饱经风霜、意
志坚强的神甫，需要学术修养高深、笔谈流利而长于撰述的神
甫；不徒善辩而已。[2] 后来，虽然葡萄牙逐渐失去了对印度洋
沿岸一带宗教活动的控制，但耶稣会遴选东来教士的标准跟沙
勿略这里提出的要求却是一致的。

三

罗明坚（Michele Ruggieri，1543—1607）是第一个进入中
国内地居住的耶稣会士。1580 年起他经常随葡萄牙商人到广州，

---

[1] 转引自方豪：《中国天主教史人物传》，北京：中华书局，1988 年，上卷，第
61 页。
[2] 同上，第 62 页。

1582 年获准在肇庆定居传教。他也是第一个用汉文撰写天主教教义书者，书名为《天主圣教实录》，1584 年在广州刊行。

　　然而，以往人们很少知道，罗明坚同时又是第一个把儒家经典译成拉丁文的人。据丹麦学者龙伯格（Knud Lundbaek）考证，罗明坚把四书全部译成了拉丁文，除了下面我们将提到的译文片段以外，一直未得发表，原稿现存罗马意大利国家图书馆。[1] 索默福格尔（C. Sommervogel）在他的《耶稣会藏书目录》（*Bibliotheque de 1a Compagnie de Jesu*，Bruxelles/Paris 1900）的补遗中收录了这部未刊手稿，用的题目是 "China, seu Humanae institutio……"（《中国，或人的教育……》）。德礼贤（P. d'Elia）在他编辑出版的《利玛窦全集》（*Fonti Ricciani* I—Ⅲ，Roma 1942—1949）第一卷第 43 页的注释中，详细描述了原稿的尺寸、页码等情况。耶稣会学者费赖之（Aloysius Pfister，1833—1891）的《在华耶稣会士列传》的罗明坚名下，也提到索默福格尔的《目录》补遗中载有 "China, seu Humanae institutio" 书稿，藏罗马图书馆。[2] 除此之外，再也无人提及。

　　罗明坚的译事在中国时已经完成。他于 1588 年奉派回欧洲，晋见西班牙国王菲力普二世（Philipp Ⅱ，1556—1598 年在位，自 1580 年兼葡萄牙国王）和教皇，要求他们派使节来中

　　[1] Knud Lundbaek, *The first Translation from a Confucian Classic in Europe*（《欧洲第一次儒家经典的翻译》），in: *China Mission Studies (1500—1800)*，Bulletin 1，1977，p. 2—11. 本文论及罗明坚四书译事一段，主要参考了该文所提供的材料。
　　[2] A. Pfister, *Notices Biographiques et Bibliographiques sur les Jesuites de l'ancienne de Chine*（《在华耶稣会士列传》），Shanghai 1932，S.21.

国，与中国建立正式关系，以便为传教活动取得合法地位。最后，这一计划落空，罗明坚则回到意大利未再东来。1591 年和 1592 年，他潜心修改他的四书译文。

在这段时间，他跟曾为前一任耶稣会会长麦古瑞安（Mercurian，1573—1581 年在任）担任过秘书的波赛维诺（Antonio Possevino，1533—1611）过从甚密。后者当时正在编辑他的百科全书式的著作——《历史、科学、救世研讨丛书选编》（*Bibliotheca selecta qua agitur de Ratione studiorum in historia, in disciplines, in salute omnium procuranda*）。该书于 1593 年在罗马出版，书中标注的耶稣会会长阿瓜维瓦（Aquaviva）的出版许可日期为 1592 年 4 月 16 日。这部《选编》又经修订，先后于 1603 年在威尼斯和 1608 年在德国科隆重版。波赛维诺在《选编》第九章介绍了罗明坚所提供的关于中国的情况，和他所翻译的《大学》第一章前半部分的拉丁文译文，为便于讨论谨将原文引录如下：

大学之道在明明德，在亲民，在止于至善。知止而后有定，定而后能静，静而后能安，安而后能虑，虑而后能得。

物有本末，事有终始，知所先后，则近道矣。

古之欲明明德于天下者，先治其国；欲治其国者，先齐其家；欲齐其家者，先修其身；欲修其身者，先正其心；欲正其心者，先诚其意；欲诚其意者，先致其知；致

CONFUCIUS
SINARUM
PHILOSOPHUS,
SIVE
SCIENTIA SINENSIS
LATINE EXPOSITA.

Studio & Opera { PROSPERI INTORCETTA, CHRISTIANI HERDTRICH, FRANCISCI ROUGEMONT, PHILIPPI COUPLET, } Patrum Societatis Jesu.

JUSSU

LUDOVICI MAGNI

Eximio Missionum Orientalium & Litteraria Reipublicæ bono

E BIBLIOTHECA REGIA IN LUCEM PRODIT.

ADJECTA EST TABULA CHRONOLOGICA SINICÆ MONARCHIÆ AB HUJUS EXORDIO AD HÆC USQUE TEMPORA.

PARISIIS,
Apud DANIELEM HORTHEMELS, via Jacobæa, sub Mæcenate.

M. DC. LXXXVII.
CUM PRIVILEGIO REGIS.

《中国哲人孔子》1687年初版本封面

47

知在格物。

　　龙伯格在他的文章中分别引录了这个段落的原稿译文，和《选编》发表的译文。从中可以看到，两者行文大有出入。原稿行文，结构上更接近原文，选词用句更能反映原文内容。发表的译文的个别地方则不必要地改变了原文的句型结构并加上了译者本人的理解，比如在"古之欲明明德于天下者"后面加上：inter mortalitatis huiusce tenebras dispicere（拨开那些世人中的云翳）作为补充。不过，《大学》的题名和书中的基本概念明德、亲民、至善的翻译两者是一致的。

　　罗明坚把"大学之道"译为 Humanae Institutionis Ratio（人的教育的正确道路），殷铎泽（Prosper Intorcetta，1625—1696）1662 年发表的《大学》全译本，根据程朱的解释译为 Magnorum virorum sciendi institutum（大人的正确教育）。1687 年由柏应理（Philippe Couplet，1624—1692）编定出版的《中国哲人孔子》（*Confucius Sinarum Philosophus*），收入的《大学》拉丁译本亦是殷译，但有些改动。为强调《大学》的政治伦理性质，把"大学之道"译为 magnum adeoque Virorum Principum，sciendi institutum（大人，或者正确地说，为君者的正确教育）。[1] 相比之下，罗译更接近原意。

　　明德被译为 lumen naturae，意为自然之光。这表明，罗

---

[1] P. Couplet, *Confucius Sinarum Philosophus*（《中国哲人孔子》），Paris 1687, S.1.

明坚从自然神学的观点来理解这个概念，所谓自然之光即区别于神的"启示之光"，亦即区别于"超自然之光"（1umen supranaturale）的理性之光。他的同事利玛窦在评价儒家伦理思想时曾说，这是"在来自自然之光的照耀下所达到的一系列很混乱的警语和推论"。[1] 这里的"来自自然之光"（1umen a natura）与罗明坚用词的含义一致。后来，莱布尼茨也是从自然神学观点评论中国哲学中的上帝观念的。当然这并不是说，后两者受了前者影响，只是说他们不谋而合，都是从托马斯·阿奎那所提出的自然神学出发，来观察和评论儒家的道德观念，而罗明坚则可以说是始作俑者了。殷铎泽译"明德"为 spiritualis potentia a caelo indita（由天所赋予的精神力量）。"明德"一词在《中国哲人孔子》一书中则改为 rationalis natura a caelo indita（为天所赋予的富有理性的本性）。[2] 人们当不难看出，这两种译法的根据都是朱熹的解释："明德者，人之所得乎天，而虚灵不昧以具众理而应万事者也。"[3] 而罗明坚的译文却是紧扣正文的。

罗明坚对"亲民"的译法是颇为高明的，他既未按字面含义译为 amare populam（爱人民），也没有像殷铎泽那样根据朱熹训亲为新的注释而译作 renovare seu reparare populam（革新

---

[1] Matteo Ricci/Nicolai Trigault, *De Christiana Expeditione apud Sinas*, Augsburg 1615, S.29.

[2] P.Couplet, S.1.

[3] 朱熹：《大学章句》1。

或更新人民）[1]，而是把"在明明德，在亲民"结合起来译作 in lumine naturae cognoscendo et sequendo，in aliorum hominum confirmatione（在于认识和遵循自然之光，在于 [以此] 鼓励其他人）。这种译法既反映了原意，也暗合朱熹的注释："既自明其明德又当推以及人使之亦有，以去其旧染之污也。"[2]

"止于至善"被译作 in suscepta probitate retinenda（坚持所接受的正直）。这种译法不如殷译确切，后者译为 perseverando in summo bono（执着于至上的善）。[3]

另外，"格物致知"是朱熹编注《大学》时所强调的一个命题，也是他本人的哲学思想中的一个重要方面。罗明坚的原稿中把"致知在格物"正确地译为 Absolutio scientiae posita est in causis et cationibus rerum cognoscendis（知识的完美在于认识事物的原因和本质），但在《选编》中却与"欲诚其意者，先致其知"一句相联系而译为 Qui cor quaesiverunt ab omni labe facere alienum eius cupidatatum，& studium aliquod vel amplectendi，vel fugiendi ordinarunt；hoc vero ut praestarent，cuiusque rei causas，et naturas noscere. Studerunt（凡是试图从众人的沉沦之中救出心灵者，他便需端正欲望、端正对于或应博取者或应鄙弃者的追求。这实际上即是，学会认识事物的原因和本性）。在译文中，"致知"变成了追求道德的态度，而这种态度即是"学

---

[1] P.Couplet，S.1.
[2] 朱熹：《大学章句》1。
[3] P.Couplet，S.1.

会认识事物的原因和本性（格物）"。"格物致知"这个命题的手段与目的从属关系变成为并列关系了。

而且，"诚意"在原稿中译为 rectificare mentis intentionem et actiones（端正精神的意向和行为）[1]，比上引《选编》的译法准确得多。这近于殷译的 verificare suam intentionem（使其意向真实）。当然，从语言角度看，《选编》刊出的译文并非没有可取之处，如更符合拉丁文的表达习惯，行文更流畅。

尽管我们不能由一斑而见全豹，但也许我们可以冒昧推断，罗明坚的四书全译稿与近百年之后1687年出版的《中国哲人孔子》一书的《大学》、《中庸》和《论语》（该书缺译《孟子》）译文相比，水平相差当不至太大。何况，罗译是第一个四书全译本，我们不应要求过苛。

全书当时如能出版，便会把儒家经典的西传提早近百年之久。遗憾的是由于罗明坚与耶稣会东方教团视察员范礼安（Alessandro Valignano，1539—1606）的龃龉，后者从中作梗，致使该书未能问世，原稿尘封至今。范礼安是在1573年被当时担任耶稣会会长秘书的波赛维诺选中，派到东方担任教团巡视员的，当时常驻足澳门。正是他作出了入华教士必须首先学汉文、熟悉和顺从中国礼俗的规定。他在1588年写给耶稣会会长阿瓜维瓦的信中，对罗明坚的汉语水平评价不高。1596年，他在给阿瓜维瓦的信中说，利玛窦正在翻译四书，又说，他听人

---

[1] P.Couplet，S.1.

言，罗明坚也翻译了四书，并且希望译稿能在欧洲印刷出版。范礼安在这封信中建议会长不要答应罗明坚的要求。也许范礼安担心罗译的问世，会妨碍利译的出版，但实际上利玛窦的四书译文始终没有出版，甚至连译稿也下落不明。

《选编》的第九章还录有罗明坚用汉文以对话形式编写的《天主圣教实录》各章标题的拉丁文译文。书中对话者一方为西方教士，一方为中国异教哲学家。应特别指出的是，书中提到孔子的名字，这是孔子的名字第一次出现于在欧洲发表的西方人的著作中。在《实录》题为《解释魂归四处》（重刻本改为《天主圣性》）的第七章中，西方教士论证神的两则律法，即一、信仰和敬奉真神；二、你所不愿人加诸己者，也不要加诸人。对话中的中国哲学家说："其中第二条我早已从我们孔夫子的著作中知道了。"[1] 这里指的是孔子所说的"己所不欲，勿施于人"（《论语·卫灵公》15·23）。

四

在明清之际来华的耶稣会士中，最重要、也最有名的人物莫过于利玛窦（Matteo Ricci，1552—1610）了。他是耶稣会在华传教活动的奠基人，他提出和推行了迎合中国儒家学说、尊

---

[1] 转引自 K.Lundbaek，P.9,reference 26。

第五篇　辯排輪廻六道戒殺生之謬說而揭齋素

正志。

耶穌會士　利瑪竇述

中士曰論人類有三般。一曰人之在世謂生而非由前跡則死而無遺後跡矣。□□夫□前後與今三也則吾所獲禍福於今世皆由前世所爲善惡吾所將逢於後世吉凶皆係今世所行正邪也。今尊教曰人有今世之暫寄以定後世之永居則謂吾暫處此世。特當修德行善令後□常享之。而以此爲行道路。

重中国礼俗的传教方针。他研读中国经书，进行广泛的科学研究、著述和翻译活动，跻身于当时的上层知识界，最后叩开宫廷大门，从而使他的传教活动取得合法地位。方豪先生把他这一整套传教的做法称为"擒贼先擒王的政策"[1]，此说虽流于粗鄙且带侮辱意味，倒也说到了点子上。

在四库全书收入的明清间耶稣会士的十二部科学译著中，属于利玛窦的有三种，即《乾坤体义》、《圜容较义》和《几何原本》。编入书目的十种哲学和神学译著中，利玛窦占了五种：《天主实义》、《畸人十篇》、《廿五言》、《辩学遗牍》和《交友论》。他的政策取得成功的关键一方面是由于他高深的"西学"修养和强烈的传教意识，这是成功的基础；另一方面，他对中国语言和文化思想，尤其对儒学的研究和所达到的水平，他的儒雅风度，他由此而在上层知识界所产生的广泛影响，也是他取得成功的决定性因素。

科学知识和所有学术活动对利玛窦而言只是传教手段，他在致当时官至铨部的虞淳熙的信中说："象纬之学，特是少时偶所涉猎；献上方物，亦所携成器，以当羔雉，其以技巧见奖借者，果非知宝之深者也。若止尔尔，则此等事，于敝国庠序中，见为徵末，器物复是诸工人所造；八万里外，安知上国无此？何用泛海三年，出万死而致之阙下哉？所以然者，为奉天主至道，欲相阐明，便人人为肖子，即为大父母得效涓埃之报，故

---

[1] 方豪：《中西交通史》，第982页。

弃家忘身不惜也。"[1]

　　同样，他的儒学研究也是为了传教这个明显的实用主义目的。儒学不仅是他接近中国知识界，与中国知识界认同的基础，他还极力在儒学中寻找与基督教义相同或相近的东西，而且用儒学概念解释基督教义或者赋予儒学概念以基督教的内容。有的学者认为，在明末儒、释、道三教合一的潮流中，利玛窦试图排释、道而与儒融合，建立基督教和儒教的合一学说，这个学说包括儒家的社会伦理成分和基督教神学。[2] 客观上分析，这种说法不无道理，但利玛窦主观上并没有此一愿望；最多只不过是徐光启所说的"补儒易佛"而已。这一点他在 1609 年致巴范济（Francesco Pasio，1551—1612）的信中说得很清楚："文人教派（按即儒家）很少谈及超自然的事，但它的伦理思想跟我们却几乎完全一致。因此，我在我写的书中已对此表示赞赏并利用它来批驳其他教派（按即释、道二教），我避免批评它（按即儒家学说），而是尽力对它与我们神圣信仰冲突的地方加以解释……不过我从未忘记对文人们背离古人的新见解提出质疑。"[3] 他在另一个地方说得更明白："学者派别（按即儒家）的学说——除了少数地方——并不与基督教原则对立，这样一个派别可能从基督教义获得益处，也许会由此而得到发展和臻

　　[1] 转引自方豪：《中西交通史》，第 971 页。
　　[2] David Mongello（孟大卫），*Curious land*, *Jesuit accommodation and the origins of Sinology*（《奇异的国度——耶稣会士的迎合与汉学的起源》），Stuttgart 1985，P.64.
　　[3] 同上，P.63。

《中国哲人孔子》中的孔子画像

于完善。"[1]

这两段话除了证明我们上面的论断，还可以看出他对中国各种思潮的态度：一、赞成儒家并利用它反对释、道；二、赞成古儒，反对背离古儒的新见解，后者暗指宋明理学。利玛窦之后来华的耶稣会士除了少数例外，不仅继续推行他的传教政策，而且也继承了他尊儒反佛、反道以及反对宋明理学的立场。

利玛窦对儒家学说的评介主要记载于他生前用意大利文写就，死后由金尼阁（Nicolai Trigault，1577—1628）译成拉丁文并增写最后两章编定出版的《基督教远征中国史》（*De Christiana Expeditione apud Sinas*，Augsburg 1615）；他的主要神学著作《天主实义》则反映了他利用儒学概念宣扬基督教义，以及他扬儒、反佛、反道和反宋明理学的观点。在对这两部主要作品中关于儒学的言论进行分析之前，首先讨论一下上文曾提到的他的四书翻译问题。

有的文献称，利玛窦曾将四书译成拉丁文。如当时被称为"西来孔子"的艾儒略（Julius Aleni，1582—1644）于利玛窦死后不久，在他用汉文写的《大西西泰利先生行迹》一文中称："利子尝将中国《四书》译以西文，寄回本国。国人读之，知中国古书，能识真原，不迷于主奴者，皆利子之功也。"[2] 利玛

---

[1] 同上，P. 63。
[2] 转引自朱谦之：《中国哲学对于欧洲之影响》，福州：福建人民出版社，1983 年，第 68 页。

窦本人在 1593 年 12 月 10 日致耶稣会会长阿瓜维瓦的信中提到，范礼安曾请他翻译四书。[1]1596 年，范礼安亲自写信告诉会长，利玛窦正在着手翻译四书，并且说，1594 年利玛窦曾向他出示过已完成的大部分译稿。[2] 按照这两封信的说法，利玛窦正在翻译四书，并有部分成稿。方豪先生在他的《中西交通史》中说："据费赖之司铎著《在华耶稣会士列传》（本文引用原著）[3] 则利氏曾将四书译为拉丁文，寄回本国。时万历二十一（一五九三）年，恰当十六世纪末。"[4] 经查阅费赖之的《在华耶稣会士列传》，关于利玛窦四书译事的记述被列于利玛窦传内译著一览表第 24 项。现根据法语原文将该项全文翻译如下：

  24．利玛窦神甫于 1593 年将中国称为四书（Quatrelivres）的名著译成拉丁文，其间并加有简短注释，用的题目为"Tetrabiblion Sinense demoribus"（关于中国礼俗规范的四部书）（Trrigault，Exped.，p. 578）。每个来中国的传教士都应该标注和熟读它。我们不知道，译文是否已经付印或者有抄本保存下来。[5]

---

[1] Tacchi Venturi, *Opere Storiche del P.Matteo Ricci*, II, 117, 转引自 K.Lundbaek, reference 27。
[2] Tacchi Venturi, I, 250, 转引自 K.Lundbaek, reference 28。
[3] 括号内为方豪先生夹注。
[4] 方豪：《中西交通史》，第 1046 页。——方先生所引费文未加引号——笔者。
[5] A.Pfister, p. 41.

费赖之在括号内注明材料援引自 Trigault, Exped., p. 578，即利玛窦和金尼阁合著的《基督教远征中国史》，第 578 页。费赖之没说明他用的什么版本，经查奥格斯堡（Augsburg）1615 年拉丁文初版本，在第 334 页记述了利玛窦的四书译事：

> 利玛窦神甫根据中国四书所撰的拉丁文改写本（latina paraphraisi）以及他作的生动注释，对于我们研究中文著作也有不少指导意义。

上述文献的记述，除了艾儒略的《大西西泰利先生行迹》以外，都没有完全肯定利玛窦译完全部四书。[1] 我很同意美国学者孟大卫的论断，他说："然而更为可能的是，利玛窦的改写本是未完成的、为新来耶稣会士学习中文使用的工作手稿。在这个过程中，手稿为后来的耶稣会士辗转相传和应用，在手稿不断完善的过程中，《中国哲人孔子》则是其最后阶段。"[2] 孟大卫先生补充说，他的这个论断又为德礼贤所证明，后者也认为，利玛窦的翻译手稿有极大可能成为《中国哲人孔子》的最初基础和核心。[3] 当然，要对此提出疑问也并非不可能：《中国

---

[1]《中国大百科全书·宗教卷》（北京／上海，1982）的"利玛窦"条下说："1589 年移居韶州，延师讲授《四书章句》，自行意译成拉丁文，并加注释。1594 年初译竣。这是《四书》最早的外文译本。"像该卷其他条目一样，"利玛窦"一条也未附参考文献目录，其根据何在，不得而知。

[2] D. Mungello, p. 250.

[3] D. Mungello, p. 250.

哲人孔子》序言的第二部分第三、第十二两章专门叙述利玛窦在华的传教活动和著述，却只字未提他的四书译事。

五

《基督教远征中国史》[1] 于 1615 年在德国奥格斯堡出第一版。由于这是一个久居中国、熟悉中国文化的目击者关于中国和耶稣会在中国的传教活动的真实记述，一问世便引人注目，于 1616 年、1617 年、1623 年连续再版，1684 年又重印一次。该书印行后十年之内便被译成六种欧洲语言，1616 年被译成法文并在当年出版，接着于 1617 年、1618 年连续两次重版，最后于 1684 年又重印一次。德文本于 1617 年在奥格斯堡问世，西班牙文本于 1621 年分别在塞维利亚和利马出版，意大利文本于 1622 年在那不勒斯出版，1625 年在伦敦出版了一种英文节译本，英文全译本直到 1942 年方才问世。

《基督教远征中国史》全书共五卷，第一卷是关于中国情况的报导，关于儒学的介绍主要集中在该卷的第五、第十两章。归纳起来，利玛窦主要从四个方面评述儒学。

---

[1] 何高济先生等根据 Louis J. Gallagher 的英译本（书名和出版日期为：*China in the Sixteeth Century: the Journals of Matthew Ricci 1583—1610*, New York 1953) 译成汉文，书名为《利玛窦中国札记》，北京：中华书局，1983 年。译者译事严肃认真，参考了 Tacchi Venturi 和德礼贤分别编定出版的两种利玛窦全集，作了大量注释，便于读者了解当时的人物和事件。本文出自该书的引文，基本上直接引用何先生译本，个别地方根据 1615 年奥格斯堡拉丁文初版本作了改动。

一、孔子——一位"可与西方异教哲人相比并超过其大多数的中国哲人"

利玛窦介绍说：

> 在所有中国哲人之中，孔子是最受人称道者。他生于基督降生前 551 年，活了七十一岁。他以自己的著作和授业以及堪为楷模的行为，激励着所有的人去追求道德。就其清醒的理智和有节制的生活方式而言，他的同胞认为他超越各国所有被视为神圣和道德高尚的人。如果我们考察一下他那些载入史册的言行，我们就不得不承认，他可以与我们的异教哲人相比，而且可能超过其中的大多数人。[1]

孟大卫先生认为，利玛窦在这里所说的"我们的异教哲人"是指以柏拉图、亚里士多德为代表的古希腊哲学家。[2] 如果就孔子和柏拉图等人对各自的文化所产生的影响而言，这一推断当是可以成立的。关于孔子在中国的地位，利玛窦说：

> 中国有学问的人非常景仰他，以致不敢对他的话提出异议。他们以他的名义起誓，如像以一个万有的主宰的

---

[1] Ricci-Trigault, S. 29；何译本第 31 页。
[2] D.Mungello, p. 57.

名义起誓，随时准备实践他的话。不仅作为一个阶层的哲学家，连历代的君主也给予他一个人所能得到的最高敬意。[1]

在另一个地方，他称孔子为"中国圣哲之师"[2]、"哲学家的先师"[3]。

二、儒学——道德哲学

利玛窦认为，在中国人所熟悉的各种各样的学科中，"道德哲学是唯一高深的学问。"[4] 关于道德哲学的内容，他作了如下说明：

被称为中国圣哲之师的孔子，把更古的哲学家著作汇编成四部书，他自己又撰写了五部。他给这五部书题名为"经"，内容包括正当生活的伦理原则、指导政治行为的告诫、习俗、古人的榜样、他们的礼仪和祭祀，以及甚至他们诗歌的样品和其他类似题材。在这五部书之外，还有一部汇编，这位大哲人和他的弟子们的教诫，但并没有特殊的编排。它主要是着眼于个人、家庭和整个国家的道德行为，在人类理性光芒之下对正当道德实践加以指导。这部

---

[1] Ricci-Trigault，S.29；何译本第 31/32 页。
[2] Ricci-Trigault，S.33；何译本第 35 页。
[3] Ricci-Trigault，S.105；何译本第 100—101 页。
[4] Ricci-Trigault，S.29；何译本第 31 页。

书是从前面提到的那四部书节录下来的摘要，被称为"四书"。孔子的这九部书是中国最古老的丛书，它们是用象形文字写成的，为国家未来的美好和发展而集道德教诫之大成；别的书都是由其中发展出来的。[1]

这里对四书形成的叙述是错误的，说《论语》是四书的摘要尤其荒唐。至于称孔子作五经，利玛窦显然是沿用所谓孔子修治六经（《易》、《诗》、《书》、《礼》、《乐》、《春秋》）这一传统说法。撇开这些技术性问题不谈，总的说，他对四书、五经内容的介绍大致是不错的，他特别强调了三点：

首先，《论语》的主旨在阐明"个人、家庭和整个国家的道德行为"。换句话说，这是一部讨论个人行为准则、人际关系准则和政治伦理问题的书，这些问题都属于实践伦理学范畴。后来，西方思想家把孔子的哲学，即儒学几乎等同于道德哲学，等同于伦理学，应当说，利玛窦实为发其端者。

其次，关于《论语》中道德问题的讨论，他解释说，这是"在人类理性光芒之下对正当道德实践加以指导"。上文提到，他曾说过："伦理学这门科学只是他们在来自自然之光的照耀下，所达到的一系列混乱的格言和推论。"关于这里所称"理性之光"、"来自自然之光"的含义，上文已作过说明。另外，利玛窦在他的书中还使用过"良心之光"、"良心内在的光明"、

---

[1] Ricci-Trigault，S.33；何译本第35页。

"内在智慧"[1] 等，所有这些概念跟理性之光一样，指的都是一个意思。罗明坚只是从翻译上反映了他的自然神学观点，利玛窦则是明确无误地用自然神学观点来评述儒学。

第三，《论语》"集道德教诫之大成；别的书都是由其中发展出来的"。利玛窦敏锐地看出，《论语》（无疑也包括其他经典）是儒学的基本经典，儒学的其他著述只是对这些经典的诠释。因此，"只要揭示一种思想的古老性，就可以树立起一个权威，藉以使同时代中国人接受对于经典的重新诠释"[2]。正是基于这种认识，利玛窦便给儒学概念加进基督教内容，以证明基督教真理在中国是古已有之，使中国人较容易地接受基督教义，从而达到传教目的。

三、儒家——一种教派

利玛窦称儒家为儒教，并将它与佛教和道教并列，他说：

"儒教是中国所固有的，是国内最古老的一种。它主宰着国家，有着大量文献，远比其他教派有名。就个人来说，中国人并不是选择这一宗教，而是在研究学问时吸纳它的教义。凡做学问有了名气的人或者甚至一般从事学问研究的人，没有一个人再相信别的教派的。孔子是哲学家们的先师，据他们说，发现哲学这门学问的乃是孔子。他们不崇拜偶像，也没有偶像。然而，他

---

[1] 这三种概念分别见 Ricci-Trigault，S.177、189；何译本第 170、187、188 页。
[2] D.Mungello，p.64.

们的确相信有一位神在维护着和管理着世上的一切。"[1]

在这段话里，利玛窦向欧洲天主教内外读者所传达的信息是非常重要的：所谓儒教即研究孔子学说的哲学家群，他们在治理着整个中国；他们不崇拜偶像，却相信一个主宰万物的神。这无异于说，迎合儒家学说、接近这个治理着中国的学者群，是传播基督教信仰的最可靠的途径。而且儒教也并非邪说，跟这样一个教派共处也并非迎合异教。他在另一个地方更明确地指出：

> 在欧洲已知的所有异教徒教派中，我不知道有什么民族在其古代的早期比中国人更少犯错误的了。从他们的历史一开始，他们的书籍中就记载着他们所承认和崇拜的一位最高的神，他们称之为天帝，或者加以其他尊号，表明他既管天也管地。[2]

接着，他进一步为儒教辩护说：

> 人们可以深信不疑，许多古代中国人受到上帝的恩宠，藉助于那种特殊的帮助在自然法中得到拯救。这种特殊帮助——据神学家们说——是一定会给予一个人的，只要他按照自己良心的光芒的指引，去做他为得到拯救而能够做的一切。他们已经努力这

---

[1] Ricci-Trigault, S.105；何译本第 100/101 页。
[2] Ricci-Trigault, S.104；何译本第 99 页。

么做了，这一点完全可以从他们四千多年的历史中得到证明。[1]

利玛窦在这里所称的自然法是指区别于摩西所颁布的神赐律法，人靠理性所认识到的行为规范。所谓良心的光芒，上文已提及，即指理性的光芒。可见，利玛窦仍旧从自然神学角度来观察他将之作为宗教对待的儒家的。不过，在他看来，儒教不同于其他异教，它的宗旨符合基督教义。他说："儒家这一教派的最终目的和总的意图是国内的太平和秩序。他们也期待家庭的经济安全和个人的道德修养。他们所阐述的箴言确实都是指导人们达到这些目的的。完全符合良心的光明与基督教的真理。"[2] 不仅如此，利玛窦认为，孔子说的"己所不欲，勿施于人"一语是在解释耶稣关于仁爱的第二诫："你们要别人怎样对待你们，就得怎样对待别人。"[3]

利玛窦一方面称颂儒教，一方面则极力贬抑佛教和道教。他的目的是很明显的，借助于在他看来不啻为"国教"的儒家传布基督教，而佛、道两教，尤其佛教，则被他视为危险的、必须战胜的竞争对手，尽管他也承认佛教的教义和礼仪在许多方面跟基督教是一致的。[4]

---

[1] Ricci-Trigault，S.104；何译本第 100 页。
[2] Ricci-Trigault. S. 109；何译本第 104 页。
[3] 同上。耶稣的训诫见《新约·马太福音》7. 12,《新约·路加福音》6. 31。
[4] Ricci-Trigault. S. 110–111；何译本第 106 页。

四、"儒教目前普遍信奉的学说"来自"偶像教派"

这是利玛窦对从宋代到当时主宰着中国思想界的宋明理学的描写。他把它跟他所称的"真正的儒家"亦即把所谓"古儒"与"新儒"对立起来。他不是把后者看成前者的发展，而是认为后者背叛了前者。他说："真正的儒家并不告诉人们，世界是什么时候、以什么方式，以及由谁所创造的。"[1] 而"儒教目前普遍信奉的学说"则不然，它认为"整个宇宙是由同一种实体（Substantia）构成，此实体之创造者与天地、人兽、草木以及四元素一起构成一个互相关联的实体，每一个别事物都是此一巨大实体的一部分。从这一实体（Substantia）的统一性中可以推知遍及于各个成分的爱；由此，如果有人愿意，他可以达到与神相同的品格，因为他本来就是与神一体的：我们在驳斥这种谬说，不仅从理性上而且也根据他们自己古代哲人所留下的全部论证"[2]。

这段话可谓是利玛窦对宋明理学的扭曲、混乱的描述。从他那个时代算，五个世纪以前，恰好是程颢（1032—1085）、程颐（1033—1107）、朱熹（1130—1200）、陆九渊（1139—1192）活动的时代。但理学并非如利玛窦所说是偶像教派，恰恰相反，它是反对他所称的偶像教派的佛教和道教的，但他们的理论中

---

[1] Ricci-Trigault. S. 105；何译本第 106 页。

[2] Ricci-Trigault，S. 106；何译本第 101-102 页。何译与笔者译文差别甚大，这主要是对拉丁文词 substantia（英文：substance）的不同理解造成的。substantia 的根本含义是实体，另外也有物质义，通用的英文词典的第一义项都是物质。但用于哲学，无论是 substantia 还是英文的 substance，其含义都是实体、本体存在、本质。

的确含有释、道成分，因为他们的反佛是"入室操戈，吸收改造释道哲理"，从而"进行内在批判"。[1] 从上下文看，利玛窦所说整个宇宙所由"构成"（应该说是"产生"）的共同"实体"就是朱熹理论体系中的理或太极。从下面朱熹的两段话中也许可以看得出利玛窦所反映的理学被扭曲的形象的影子：

> 人物之生，同得天地之理以为性（本质——引者注，下同），同得天地之气以为形（形体）。所不同者，独人于其间得形气之正而能有以全其性。[2]

> 万物皆有此理，理皆同出一源。但所居之位不同。则其理之用不一。如为君须仁，为臣须敬，为子须孝，为父须慈。物物各具此理，物物各异其用，然莫非一理之流行也。[3]

这个"无所适而不在"[4] 的理统摄着整个宇宙，使宇宙成为一个"互相关联的实体"。它"如月在天，只一而已；及散在江湖，则随处而见"。[5] 人，独得"形气之正而能有以全其性"。这里所谓"全其性"即《中庸》说的"尽其性"。按照朱熹的

---

[1] 李泽厚：《中国古代思想史论》，北京：人民出版社，1986 年，第 221 页。
[2] 朱熹：《四书集注．孟子离娄下》。
[3]《朱子语类》卷十八，北京：中华书局，1986 年，第 398 页。
[4]《朱子文集》卷七十，转引自李泽厚，第 233 页。
[5]《朱子语类》卷九十四，北京：中华书局，第 2409 页。

解释，一个人只要能尽其性，使自己臻于完美，达到"德无不实"、"无人欲之私"，完全实现"天命之在我者"之性，便可以"尽人之性"、尽物之性，便可以"与天地并之为三也"。[1] 这大概就是利玛窦所说的"推知遍及于各个部分之爱"和"与神相同的品格"吧。利玛窦对宋明理学的批判，主要见于他的汉文著作《天主实义》，下文还将提到。

六

利玛窦的《天主实义》是继罗明坚的《天主圣教实录》以后，又一部用教理问答式对话写成的汉文神学著作，但它流传之广、影响之大却远非后者所能比及。它最初以《天学实义》为题，于 1595 年在南昌刻印发行，后改称《天主实义》，于 1601、1604 年两次在北京重刻，1605 年和 1606 年间又在杭州重刻。利玛窦死后，李之藻（1569—1630）把它收入他于 1629 年编辑出版的《天学初函》。在此期间，又流传到日本、越南和朝鲜。后来，法国神甫雅奎（Claude Jacques，1688—1728）把它节译成法文，以 "Entretiens d'un lettre chinois et d'an docteur europeen"（《中国学者和欧洲博士对话录》）为题，收入 *Choix de lettres edifiantes*（《参考文选》，Bruxelles 1838）。不过，

---

[1] 朱熹：《四书集注·中庸》22。

此译文过分自由，大伤原意。

严格地讲，这不是一部教理问答；因为它所讨论的问题并非基础教义，而是，如利玛窦所说的，那些可以用自然神学或人的理性推论、用现有的儒学概念所能够证明的基督教信条。如：上帝——天地的创造者、灵魂不死、天堂地狱的存在等。《天主实义》的重点是对于被视为传布基督教信仰的障碍的释、道两教和宋明理学的批判，这占了近一半的篇幅。本文讨论的重点是利玛窦如何用儒家概念论证基督教信条，反过来讲也可以说，他如何给儒学概念以新的、基督教的解释。

一、对"上帝"的新解释

上帝又称为帝、天帝，是中国古代对至上神的称谓。见于甲骨卜辞、《战国策》、《诗》、《书》、《易》、《礼》等文献中。利玛窦主要用上帝这个大量出现于《诗》、《书》等儒家经典中的概念，来比附基督教信仰的 Deus，即耶稣会译称的天主。他首先认定，"吾天主乃古经书所称上帝也"。接着，他援引儒家经典论证说：

《中庸》引孔子曰："郊社之礼，所以事上帝也。"……《周颂》曰："执竞武王，无竞维烈，不显成康，上帝是皇。"又曰："予皇来牟，将受厥明，明昭上帝。"《商颂》云："圣敬日跻，昭假迟迟，上帝是祇"。《雅》云："维文王，小心翼翼，昭事上帝。"《易》曰："帝出乎震"。夫帝也者，非天之谓，苍天者抱八方，何能出于一乎？《礼》云："五者备当，上帝其飨。"又曰："天予亲耕；粢盛秬鬯，以事上帝。"《汤誓》曰："夏氏有罪，予畏上帝，不敢不正。"……《金縢》周公曰："乃命于帝庭，敷佑四方。"上帝有庭，则不以苍天为上帝可知。

最后，他得出的结论是：

观古书而知上帝与天主特异以名也。[1]

在对上述引文的讨论以前，首先有必要说明一下关于 Deus 的翻译问题。耶稣会内外对此曾有过几度争论，最后确定，舍弃"上帝"，只用天主，以避免与古代中国人信奉的至上神相混淆。"天主"一词也是借用的中国原有词语，《史记·封禅书》曰："八神：一曰天主，祠天齐。"另外，也不准用"天"来称谓 Deus，因为有的耶稣会士和后来在"礼仪之争"中反对利玛窦的多明我会教士认为，中国人所敬的天是仰面可见的苍天，是物质性的。这就是在上述引文中利玛窦两次把上帝与天区分开来的原因。实际上，这种区别是不必要的，因为"天"的含义很多，其中之一便是天帝，亦即上帝。如《书·泰誓上》："天佑下民。"1704 年 11 月 20 日教皇克勒门斯十一世（Klemens

---

[1] 利玛窦：《天主实义》，上卷第二篇。

XI, 1700—1721 年在位）颁发"圣谕"正式确认使用天主，禁用上帝和天。鸦片战争后传入中国的新教则接受了上帝这个概念，一直沿用至今。

从基督教历史上看，利玛窦借用当地民族原有概念称谓基督教所信仰的神的做法完全来自使徒保罗。《新约·使徒行传》17 载，保罗来到雅典，看到满城偶像心里十分难过。他在会堂、广场不断与人发生争执，人们不相信他传布的耶稣和他复活的福音。保罗站在亚略巴古议会会堂说："雅典居民们，我知道你们在各方面都表现出宗教热情，我在城里到处走动，观看你们崇拜的场所，竟发现有一座祭坛，上面刻着：'献给不认识的神。'我现在要告诉你们的就是这位你们不认识、却在敬拜的神。这位创造天、地和其中万物的神乃是天地的主。"保罗使雅典人认识他们所"不认识的神"，而利玛窦则是让中国人认识中国古代经书记载着而为他们所忘记的上帝，两者都是为了让当地人在他们所熟悉的神灵的名义下信奉基督教的神。

在中国宗教史上，所谓"老子化胡说"与利玛窦的"上帝即天主"说，也有异曲同工之妙。佛教最初传入中国时，一度被视为是黄老神仙术的一种，于是出现"老子入夷狄为浮屠"之说；佛教自己也附于黄、老，以便在中国传统信仰的名义下传播自己的教义。看来一种外来宗教要得到传播，迎合和凭靠当地思想文化传统，是一条必由之路。

二、对"仁"的新解释

"仁"是儒家的核心概念，它在《论语》中出现了 109 次，孔子对它的解释也因人而异。张岱年先生认为孔子所说"己欲立而立人，己欲达而达人"（《论语·雍也》6·3）便是他规定的仁的界说。[1] 今从其说立论。在中国历史上，人们往往根据自己的需要对它作出解释，如孟子释仁："仁者，人心也。"[2] 这与他强调个体人格修养是一致的。董仲舒："仁者，爱人之名也。"[3] 他强调的是施爱予人。朱熹："仁者，爱之理，心之德也。"[4] 他解释说，"仁者爱之理"[5]。理是根，爱是苗。他引用程颐的话说："程子曰：'心如谷种，其生之性，乃仁也。'生之性，便是'爱之理'也。"[6] 他从他的理学出发，把仁看成是先天观念。利玛窦对这种引古筹今的做法是很熟悉的，他曾说过，在中国"凡希望成为或被认为是学者的人，都必须从这几部书（按指五经、四书）里引导出自己的基本学说"。[7] 也许可以说，利玛窦主要不是从中引出，而是向里加进自己的学说，他解释说：

夫仁之说，可约而二言穷之曰，爱天主、为天主。[8]

---

[1] 张岱年：《中国哲学大纲》，北京：中国社会科学出版社，1982 年，第 256 页。

[2]《孟子·告子上》。

[3] 董仲舒：《春秋繁露·仁义法》。

[4] 朱熹：《四书集注·论语·学而》1·1。

[5]《朱子语类》卷二十一，北京：中华书局，第 464 页。

[6] 同上，第 469 页。

[7] Ricci-Trigault，S.33；何译本第 35 页。

[8] 利玛窦：《天主实义》，下卷第七篇。

他在他的《廿五言》中对此作了详细解释：

> 夫仁之大端在于忝爱上帝。上帝者生物原始、宰物本主
> 也。仁者信其实有，又信其至善而无少差谬，是以一听所
> 命，而无俟强勉焉。知顺命而行，斯谓之智……君子不独以
> 在我者度荣辱、卜吉凶而轻其在外，于所欲适欲避，一视义
> 之宜与否。虽颠沛之际，而事上帝之全礼无须臾间焉。[1]

在这短短的一段话里，利玛窦从仁即爱上帝这一全新命题
出发，也给予了信、智、义、礼以全新的内涵，这种近于文字
游戏的牵强解释是很明显的，无须赘言。

三、对"孝"的新解释

利玛窦对孝的解释，可以说是一个儒学和基督教义合一的
命题，他写道：

> 凡人在宇内有三父：一谓天主，二谓国君，三谓家君
> 也。逆三君之旨者，不孝子也。[2]

他在这里把对神的敬、对君的忠和对父母的孝都列在了
"孝"这个概念之下。不过，这跟孔子讲的"迩之事父，远之

---

[1] 转引自朱谦之，第 131 页。
[2] 利玛窦：《天主实义》，下卷第八篇。

74

事君"(《论语·阳货》17·9)倒也是一致的，只是他外加上了敬神一项，而且把它提得高于其余两者。他解释说，假如"三父之令相反，则下父不顺其上父，而私子以奉己、弗顾其上，其为之子者，听其上命，虽犯其下者，不害其为孝也"。但是，"若从下者违其上者，固大为不孝也"。[1] 表面上看来，利玛窦似乎是把神命、君命置于父命之上，实际上是把神命置于至高无上的地位。接着他补充说，天主"化生天地万物"，乃"大公之父也；又时主宰赡养之，乃无上共君也。世人弗养弗奉，则无父无君，至无忠、至无孝也"。[2] 这样的孝跟孔子所说的"父为子隐，子为父隐，直在其中矣"(《论语·子路》13·8)已大有区别。但是，它也不同于耶稣对他的门徒们的训诫：

如果有人到我这里来而又不鄙弃父母、妻子儿女、弟兄姐妹，甚至自己的生命，他就不能作我的门徒。[3]

相比之下，利玛窦对于中国人的态度是很宽容的，他认为"有爱父母不为天主者，兹乃善行，非成仁之德也"。[4] 他甚至容许基督徒祀祖祭孔，他说，这种在死者墓前上供的做法似乎不能指责为渎神，而且也许并不带有迷信色彩；因为"他们这样做是为了孩子们以及没有读过书的成年人，看到受过教育的

---

[1] 利玛窦：《天主实义》，下卷第八篇。
[2] 同上。
[3] 《新约·路加福音》14·26。
[4] 利玛窦：《天主实义》，下卷第七篇。

名流对于死去的父母如此崇敬，就能学会尊重和供养自己在世的父母"。[1]他指出，祭孔是为了"表明他们对他著作中所包含的学说的感激"，正是这种学说使他们得到学位，从而使国家得到大臣、具有公共行政权威。当然，利玛窦说，基督徒如果"以救贫济苦和追求灵魂的得救来代替这种习俗，那就似乎更要好得多"。[2]

四、对"诚意"的新解释

"诚意"是《大学》中的一个重要概念，书中解释说："所谓诚其意者，毋自欺也，如恶恶臭，如好好色，此之谓自谦，故君子必慎其独也。"（《大学》6）这段话的意思是，一个人应不断纯洁自己的意念，达到善善因其为善、恶恶因其为恶这样一种高度自觉的精神境界。这里的"意"是个一般概念，按照朱熹的解释，即"性之所发也"。"诚意"即"实其心之所发，欲其必自慊而无自欺也"。[3]利玛窦混淆一般和个别概念提出论题："解释意不可灭并论死后必有天堂地狱之赏罚以报世人所为善恶"。在这个标题下的一章中有一段对话：

> 中士曰："夫因趋利避害之故为善禁恶，是乃善利恶害，非善善恶恶正志也。君子为善无意，况有利害之意耶？"

---

[1] Ricci-Trigault，S.108；何译本第 103 页。
[2] 同上。
[3] 朱熹：《四书集注·大学》6。

这里的"无意"用得令人费解，从上下文看应是指没有个人功利目的，"意"在这里含义是具体的、有所指的。接着，利玛窦让西士对答：

西士曰："彼灭意之说，固异端之词，非儒人之本论也。儒者以诚意为正心、修身、齐家、治国、平天下之根基，何能无意乎？……儒学无诚意不能立夫！设自正心至平天下，几所行事，皆不得有意，则奚论其意诚乎虚乎？"[1]

利玛窦用"诚意"驳斥"无意"、"灭意"，显然是要了一个小小的诡辩术：偷换概念。即把"诚意"之意——一般概念——与"无意"之意——个别概念——等同了起来，从而在坚持"儒者之本论"的名义下传布基督教义。其实，利玛窦应该肯定他所理解的那种"为善无意"的，因为为善因其善、避恶因其恶，这也是基督教徒所追求的完美品格。莱辛（Gotthold Ephraim Lessing，1729—1781）在他的著名神学论文《论人类教育》中曾经指出："它将到来，它一定会到来——那完美的时代。到那时，人的理智越是深深感到有一个日益美好的未来，他便越是无须向未来乞求他的行为的动力；因为他行善只因其为善，而不是为了企图由此得到任何报偿，而以往这种报偿却仅仅能够吸引和捕捉住他那疑惑不定的目光，使之认识到更高

---

[1] 利玛窦：《天主实义》，下卷第六篇。

的内在报偿。"[1] 利玛窦不是启蒙思想家，在他那里，对于健康理智和完美品格的追求并不占重要地位，重要的是首先成为教徒，甚至为了证明天堂地狱之存在，他倒是可以牺牲这种追求的。

五、在人性论上与朱熹相遇

利玛窦尽管反对宋明理学，但他的人性论观点却与朱熹极其相似。他说：

> 若论厥性之体与性，均为天主所化生而以理为主，则俱可爱可欲，本善无恶矣。至论其用机，又由乎我，我或有可爱、或有可恶，所以异。则用之善恶无定焉，夫所谓情也。[2]

试比较以下朱熹的说法：

> 天之生此人，无不与之以仁、义、礼、智之理，亦何尝有不善？但欲生此物，必须有气，然后此物有以聚而成质；而气之为物，有清浊昏明之不同。禀其清明之气，而无物欲之累，则为圣；禀其清而未纯全，则未免微有物欲之累，而能克以去之，则为贤；禀其混浊之气，又为物欲

---

[1] G.E Lessing, *Gesammelte Werke*, Aufbau-Verlag, Berlin/ Weimar 1968, Bd.8, S.612.
[2] 利玛窦：《天主实义》，下卷第七篇。

之所蔽而不能去，则为愚、为不肖。[1]

朱熹又把天赋予人之性称作"天地之性"，这相当于利玛窦所称天主"所化生"之性，两者都认为这是善的。朱熹把"理与气杂"，"聚而成质"的个体之性称作"气质之性"，这种性是"善恶有所分"的[2]，这就是利玛窦所称的"善恶无定"的"用机"。我们看到，利玛窦恰当地使用中国哲学中的范畴"用"来表示人性之已发。但是朱熹和利玛窦毕竟各有其不同的哲学传统，前者的人性论实际上继承董仲舒的圣人之性、斗筲之性和中民之性的人性界说和王充的性三品说，他的新发展在于他以理释性并从他的理气本体论出发，把人性分作天地之性和气质之性，从宇宙本体上论证人性。利玛窦的人性论跟把人性看成是神性的经院哲学不完全相同，他从亚里士多德的灵魂阶梯说出发，更重视人性中的理性，他说：

　　西儒说人云，是乃生觉者能推论理也。曰生以别于金石，曰觉以异于草木，曰能推论理以殊乎鸟兽。[3]

在另一地方，他又说：

[1] 朱熹：《玉山讲义》，转引自张岱年，第 219 页。
[2] 朱熹：《明道论性说》，转引自张岱年，第 219 页。
[3] 利玛窦：《天主实义》，下卷第七篇。

明道之士皆论魂有三品：下品曰生魂，此只扶所赋者生活长大，是为草木之魂；中品曰觉魂，此能扶所赋者生活长大，而又使之以耳目视听，以口鼻啖嗅，以肢觉物情，是为禽兽之魂；上品曰灵魂，以兼生魂、觉魂，能扶之长大及觉物情，而又能俾所赋者推断事物、明辨礼义，是为人类之魂……凡物非徒以貌相定本性，乃惟以魂定之。始有本魂，后为本性。[1]

不知利玛窦是否读过《荀子》，他在这里用以界定人性而间接引述的亚里士多德《论灵魂》中的论点，与荀子几乎完全一致，荀子写道：

水火有气而无生，草木有生而无知，禽兽有知而无义；人有气、有生、有知亦且有义，故最为天下贵也。[2]

所不同者，荀子多用了一个中国哲学所独有的表示"聚以成质"的概念"气"，他在这里是给人下定义。亚里士多德是根据生命的三个阶梯划分三种不同品格的灵魂。利玛窦则把后者作为他界定人性的根据。这里真是巧遇，利玛窦在人性论上与朱熹相遇，前者借以界定人性的亚里士多德的灵魂阶梯说，又

---

[1] 利玛窦：《天主实义》，下卷第五篇。
[2] 《荀子·王制篇》。李约瑟先生把亚氏的灵魂阶梯说和荀子给人所下的定义列表加以比较，一目了然。他意在证明中西古代哲学思想存在着接触点。参阅 J. Needham, Vol.2，p. 22。

与荀子为界定人类属性而对自然所作的分类相遇，从而利玛窦又间接地与荀子相遇。

六、与宋明理学对立

上文提到，利玛窦在《天主实义》中用了大量篇幅批判释、道两教和宋明理学。在某种意义上讲，《天主实义》可谓一部褒儒贬佛、尊古儒排宋儒的代表作。利玛窦所攻击的这些对象，其间差异尽管很大，但有一个共同点：它们，尤其佛教和理学都有各自的描述和论证世界生成、万物起源的理论体系，而且，这些体系从根本上是与基督教的一神信仰和上帝创世说相对抗的。关于利玛窦对佛、道的攻击，限于本文论题，不可能作深入讨论，仅录其言，说明他这种态度在极大程度上是出于一个宗教徒对异教的本能偏见：

中士曰："拜佛教、念其经全无益乎？"

西士曰："奚啻无益乎！大害正道，维此异端……一家止有一长，二之则罪；一国惟得一君，二之则罪；乾坤亦特有一主，二之岂非宇宙间重大犯罪乎？"[1]

在对理学的批判中，利玛窦首先将之与古儒对立起来，他借西士之口说：

---

[1] 利玛窦：《天主实义》，下卷第七篇。

81

余虽末年入中华，然视古经书不怠，但闻古先君子敬恭于天地之主宰，未闻有尊奉太极者，如太极为主宰万物之祖，古圣何隐其说乎？[1]

然后，他针对理学的本体概念"理—太极"主要提出了三个反对理由：

（一）"有物则有物之理，无此物之实，即无此理之实。"他的理由是"夫物之宗品有二，有自立者，有依赖者"，"凡自立者先也，贵也；依赖者后也，贱也"。而理"亦依赖之类，自不能立，曷立他物哉？""若以虚理为物之原，是无异乎佛老之说。"[2]

（二）"理无灵无觉，则不能生灵生觉"。他说："请子察乾坤之内，惟是灵者生灵，觉者生觉耳。"他对天主和理作了比较："天主虽未尝载有万物之情，而以其精德包万般之理，合众物之性，其能无所不备也。虽则无形无声，何难化万汇哉？理也者则大异焉，是乃依赖之类，自不能立，何能包含灵觉，为自立之类乎？"[3]

（三）"理卑于人，理为物而非物为理也"。他引用孔子的话说："人能弘道，非道弘人也。"他的结论是："如尔曰理含万物之灵，化生万物，此乃天主也，何独谓之理，谓之太极哉？"[4]

---

[1] 利玛窦：《天主实义》，上卷第一篇。
[2] 同上。
[3] 同上。
[4] 同上。

利玛窦在这里所玩弄的概念游戏，一眼便可看穿。他将作为精神本体的理与作为事物内在秩序的理混为一谈，然后以后者的局限性来否定前者作为本体存在的无限性。上文提到，利玛窦是用自然法（lex naturalis）解释古代中国人的道德行为规范，是以自然神学观点评价儒家的伦理思想的。但从他对理学的态度看，他对此并不认真。自然法与自然神学存在着某种联系，联系的纽结便是理性。

利玛窦应当知道，对于自然法的解释，基督教神学家是从斯多亚派接受过来的。斯多亚派认为，自然这个概念与最高理性的永恒法则（lex aeterna）是一致的，因此永恒法则也就是确立于人的自然理性之上的法则，即自然法（lex naturalis）。中世纪基督教早期神学家，接受了斯多亚派的自然法观念，不过，他们把永恒法则改为创世上帝，作为永恒法则的制定者，而把自然法解释为置于人的本性中的基本秩序。

但是，关于永恒法则中起主导作用者是理性还是上帝意志，一直是中世神学争论的一个问题。自然神学的提出者托马斯·阿奎那认为，在永恒法则中起主导作用的是理性，而不是上帝意志。晚期经院哲学家的看法则相反，把主导作用归之于上帝意志。利玛窦既然承认，古代中国人在自然法中得到拯救，既然认为中国古经书中的上帝即基督教的 Deus，既然发现儒家经典中存在着某些与基督教义相近的东西，那么，他本应与从斯多亚派到托马斯·阿奎那这条轨迹相平行，从古经书，尤其从《易经》到朱熹连成一条线。他当会发现，不论从哪层意义上解释，朱熹的作为解释世界的精神本体和社会伦常秩序的道德本体的理，恰恰可以与上述永恒法则（lex aeterna）或者上帝（Deus）相比。

让我们看看那位不懂汉语，更不能直接阅读汉文文献的莱布尼茨在阅读了利玛窦的继承人龙华民（Nicolas Longobaldi，1559—1654）关于朱熹的理概念的极度扭曲的叙述以后，对理的理解，他写道：

> 根据所有这一切，人们为什么不说，理即我们的上帝，即存在、甚至事物本性之终极或者原初根据，即寓于事物之中的所有善者之源，即安那克萨戈拉[1]，以及其他古代希腊人和罗马人分别称之为 nous 和 mens 的原初理性呢？[2]

莱布尼茨立即看出了朱熹的理之精神属性和无异于基督教上帝的品格。但是，利玛窦却没有达到这个认识，原因很简单：他是传教士，他把上帝看成是信仰对象，而作为启蒙思想家的莱布尼茨除了把上帝看成信仰对象以外，更认为上帝是解

---

[1] 安那克萨戈拉（Anaxagoras，前 500—428），希腊哲学家。他认为现实世界的产生是由于无限多的其质各不相同的"原初微粒"（Homoiomerien，原意为相似部分，又译作"种子"；今从德文 Urteilchen 译作现名）在"奴斯"（Nous），即宇宙灵魂的作用下所进行的旋涡运动。运动的结果使稀与浓、热与冷、明与暗、干与湿分离开来，稀的、热的、明的、干的结合为高空；浓的、冷的、暗的、湿的相凝而成大地，从而构成有秩序的宇宙。而这一切都是"奴斯"安排的。这种宇宙生成说与朱熹的理气论很相似，朱熹说："天地初间只是阴阳之气。这一气运行，磨来磨去，磨得急了，便拶许多渣滓；里面无处出，便结合地在中央。气之清者便为天。"他又说："清刚者为天，重浊者为地。"（《朱子语类》卷一，北京：中华书局，第 6 页）莱布尼茨在这里特别提出安那克萨戈拉，看来并非出于偶然。

[2] G.W.Leibniz, *Zwei Briefe über das binare Zahlensystem und die chinesische Philosophie*（《关于中国哲学和二进位数体系的两封信》），ins Dt. Übers. von R.Loosen und F.Vonessen, Stuttgart 1968, S.46.

释和论证世界作为世界而存在的充足理由。固然，利玛窦也把理与上帝相比，但是比较的结果是他用上帝来取代理；莱布尼茨则不然，他从两者品格的相近，进而把两者相提并论，认为两者都是绝对本体。他说：

根据所有这一切，难道人们不可说，中国人的理就是我们在上帝的名义下所敬拜的那个绝对本体吗？[1]

七

现在，我想让利玛窦本人把我们领回到我们开始讨论他的儒学研究目的时的起点上。他在1604年致耶稣会会长的一封信中写道：

这个太极说是新的，是五十年以前（按：此处为"五百年以前"之误，何以有此错误，不得其解——引者注）方才提出来的。如果仔细探讨一下，它在某些方面是与对上帝曾经有比较清晰的观点的中国圣哲相矛盾的。按照他们的说法，我认为它不是别的什么，而是我们的哲学

---

[1] G.W.Leibniz, *Zwei Briefe über das binare Zahlensystem und die chinesische Philosophie*（《关于中国哲学和二进位数体系的两封信》），ins Dt. Übers. von R.Loosen und F.Vonessen, Stuttgart 1968, S.49.

称之为第一物质的东西，它绝不是一种本体存在。他们说，它非物，而是万物的一部分。他们说，它非灵，也没有理智。尽管有几个人认为它是事物的原因，但他们指的却不是本体性的或者是具有理性的东西。这个原因毋宁说相当于被原因引起的原因，而非原因之原因。现在，许多人有另外的看法，发表了许多悖理的意见。因此，对我们而言，最好似乎不是在本书中（引者按：指《天主实义》）攻击他们，而是改变他们的话的原意，使之符合上帝概念。这看起来不像是我们跟着中国作者走，而更像是我们让他们跟着我们的观念走。假如我们攻击这项原则（太极），那些治理着中国的学者便感到受到了极大的侮辱。所以，我尽力对他们关于此一原则的解释，而不对原则本身提出质疑。如果他们最终认识到，太极是本体性的、具有理性的、无限的初始原则，那么我们双方便取得了一致：这就是上帝（Deus），而不是指别的什么。[1]

宗教的激情、为信仰而献身的精神、为达到便于传教的目的推动着利玛窦孜孜不倦地研究儒家学说。然而，宗教偏见和实用主义的态度却又阻碍他对儒家学说的发展进程作出科学、客观的分析，使他无法将儒家学说按其本来面貌介绍于欧洲公

[1] P. d'Elia, *Fonti Ricciane*, 3 Bde.Rom 1942—1949,Bd. II, Fußnote S.297/298；转引自 Jacques Gernet, *Christum kam bis nach China*（《基督教来到中国》），ins Dt.Über. von Christine Maderviragh, München/Zürich 1984, S.58/59.

众之前。这是令人遗憾的。不过,这是当时许多人都无法冲破的时代的和意识形态的局限造成的。我们不应苛求于一位生活于四百多年以前的学者。何况他又是一个传教士呢。

(原刊台北辅仁大学《神学论集》第九十六号,1993 年夏)

耶稣会士卫匡国与儒学西传

卫匡国（Martino Martini），1614 年生于意大利特伦托，1632 年入耶稣会，就学于耶稣会罗马学院（Collegium Romanum），1643 年来中国，多年在杭州居留传教。1650 年，他作为耶稣会中国传教团的全权代表奉派回欧洲，在波及于欧洲和中国天主教内外的"中国礼仪之争"中，寻求欧洲宗教和思想界对于耶稣会的理解和支持。1657 年 4 月离开欧洲，1659 年回到杭州，1661 年病逝。

他这次欧洲之行有一个中国青年陪同，这可能是由耶稣会士带到欧洲去的第一个受过教育的中国人。此人名叫郑玛诺（Emanuel de Siqueira，1633—1673），后来入耶稣会，在卫匡国就读过的罗马学院学习哲学和神学，1671 年返国作教士。

卫匡国逗留欧洲的七年间，足迹几乎遍及整个西欧，会见了各界人士并与有关方面商谈，促成了他的三部主要著作的出版：《鞑靼战争史》（*De bello tartarico historia*，Antwerp 1654）、《中国新地图集》（*Novus Atlas Sinensis*，Amsterdam l655）和《中国上古史》

（*Sinica historiae decas prima*，München 1658）。

1654 年 6 月，他在安特卫普跟荷兰莱顿大学的东方语言学家雅可布·戈尔（Jacob Gool，1596—1667）详谈关于中国的情况，回答了后者的问题。戈尔对中国怀有浓厚兴趣，他在跟卫匡国的交谈中发现，所谓契丹十二年周期的波斯文名称，跟中国的十二地支是一致的。随后，他就此写成"关于契丹王国的附录"（De Regno Catayo Additamentum），附于卫匡国的《中国新地图集》发表。这里所说契丹即指中国。附录以图表形式列出干支纪年名称的汉字和汉字的罗马拼音，并跟阿拉伯文的名称相对照。这是中国干支纪年法第一次被详细地介绍到欧洲。

卫匡国在他生命的最后两年，忙于教务。在他去世那一年，他根据西塞罗和塞内加关于友谊的言论，写成《求友篇》一文。张安茂、徐光启之孙徐尔学和祝石为之作序，同年刊行于杭州。另外，卫匡国还有一些用汉文撰写的神学著作，其中最重要的是《真主灵性理证》，这是一部传统的神证论著作。但是在证明神之存在的论述中，他结合中国思想界的实际情况，着重批驳宋儒的理学观点。此书于 1918 年由马相伯（1840—1939）作序，在上海重印发行。

卫匡国全面继承了利玛窦研究中国文化，从而适应中国文化的传教方针。但是，他的中国文化研究在一定程度上超出了传教这一实用主义的目的，开始建立在科学的基础之上。当然，他毕竟是一个欧洲传教士，因此他对中国文化的介绍，尤其对儒家思想的理解，不可避免地带有欧洲人的偏见和基督教色彩。

一、三部中国史地著作

在讨论卫匡国的儒学观以前，有必要了解一下他的三部主要著作的内容，这样便可以在一个更为广阔的背景前考察他的儒学观，从而正确地认识它的价值。

《鞑靼战争史》可以说是一篇纪实性报道，出版于清军对南明的战争尚未完全结束的 1654 年。由于这篇报道以卫匡国的亲身经历为背景，而且非常及时，所以，它的拉丁文版一出现就成为畅销书。接着于同年在科隆和罗马，1655 年在阿姆斯特丹重版，同时作为 1655 年出版的《中国新地图集》的附录跟地图集一起流传。据统计，这本小册子在 1654 年至 1706 年之间被译成九种欧洲语言，发行了二十一种版本。比卫匡国稍后的德国作家哈格多恩（Christian W. Hagdorn）的《艾官或伟大的蒙古人》（*Aeyquan oder der große Mogol*，Amsterdam 1670）和哈佩尔（Eberhard Werner Happel）的《亚洲的欧诺加波》（*Der asiatische Onogambo*，Hamburg 1673），这两部以中国为题材的长篇小说，都从《鞑靼战争史》取得其基本素材。

卫匡国在他这篇报导的前言中指出，他是为了回答欧洲人士对他所提的有关中国的国情、民族和文化的问题，而写作这一本"历史小书"的。他说："我集中叙述了四十年以来在这个幅员广阔的帝国所发生的一切动乱。"[1] 这四十年，大抵从明万

---

[1] Martino Martini, *Histori von dem Tartarischen Kriege*（《鞑靼战争史》）[I]，Amsterdam 1654，S.5.

历年间的反教事件（1616—1617）前后开始，到 1650 年卫匡国返欧时止。这的确是动荡的年代：遍布全国的农民起义、明王朝灭亡、清军进关入主中原、"海盗"和葡、西、荷殖民主义者在东南沿海的活动、人民的抗清斗争、南明诸王交替称帝。所有这些情况在这本小册子里都有所反映。

在这些大事件之中，穿插了耶稣会士在这一动乱中的遭遇：鲁德照（A. Semedo）在广州被清军逮捕和获释后受到礼遇，利类思（L. Bullio）和安文思（G. de Magelnaens）在成都同张献忠的交往，他本人在清军占领温州时的经历，南明永历王室的基督信仰等。

书内附有中国地图和四幅插图。正文后附有耶稣会士潘国光（Francisco Brancati，1607—1671）1651 年 11 月 14 日发自上海的信、瞿西满（Simon de Cunda）发自福建的信（未注明日期）、聂伯多（Petrus Canevari）1652 年 3 月 20 日发自漳州的信。这些信件报道了卫匡国 1650 年离开中国以后的情况："年轻有为的顺治"亲政；中国在摄政王多尔衮死后情况的好转；南明永历皇帝溃败，耶稣会士瞿安德（Andrea Xaverio Koffler）随同王室一起出逃，郑成功（1624—1662，拉丁文名为 Quesingus）不断袭扰大陆。另外，还附有一封 1654 年 6 月从中国发往布鲁塞尔致卫匡国的信，未注明发信人，信中报导了天主教士在中国重获活动自由的情况。

《鞑靼战争史》不仅反映了明清两代交替时的中国社会情况，而且也为研究耶稣会在华教士同当时各派政治势力的关系提供了数据。从中不难看出耶稣会士实行迎合当地文化、因地制宜的传教方针的彻底性——在传教的前提下，可以同任何政治势力合作。

像他的前辈利玛窦一样，卫匡国写作此书和其他作品，除了他学者的研究欲望之外，还有一个实用主义的目的：向欧洲介绍中国情况，让人们认识到中国基督化的价值，从而支持耶稣会在中国的传教活动。这一点在该书的开篇，即给波兰和瑞典国王约翰二世（Johannes II. Kasimir，1609—1672）的献辞中表现得很清楚："上帝为陛下对教会和教团的最有力支持，保佑陛下和最受爱戴的王室全体成员长寿以及国泰民安。"[1]在其后的《致读者》中说得更明白：从它（指中国）广阔的幅员和众多的人口，基督徒读者当能认识到，这对教皇派往各地教士们为上帝增添荣光的事业而言，是多么丰硕的收获。这正如主所说的："收获是丰硕的，收获工却很少。"[2]

看来，卫匡国不虚此次欧洲之行，由于他的游说，教皇亚历山大七世（Alexanader VII，1655—1667年在位）于1656年3月23日颁布"圣谕"，认可耶稣会在华所执行的传教方针。1657年卫匡国返回中国时，带了十名年轻的教士补充耶稣会在华的"收获工"队伍。

《中国新地图集》是卫匡国的同时代人、荷兰地图绘制学家让·布雷奥（Joan Blaeu）所编，用四种欧洲语言（包括德语）

---

[1] Martini[I]，S.4.
[2] Martini[I]，S.6.

出版的《新地图集》（*Novus Atlas*）的第六卷，后来它又被收入当时欧洲出版的多种地图集中。地图为铜版刻制、彩色手工印刷；装帧很精美，是"十七世纪地图绘制中最受人称羡的成就之一。它不仅使当时欧洲绘制的中国地图大大前进了一步，而且直到今天，在欧洲仍然是唯一的包括比例约为 1：1500000 的 15 幅分省的中国地图集"。[1] 这部地图集为对开本（32.5×50cm），开始是一篇长达 20 页的前言，接着是 17 幅地图：一幅中国全图、15 幅分省图，及一幅日本列岛图。其间的文字说明共 171 页。最后是附录，即上文提到的戈尔编制的中国干支纪年表。

卫匡国在前言中叙述了中国的地理位置、自然环境、居民、城乡状况、手工技艺、建筑、科学、宗教、中国王朝纪年表、中国长度单位等。最后介绍了女真族的历史、语言、习俗、宗教和同汉族的关系。

这部地图集确认契丹（Cathay）和中国是指一个国家，从而纠正了历史上长期把这两个名字当成不同国家的明显的错误。这一点虽然在 1615 年出版的利玛窦的《中国札记》中曾经指出过，但由于它的流传不如卫匡国的地图广泛，没能完全消除欧洲人的错误观念。莱布尼茨于 1691 年给耶稣会士科汉斯基（A.

---

[1] Yorck A. Haase，*Einführung zu "Novus Atlas Sinensis"*（《中国新地图集》序言），Faksimile von Einleitung，Karten und Nachsatz von Reich Japonia（引言、地图和关于日本国的附录的仿真版），Stuttgart 1974。除了这一种真迹复制版，为献给 1981 年 10 月纪念卫匡国学术讨论会特伦托自然博物馆（Museo Tridemtino di Scienze Naturali）也出版了一种仿真本，开本比原版略小一些。

卫匡国:《中国新地图集》1655 年版封面

A. Kochanski）的信中说："只有中国，没有契丹。对此，我读过卫匡国的著作和戈尔的研究后，认为是毋庸置疑的了。"[1]

卫匡国编制他的地图集的主要参考数据是罗洪先（1504—1564）对元代朱思本（1273—1333）所绘《舆地图》加以增补于嘉靖三十四年（1555）前后刊布的《广舆图》。罗按照明代行政区域，将朱图分成小幅，把它变成为两直隶和十三布政司（省）的省图，又按明制更改地名，详加记注。罗图是康熙以前最精确的中国地图，卫图的体例和省名完全依据前者：诸省份图也大体一致，只是在细节上有些差异。此外，他也可能参考了明末出版的《皇明职方地图》。

但是，尽管如此，《中国新地图集》在欧洲是空前的，所以德国学者里希特霍芬（F.von Richthofen，1833—1905）称卫匡国是"关于中国的地理知识之父，他编绘出版了地图集。这是我们所拥有的关于中国的最完整的地图范本"。[2]

《中国上古史》一书的完整标题是"《中国史前十部分。从氏族起源到基督诞生为止的遥远亚洲的史实》（*Sinica Historiae decas prima*，*Res a gentis origine ad Christum natum in extrema Asia*，*sive magno Sinarum imperio gestas complexa*）。从全书内容和编写体例看，卫匡国所说的"前十部分"，是指从传说中的伏羲到汉代的十个姓氏的王朝，即伏羲、神农、黄帝、尧、舜、

---

[1] G.W.Leibniz, *Sämtliche Schriften und Briefe*（《著作与书信全集》），Akademie Verlag, Berlin 1964, Bd.7, S.488.

[2] F.Richthofen, *China*, *Ergebnisse eigener Reisen*（《中国——亲历旅行纪实》），Berlin 1877, Bd.1, S.656.

禹、商、周、秦、汉。他写作此书，所根据的主要参考材料是《史记》，并以《史记》的《本纪》作为他叙事的主线。他原计划写三卷，但后两卷未写成。第一卷共分七章，按帝王更迭顺序和年代叙述了从伏羲到汉哀帝元寿元年（基督降生前一年）所发生的重大事件。

在冯秉正（J.A.M.de Moriac de Mailla，1669—1748）根据《通鉴纲目》等中国文献编译、由葛鲁贤（Jean-Baptista G.A.Grosier）增补出版的十三卷本《中国通史》（*Histoire generale de 1a Chine*，Paris 1777—1785）出版以前，卫匡国的《中国上古史》是欧洲关于中国早期历史的唯一著作。它于1658年初版于慕尼黑，1659年再版于阿姆斯特丹，1692年在巴黎出版法文译本。

《中国上古史》不单单具有一般历史书籍所应有的信息价值，它还以它的编年向欧洲传统的世界史构想提出挑战。在当时的欧洲，习惯上把历史分成教会的和世俗的两种，教会史以圣经及其以后的教会文献为根据，世俗历史的史料则是其他方面的文献。但是关于人类的远古历史，由于缺乏史料，不论教会史还是世俗史，则只能依据《旧约全书》所提供的材料，所有其他文献只能说是不可靠的传说和神话。但是，由于《旧约全书》版本不同，所提出的历史纪年也不一致：根据《希伯来圣经》，从创世到洪水，人类经历了1656年，根据撒马利亚五

MARTINI MARTINII
TRIDENTINI
E SOCIETATE JESU
SINICÆ HISTORIÆ
DECAS PRIMA

Res à gentis origine ad Chriſtum natum in extremâ
Aſiâ, ſive Magno Sinarum Imperio ge-
ſtas complexa. *2 // 13*

MONACHII
Typis LUCÆ STRAUBII,
Impenſis JOANNIS WAGNERI CIVIS
& Bibliopolæ Monacenſis,
Cum Privilegio Cæſareo.

Anno CIƆ. IƆ. CLVIII.

卫匡国:《中国上古史》1658 年版封面

97

经[1]则是 1307 年，而七十子希腊文译本[2]提出了三种可能：2242 年、2262 年或 2256 年。

在卫匡国关于中国历史、地理和现状的著作问世前不久，他的同时代人、爱尔兰大主教詹姆斯·厄舍尔（James Ussher，1581—1656）在他的《旧约全书和新约全书的纪年》（*Annales Veteris et Novi Testamenti*，London 1650—1654）一书中，根据《希伯来圣经·摩西书》认定，世界在公元前 4004 年被创造出来，洪水发生在创世后 1656 年，即公元前 2348 年。1700 年以后，英国印行的权威性圣经版本的边缘空白处，都根据厄舍尔的《旧约全书》的分期标注年代。可以说，《旧约全书》和厄舍尔的编年主张，成为当时欧洲治史的基础和其他民族的远古史的验证标准，一切与此不相符的历史记述全被贬为不可靠的传说。

但是，卫匡国在他的《中国上古史》中，称伏羲为中国第一个皇帝。他指出，在洪水（公元前 2349 年，按厄舍尔的算法为公元前 2348 年）之前，中国已经存在过七个帝王。他说，中国史书记载，在公元前 3000 年前后发生过一次洪水，它可以被看成是《圣经·创世记》中所记载的洪水。他断言："我可以肯定，东亚在洪水之前已有人居住。"他说："中国古代人在挪亚时代就已经知道上帝的存在，因为他们接近那个时代，甚至

---

[1] 公元前四世纪之前流传于撒马利亚，用古希伯来文写成，比通行的《希伯来圣经》出现较早。

[2]《希伯来圣经》的最早希腊文译本，公元前三到前二世纪用通行的希腊文编译而成，传说七十二位犹太学者应埃及法老之邀在埃及亚历山大城翻译的，故名。

跟挪亚同时存在。"[1] 人们可以据此进一步推断，既然伏羲并非第一个中国人，而是第一个中国皇帝，那么在他之前很久很久，中国已经存在着人类的活动了。于是，按照卫匡国所提出的中国纪年，不仅中国史书记载的洪水早于圣经的记载，甚至中国人也可能在上帝创世之前就已经存在了。

卫匡国这一动摇圣经纪年的论断，在当时的欧洲史学界引起了一场激烈争论。有的说，中国纪年表证明，"圣经的编年有计算错误"[2]。有的甚至断言，挪亚在洪水之前就在中国生活，并在此建造了他的方舟；进而认为，中国语言可能是巴比伦语言混乱以前人类所使用的原始语言[3]。甚至在中国礼仪之争中，一直激烈反对耶稣会的多明我会士纳瓦勒泰（Domingo Ferdinand Navarete）也附和卫匡国的纪年法[4]。

对中国纪年持怀疑态度的也大有人在，他们的主要理由是，作为中国纪年基本依据的天象记载是不精确的。有的认为，中国文献记载的颛顼时代的五星连珠不是发生在公元前 2513 年，而可能是公元前 2012 年[5]。有的人据此断定，中国文化不可能有那么古老，因此也不会形成对《旧约全书》的挑战[6]。这场

---

[1] Martino Martini, *Sinicae Historiae Decas Primes*，[Ⅱ]，München 1658，S.2.

[2] Isaac Vossius, *Dissertatio ae vera aetate mundi，qua ostendetur natale mundi tempus annis 1440 vulgarum anticipare*，Den Haag 1659.

[3] John Webb, *An History Essay endeavouring a probability that the Language of the Empire of China is the primitive language*，London 1669.

[4] Navarete, *An Acount of the Empire of China*，London 1676.

[5] Simon de la Loubere, *Destription du royaume de Siam*，Amsterdam 1700，II，S.309 ff.

[6] *Anciennes relations des Indes et de la Chine*，Paris 1718.

争论持续了一个世纪之久[1]。

今天我们看这桩公案时，倒不在于判定谁是谁非，而是争论本身的意义：一向视欧洲文化即人类文化，把基督信仰看成至高至上的宗教，其他民族为蛮夷，其他宗教为异端邪说的欧洲思想界，终于注意到了欧洲之外的另一种文化的独立存在，这一文化甚至促使他们不得不重新论证自己文化的价值。也许这比卫匡国的历史著作所介绍的中国远古历史的信息价值更加重要。

二、关于孔子、儒家和儒家经典

卫匡国没有评介孔子和儒家学说的专著，他的评介零散地见于他的《中国上古史》和《中国新地图集》的文字说明。把这些零散的言论集中起来，人们便会发现，他对孔子和儒家学说理解之全面和深刻，超过了《中国哲人孔子》（*Confucius Sinarum Philosophus*，Paris 1687）问世前在欧洲出版的所有论及此一题目的著作。

在《中国上古史》这部严格按照中国王朝编年顺序记述历史事件的著作中，卫匡国在周灵王一章中提到孔子的诞生。在

---

[1] 关于这场中国纪年的争论详见 Edwin J. Van Kley，"Europes discovery of China and the writing of world history"，*American Historical Review*，76/1971，p. 358—385；Hartmut Wahavens，*China illustrata*，Weinheim 1987，S. 17—21.

周景王和周敬王，即孔子所经历的两个君主的统治时代的纪事中，详细介绍了孔子生平，这包括他的家世、婚姻，他的离家出走和遍游列国，他的政治主张和短暂的出仕，他居家著书立说和收徒授业，他死后所享受的殊荣等。

卫匡国对孔子生平，不是干巴巴的叙述，而是把孔子放在一个具体的历史环境中，在广阔的背景前突出他的形象。他写到，孔子生活在一个"遍地烽火，令人沮丧的时代"[1]，一个"中国古代的淳朴风尚和仁政热情全然被冷落的不幸时代"[2]。他说，在这样一个时代，许多哲人都隐居山林，而孔子却面对现实，"不放弃影响政治生活的尝试"[3]。他引《论语·微子》中长沮、桀溺的故事证明，孔子不听隐者劝说，拒绝退隐归耕。他所说的孔子所处的"不幸时代"，即孔子所为之哀伤的"礼坏乐崩"的时代。

他跟孔子一样，没有认识到这"礼坏乐崩"的"不幸时代"恰恰是中国文明在前进的时代，也许这文明的进步不得不令人付出道义的代价。不过，卫匡国看出了孔子本人和儒家学说的一个基本特点：始终面对人生和社会。这就是孔子所说的："鸟兽不可与同群，吾非斯人之徒与而谁与？"[4]

关于孔子在中国历史上的地位，卫匡国写道，历代君主都给予"孔子嫡传后代"以世袭"贵族头衔"（reguli

---

[1] Martini [Ⅱ]，S.126.
[2] Martini [Ⅱ]，S.128.
[3] Martini [Ⅱ]，S.127.
[4]《论语·微子》18·6。

dignitas）[1]。为了表示对孔子的崇敬，每个城市都建有"孔子学校"（按即文庙）。在这里，人们"讲书解惑，为所受学业对先师表示感激之情"。[2] 卫匡国总结说，孔子是"受到人民高度推崇的中国哲人，他奠定了儒家的地位并解释其学说"[3]。他受到"整个帝国官员和学者的崇敬，他的著作和言论不容修改"。在辩论中，只要一说先师"本人所言"（Ipse dixit），任何反对论证必须放弃。[4] 他引用孔子的弟子颜渊的话来说明中国人对孔子的崇拜："仰之弥高，钻之弥坚，瞻之在前，忽焉在后。"[5]

卫匡国是把儒家作为一种宗教介绍给欧洲的。他说："这个民族有三种宗教或教派（Religionen od.Sectae），其中第一种我们称之为哲人教派（Secta der Weisen），第二种为崇拜偶像者教派（Secta der Abgottischen，按即佛教），第三种为伊壁鸠鲁教派[6]（Secta der Epicurer，按即道教）。"[7] 所谓哲人教派即儒家，卫匡国称之为儒教（Lukiao），它"就其事业本身和威望而言，都超过其他教派，因为它治理国家，而其他教派是不许

---

[1] Miartini［Ⅱ］，S.133.

[2] Martino Martini，*Novas Atlas Sinensis*，［Ⅲ］，Amsterdam 1655，S.13，14.

[3] Martini［Ⅱ］，S.120.

[4] 同上。

[5] Martini［Ⅱ］，S.132，颜渊语见《论语·子罕》9·11。

[6] 卫匡国之所以将道教称作伊壁鸠鲁教派是由于他在两者的学说中发现了相似之处。如伊壁鸠鲁要求人们摆脱对神灵和对命运恶魔的恐惧，心神保持宁静，尽享人间的欢乐。道家，如庄子，则教导人超脱生死，追求人的本体存在。实际上两者有很大的差别，伊壁鸠鲁认为享乐的前提是坚定不移的灵魂和高尚的道德；庄子并不太关心伦理问题，主张忘我，"呼我牛也而谓之牛，呼我马也而谓之马"（《庄子·天道》），让人回归为无异于动物的自然的人。

[7] Martini［Ⅲ］，S.8.

从政的"[1]。卫匡国说，在偶像崇拜者教派传入中国以前，"在中国只有唯一一个人人所共奉的宗教，即文人或哲人教派（religio literatorum seu philosophorum）。它并非孔子所创建，在他之前很久即已存在，但经他才形成的。据说，此教不敬偶像，只供奉一个叫作上帝（Xanti）的唯一一个神（unum & solum numen）"[2]。

卫匡国着重指出，儒教成员的唯一目的是，国家"得到公正而完善的治理，高尚道德和良好风尚得到发扬"[3]。这个教派讨论的问题涉及天、地、人三个方面。卫匡国说："他们关于天和地的科学完全针对自然，讨论生命的起源、生成和灭亡，讨论天的运动和星辰运行，以及两种天文学（按：指占星术和天文科学），讨论土地耕作和测量。[4]他注意到，儒家关于人的科学的讨论完全是道德问题，作为这门科学对象的人"是具有理性思考和治国才能的社会动物"[5]。他介绍了儒家调节人际关系的三纲五常和礼仪制度。

接着，他评论说，由此可见，"睿智、敬畏神明和自我克制的力量，受到广泛而真心实意的推崇。公正和以己度人或者平等待人的美德被极力高扬，并要求人们加以遵守，似乎完美品格的最高冠冕就系于此。"[6]他在这里所说的"以己度人和平等待人"指的是孔子说的"己所不欲，勿施于人"。他的先辈利

---

[1] Martini [Ⅲ]，S.8.
[2] Martini [Ⅱ]，S.328.
[3] 同上。
[4] 同上。
[5] 同上。
[6] 同上。

玛窦认为，这实际上是解释基督宗教关于博爱（Caritas）的诫命："别人加诸你，而你不愿接受的东西，你也不要加诸别人。"他以此证明儒家学说中存在着跟基督教义相近的东西[1]。卫匡国并没有重复利玛窦的论断，他仅仅认为这是中国人所追求的"完美品格的冠冕"。

另外，关于儒家的未来观，他写道："这个教派不关心未来，也不去加以讨论，主要原因是他们对出现在他们眼前的事，不善于分析和理解。"卫匡国注意到了儒家不关心来世，但却没有认识到其原因在于儒家"执着人间世道的实用探求"[2]，而并非对"眼前的事不善于分析和理解"。

卫匡国十分推崇儒家教育人追求高尚德操的努力，他说，儒教"教导所有的人认真实践内在和外在的道德，这就是说，实践道德是因其善、是为了道德本身的缘故，而不是为了其他目的。实践道德，他们说，不是为了得到他人的奖赏：道德本身可以使人得到满足。在这广阔的世界上，没有什么东西超越它的美"[3]。也许我们可以说，卫匡国第一个认识到儒家学说在于教导人"在人道和人格的追求中取得某种均衡"[4]。他也不同于利玛窦，后者在他的《天主实义》中，是把儒家的为道德而道德、不求来世奖赏的人格追求作为缺点加以批判的[5]。

---

[1] Matteo Ricci/Nicolai Trigault, *De Christiana Expeditione apud Sinas*, Augsburg 1615, S.109.

[2] 李泽厚，《中国古代思想史论》，北京：人民出版社，1986 年，第 304 页。

[3] Martini [Ⅲ]，S.8.

[4] 李泽厚，第 29 页。

[5] 利玛窦，《天主实义》，卷六："解释意不可灭并论死后必有天堂地狱之赏罚，以报世人所为善恶。"

在《中国上古史》汉武帝一章的记事中，卫匡国叙述武帝采纳董仲舒"罢黜百家，独尊儒术"的建议，决定出版五经和孔孟著作时，介绍了儒家经典的内容。他称《易经》是中国最古老的书，他在《中国上古史》的许多章节，尤其在该书开篇介绍中国人的世界起源说的一章，详细介绍了《易经》的内容、阴阳符号、八卦构成和六十四卦系统。他第一个把六十四卦图[1]介绍给了欧洲，而且首先将《易经》译为"变易之书"（Mutationis liber），这个拉丁文意译名称至今为多种欧洲语言译本所采用。

他说，《易经》是"一部非常珍贵的书"，它本来是一部包含着"毕达哥拉斯式神秘哲理"[2]的书，但远比毕达哥拉斯出现得早，它的作者据说是于公元前2952年在现在的陕西，即在"其家乡建立王室的伏羲氏"[3]。卫匡国之所以把《易经》这部他认为"主要是讨论生灭、命运、天文和某些自然原理的著作"，和毕达哥拉斯学说相提并论，因为据他说，《易经》不仅用线的组合，而且用数揭示出符号所包的秘密（arcana figurarum）。这一点跟毕达哥拉斯学说是一致的。

他把阴阳符号——和——分别称作一和二，他称一是第一个阳，二是第一个阴，九是最高、最完善的阳，十是最不完善

---

[1] Martini[I]，S.6.

[2] 毕达哥拉斯（Pythagoras，约公元前570—前497/496）发现，在自然界中存在着最合理的数的关系，于是他认为数是现实的本质。

[3] Martini[II]，S.6.11.

的阴。[1] 他说，中国人认为这些数和符号可"直接用于有效地治理国家和实现道德律令"。他声称，这是孔子对《易经》的解释[2]。卫匡国说："但是，今天这本书主要用来占卜吉凶，于是便偏离或否定了它的本义；令人吃惊的是此书所受到的高度推崇，中国人希望从中得到启迪，预知不可知的事和预言一切。"[3]

我们可以看到，卫匡国在他对《易经》的介绍中，没有区别开原为占筮书的"经"和借解经发挥自己的哲学思想的"传"。而且把它跟毕达哥拉斯学说相比，也似嫌牵强。但尽管如此，在南怀仁（Ferdinand Verbiest，1623—1688）和《中国哲人孔子》一书出版之前，他对《易经》的介绍是最详细的。

卫匡国认为《书经》是中国第一部古书。他的《中国上古史》中关于尧、舜、禹、太甲事迹的叙述，便参考了《书经》[4]，而且直接引用了讽喻太康居其位不谋其事的《五子之歌》，他称之为"汤的宣言"的《汤誓》，以及《酒诰》等篇中的一些段落[5]。他称《书经》为"书之教诲"或"书之书"（Librorum doctrina，sive Liber librorum）。他说，这是中国最早十二个王朝的历史总结，从尧开始，"记述和解释了中国第一个皇帝的治国之道"，记载了"贤明君主们的名言善行"。[6]

---

[1] Martini [Ⅱ]，S.6–7.
[2] Martini [Ⅱ]，S.6–7.
[3] Martini [Ⅱ]，S.6–7.
[4] Martini [Ⅱ]，S.24，26，39，61.
[5] Martini [Ⅱ]，S.42，59，92.
[6] Martini [Ⅱ]，S.307.

《诗经》是卫匡国介绍的第三部中国古书。他说，尽管有理由说《诗经》是"诗歌创作"，但它"显然是解释事物的性质"、"记述帝王的善行或恶迹"的，"只是未用散文而是用诗行罢了"[1]。他引用《史记·周本纪》的话说："懿王之时，王室遂衰，诗人刺之。"藉以说明《诗经》的社会功能。

他指出，诗歌"在中国是很古老的"，其目的是"教人以礼尚"。它"一般都不使用跟我们的诗歌相当的幻想手法"[2]。他解释说，那些"专记古代帝王善行的诗"以其所记事迹"威吓小人、鼓励君子去追求道德"。还有一些诗则"紧密结合自然"，描写"风花雪月之类"[3]。卫匡国尽管没有明确提到《诗经》中的风、雅、颂，但实际上却指出了三者在题材上的差别。在他看来，诗歌在中国的地位是非同寻常的，因为他注意到，《诗经》是参加科举考试者的必修经典之一[4]。

卫匡国对《礼记》的介绍比较简略，他称《礼记》是"关于礼仪和道德的书，它规定人们从事各种活动的程序，不容丝毫忽略"。他说："就其一丝不苟的严格程度而言，它不同于教导人们遵守道德的书，因为它强制要求人们丝毫不差地遵守一切繁文缛节。它同样认真对待敬神仪式。"[5]

《春秋》是被作为孔子的著作介绍给欧洲读者的。卫匡国

---

[1] Martini [Ⅱ]，S.307.
[2] Martini [Ⅱ]，S.96.
[3] Martini [Ⅱ]，S.96.
[4] Martini [Ⅱ]，S.96.
[5] Martini [Ⅱ]，S.96.

说，孔子在他这部历史著作中"记载了好的和坏的国君的事迹"，目的在于"消除战乱和社会弊端"，劝诫国君"治理好国家"，同时也"表达了他对丑恶现象的厌恶和对道德的赞美"。[1] 卫匡国在《中国上古史》中叙述春秋时代的章节里，称《春秋》是"谴责国君的书"，孔子藉此"说明所有国君应听命周天子和恢复中国古代帝国的法律，解释法的价值和用途，表达了对战乱所造成的弊端的厌恶"。他说，孔子"历数诸侯们的恶迹"，指责他们"背离周天子"的行为。[2]

在对《春秋》的介绍中，最令人注目的是，卫匡国从"西狩获麟"的记载引申出了基督宗教的内容，给孔子这位中国哲人投上了西方基督宗教的灵光。所谓"西狩获麟"是《春秋》记载的最后一件事，原书中说："十有四年，春，西狩获麟。"全书至此告终。所记"十有四年"指哀公十四年，即孔子死前两年的公元前481年。在解释《春秋》的《左传》中，关于此事的记述已有所发挥："十四年春，西狩于大野，叔孙氏之车子钮商获麟。以为不祥，以赐虞人。仲尼观之，曰：'麟也。'然后取之。"

《史记·孔子世家》的记述与《左传》大体相同，但在记述事件经过之后，补充写道：孔子曰："河不出图，雒不出书，吾已矣夫！"颜渊死，孔子曰："天丧予！"及西狩获麟，曰："吾道穷矣！"喟然叹曰："莫知我夫！"后世儒者对此事大事

---

[1] Martini [Ⅱ]，S.96.
[2] Martini [Ⅱ]，S.105ff.

渲染，加上了神秘主义的色彩。宋代学者胡仔在他的《孔子编年》中综合上述记载和后儒的渲染作了如下描述：

> 春，西狩于大野。叔孙氏之车子钼商获麟，析其前左足，载以归。叔孙以为不祥，以赐虞人。孔子观之，曰："麟也，胡为来哉！胡为来哉！"乃反袂拭面，涕泣沾襟。叔孙闻之，然后取之。子贡问曰："夫子何泣尔？"孔子曰："麟之至，为明王也，出非其时而见害，吾是以伤焉！"先是，孔子因《鲁史记》作《春秋》……及是西狩获麟。孔子伤周道之不兴，感嘉瑞之无应，遂以此绝笔焉。[1]

卫匡国在《中国上古史》中对此一事件的描述跟胡仔基本一致，但却作了完全不同的解释。他首先强调这一事件的真实性，他说，此事已经"为一位中国哲学家（其本人为基督徒）所确证，这使我（卫匡国）高兴不已，因为孔子已预见到那个人格化的言（Verbum carnem）的到来。他满怀急切的期待欢迎他，他甚至具体地知道他可能在中国纪年法的哪一年降临"[2]。

这里所说"人格化的言"，即"道成肉身"，指耶稣。在卫匡国看来，孔子无异于基督宗教的先知，从"西狩获麟"这一

---

[1] 胡仔，《孔子编年》，卷五。转引自匡亚明《孔子评传》，济南：齐鲁书社，1985 年，第 96 页。
[2] Martini[Ⅱ]，S.131.

类似圣经所记载的"奇迹"的事件，预见到了耶稣的即将降临，他借向他确认"西狩获麟"事件的中国哲学家之口，对他的论断作了解释：孔子预见到带给世界以巨大幸福的"真正立法者"（Verus legistator），即耶稣的到来是可能的。

首先，这位中国哲学家解释说，随着麒麟的出现，"将随之降临一位最圣明的英雄"，所以他的出现是"奇迹性"的，具有深刻含义。其次，假想的麒麟和"神的羔羊"（Agnus Dei）在寓意上是相合的，前者是明主降临的先兆，后者指耶稣。"西狩获麟"发生在公元前481年，这一年是干支纪年法的庚申年，而耶稣诞生的一年也是庚申年。麒麟被杀于城西门之外，耶稣也是在耶路撒冷西门之外受难的。最后，这位中国哲学家说，孔子的哭是出于高兴，他结束他的《春秋》，是由于他要以此宣布"他的学说应让出地方"，迎接"真正立法者"的降临。卫匡国说："我要让读者自己去评价这位中国哲学家的原始解释。"[1]

三、关于儒家学说

卫匡国对儒家学说的评介大致可分为下述几个方面。

---

[1] Martini [Ⅱ]，S.131f.

（一）所谓"全部哲学的基础"

卫匡国认为，儒家"全部哲学的基础"（totius philosaphiae fundamentum）表现在"第一本书的第一个句子"，即四书的第一本《大学》的开篇之句："大学之道在明明德，在亲民，在止于至善。"[1]

他根据朱熹对这一段话的注释[2]，说明了他的论断："大学者，大人之学也。这包含自我完美和使他人完美，从而使每个人都达到唯一的善，这就是至善。"[3]他解释道："个人的完美对每个人而言，在于用理性之光照亮自己的内心并使之发出光芒，使自己不致偏离自然法和自然规定（lege natura praeceptisque a natura insitis）。"[4]

可以看到，卫匡国所称的中国的"全部哲学"，实际上，指的是儒家伦理哲学。具体就《大学》这本书而言，则是儒家的政治伦理哲学，即我们通常说的"内圣外王"之道。他所说的"用理性之光照亮自己的内心并使之发出光芒"，是对"诚于中，形于外"[5]的阐发。他把"至善"解释为"自然法和自然规定"，这表明，他跟他的前辈利玛窦一样，仍然从基督宗教自然神学的观点评价儒家学说[6]。按照自然神学观点，人的道德行为是人本性中的自然倾向的表现，而这种自然倾向的根源在

---

[1] Martini [Ⅱ]，S.129.
[2] 参阅朱熹，《大学章句》。
[3] Martini [Ⅱ]，S.129.
[4] Martini [Ⅱ]，S.129.
[5]《大学》6。
[6] Ricci / Trigault，S.29，109.

于上帝赋予人类内心的一种行善避恶的道德自然律。因此，卫匡国的解释无异于说，儒家的伦理准则无非是中国人借助上帝（Deus）所赐的理性和逻辑推理能力认识到的行为规范，尽管他们并未受到启示。

卫匡国进一步解释说："然而，没有真正的知识和关于事物的真正科学，这（按指'至善'）是不可能达到的；因此必须研究哲学，人们从中认识到可做和应避而不做的事。通过这门科学，我们指导我们的理智（Consilium），端正我们的意念（Voluntas），这就是说，我们以行动使这两者达到完美程度，以便在思想上没有、也不希望有不符合理性的东西。由于持之以恒，便会达到躯体和情感（Corpus et sensus）的完美，达到外在仪表的完美，而这种仪表的完美只能来自一个沃土般的美的心灵（mens）。"[1] 卫匡国这一大段话，是对《大学》中所提到的格物、致知、诚意、正心、修身等概念的发挥。

《大学》的开篇句被当成儒家"全部哲学的基础"，这只是卫匡国本人的理解，他并没有进一步展开讨论。跟他同时的耶稣会士安文思（Gabriel de Magelhaes，1610—1677），在他成书稍后于卫匡国的《中国上古史》的著作中，曾提到《大学》中的这段话，不过更侧重这句话的语言上的和对于基督宗教传播上的价值。

安文思说，《大学》开卷的十六个字，最足以说明中国的

---

[1] Martini[Ⅱ]，S.129f.

"语言之美"和"这个民族的高度智慧"[1]。他把这段话归于孔子名下，他认为这段话最适于用来解释在中国传布基督福音的任务。他解释说，传教士的首要任务是"完善自己，然后循序渐进达到至善"。至善就是"至高无上"，"包含其他所有一切的善"，因此，他断言，至善"只能是上帝的称号"[2]。相比之下，卫匡国的评价更少基督宗教色彩。

（二）关于"五达道"、"三达德"和儒学其他范畴

卫匡国说，儒家的伦理学（scientia moralis）完全针对社会，它建立在"五个次序或名分"（ordines seu tituh quinque）之上，这五个次序是：君臣、父子、夫妇、昆弟和朋友。这是"大者和主要者（magnus et cardines），为中国哲学家所广泛讨论。[3]

另外，中国人关于"温文举止的次要一级（parvus gradus）的规定有三千多项"[4]。他说，孔子所倡导的三种主要道德是智、仁、勇（prudentia, pietas ac fortitudo）[5]。卫匡国这里所讲的"五个次序或名分"即儒家的五伦。他把五伦和智、仁、勇结合在一起加以讨论。由此我们可以推知，他所根据的是《中庸》第20章，在这里五伦和智、仁、勇分别被称为"五达道"和"三达德"。

---

[1] Gabriel de Magelhaes, *Nouvelle relation de la Chine*（《中国现状》），Paris 1688, S.102。此书出版于1688年，用葡文写成，原题为：*Doze excellencias da China*。1681年被带回欧洲，译成法文，以现名出版。
[2] 同上，S.105f。
[3] Martini [Ⅱ]，S.130；参阅 Martini [Ⅱ]，S.8.
[4] Martini [Ⅱ]，S.130；参阅 Martini [Ⅱ]，S.8.
[5] 同上。

他所说的"次要一级的规定三千项"出自《中庸》26："礼仪三百，威仪三千。"按照朱熹的解释，"三达德"是人的内在品格，它是达到"五达道"这些外在社会伦常秩序所要求的前提。他说："达道虽人所共由，然无是三德则无一行之。"[1]卫匡国没有直接解释两者之间的关系，只对"三德"作了解释。他说："正如孔子所说，智使人们知道认识礼（ritus），勇使人们实践和完善礼，仁使人们参与礼和与礼融合。"[2]

卫匡国归在孔子名下的这段话查无出处，也不见于朱熹批注。不过，从上下文看，卫匡国是把儒家的外在社会伦常规范概括为"礼"的，他还描述了智、仁、勇在人们践礼过程中的作用。从这一点看，他的解释并未违背儒学的精神，而且可以说跟朱熹的注释是一致的。

卫匡国深知"仁"这个概念对于儒学的价值，他几次提到"仁"，并作了自己的解释。他把"仁"译为pietas，这个拉丁文词的基本含义是感恩戴德之爱，如对上帝、对国家和父母之爱。它具有汉语中的虔敬、忠、孝等词的含义，这跟《论语》上的一段话倒是一致的："孝弟也者，其为仁之本与！"[3]

我们可以看到，不论pietas，还是《论语》上的句子，都没有涵盖"仁"这个范畴的全部内容[4]。不过，卫匡国对于"仁"

---

[1] 朱熹，《中庸章句》20。
[2] Martini [Ⅱ]，S.130.
[3]《论语·学而》1·2。
[4] 后来《中国哲人孔子》一书的译者们对《大学》、《中庸》、《论语》三书中所出现的仁字，根据上下文选取不同拉丁文对应词，这种处理法倒是可取的。

的解释要比 pietas 的含义广泛得多，尽管其中不乏基督宗教色彩。他说："对中国人而言，仁不仅是指对上帝（Deus），对父母和人们相互之间的爱，而且也包括对一切人的爱，因此，他们把它定义为心的美德（Virtus cordis）和爱的准则（regula amoris）。这就是说，我对所有的人行善，对一切人宽厚。"[1]他这里所说的"心的美德和爱的准则"，直接来自朱熹的注释："仁者，爱之理、心之德也。"[2]

卫匡国在另一个地方将仁和义并列，他解释说："义（justitia）不仅意味着恒久的意志这样一种美德，让每个人意识到自己的义务，而且它也引申为一切符合理性的行为。仁不单单指人们对上帝（Deus），对父母或互相之爱，更指对全人类的爱。所以他们训义为正确行事的法与和谐原则（lex et conveniatia），释仁为正确施爱的理性或准则（ratio sive modus）。"[3]他所称的中国人对仁义的定义，同样直接引自朱熹注："仁者，心之德、爱之理；义者，心之制、事之宜也。"[4]

卫匡国把"恕"称作"推己及人的美德"，他既没有像利玛窦那样，把"恕"字译为带基督宗教色彩的词 caritas（博爱），也没有采用柏应理的音译加解释的方法。他强调说明，这种美德就是孔子所经常提到的"己所不欲，勿施于人"，这项规定达

[1] Martini [Ⅱ]，S. 130.
[2] 朱熹，《论语集注·学而》1·2。
[3] Martini [Ⅱ]，S.81—82.
[4] 朱熹：《孟子集注·梁惠王上》1。

到了"至善至美的程度"（summa perfectio）。[1]

与"恕"相联系，他评论了孔子说的"以直报怨，以德报德"的原则。他认为这是孔子对待报偿问题的态度，这表明孔子"既不赞成也不反对对敌人行善事"。他解释说："这并非出于怯懦"，害怕实现英雄美德，而是为了分清敌友：对敌人不加害，对朋友多行善[2]。卫匡国把所怨者解释为敌人（inimicus），把所应报德者解释为朋友（amicus），"直"被理解为对所怨者的容忍态度，这些都跟孔子的原意有些距离。但总的看来，他采取的是客观讨论的态度。

两百多年以后，苏格兰新教士里雅各（James Legge，1815—1897）在他译的四书中，对"以直报怨"的翻译倒是准确的，但他的评注却不无他那个时代所带给他的傲慢和偏见，他说："所谓'以直'（with straintness），即'以正直'（with justice）。孔子的伦理距离基督教义的标准多么遥远，由此节可以清楚地看出来。"[3]不知里雅各在这里所说的基督教义的标准是什么，是指耶稣提出的"要爱你们的仇敌"[4]的要求，还是指他的告诫："谁要跟世界做朋友，谁就是上帝的敌人"？[5]附带提一下，此人的四书翻译是在中国学者王韬（1828—1897）帮助下完成的，但在前言中却只字不提，更谈不上道谢的话了。这又是以什么报德？

---

[1] Martini [Ⅱ]，S.130f.
[2] Martini [Ⅱ]，S.130f.
[3]《论语·宪问》14·34，译文和评注见里雅各（James Legge），*The Chinese Classies*，Vol.I，Oxford 1893，p.138.
[4]《新约全书·路加福音》6.27。
[5]《新约全书·雅各布书》4.4。

（三）关于孟子和"中国哲学的精神"

卫匡国高度评价孟子，他认为在孟子的著作中，可以看出"中国哲学的精神"（philosophiae sinicae genius）[1]。他说，孟子是"杰出的、富有辩才的哲学家"，师承孔子之孙子思，在中国其地位仅次于孔子。从他对于孟子思想的评介中可以看到，他所称的"中国哲学的精神"表现在孟子关于仁义的说教、仁政思想、义利观、人性说、养气说，这些论题基本上包括了《孟子》一书的主要内容。

卫匡国认为，仁义是孟子所宣扬的仁政的指导原则，仁政的目的是利民，义和利两者是一致的。他似乎试图把中国思想史上从孟子开始，持续两千年之久的义利之争统一起来。为此，卫匡国虚构了一个孟子问道于子思的故事。

他首先让子思立论："子思向孟子解释说，利民（Populi lucrum）可以被视为是仁政的目的；因为真正的利（germanum lucrum）来自仁义。"[2] 然后他描写了两人的对话："一天孟子问已经年迈的思，最佳的治国之道首先是什么。思答：'利民'。孟子反对说：'所有圣贤当主张教民以仁义，用这两个美德指导人民的行为，我不明白，为什么您将利置于首位。'思答：'您如果分析一下（便会发现），这两者是一致的。我所说的真正的利来自仁义。一国之主如不仁（non pius），就会危害他的臣民和自己的威严。如不义，他们的政府只不过是盗跖之徒藉以逃

[1] Martini [Ⅱ]，S.166.
[2] Martini[Ⅱ]，S.155.

避惩罚的庇护所。他们能给人民什么利？（人民）除了担心家室覆亡，还能得到什么呢？《易经》上有言：利者，义之和也[1]。我们趋利，是为了使所有提倡道德的人都能过安静的生活。'"[2]

这个故事尽管是虚构的，但这种义利观却并非卫匡国凭空捏造。只是这不是子思的思想，而是来自朱熹《孟子集注》中程颐的解释："君子未尝不欲利，但专以利为心则有害。惟仁义则不求利而未尝不利也。"[3]朱熹虽重义轻利，但他的《集注》中的解释却接近程颐的观点："仁义根于人心之固有，天理之公有。利心生于物我之相形，人欲之私也。循天理则不求利而自无不利，徇人欲则求利未得而害已随之。"[4]可见，卫匡国让子思提出的"真利来自仁义"的论断，脱胎于程朱的解释："惟仁义则不求利而未尝不利也"，"循天理则不求利而自无不利"。

另外，卫匡国让子思所提出的义利统一说，也可以在中国古代典籍中找到根据，除了他提到《易·乾·文言》以外，《国语》上有"义以生利"[5]的说法。这些都可能是这位熟悉中国古代典籍的传教士的根据。

从上述故事的角色分配上可以看出，卫匡国对孟子思想的理解是正确的。尽管故事的结局是孟子被子思说服，接受了后

---

[1] 语出《易·乾·文言》。卫匡国的拉丁译文为：Lucrum est justitiae comes（利是正义的陪伴）。
[2] Martini [Ⅱ]，S.155.
[3] 朱熹：《孟子集注·梁惠王上》。
[4] 朱熹：《孟子集注·梁惠王上》。
[5]《国语·晋语》。

者的统一的义利观，但在故事之后却引用《梁惠王上》的有关段落，强调孟子耻言功利的思想[1]。

卫匡国深知，人性论是孟子思想的一个重要方面，他说，孟子写了一篇论人性的文章（按：指《孟子·告子》），其中集中论述了他跟告子辩论的要点。他说，孟子认为："人表现出来的善是人的本性，正如水之往低处流。作恶并非人的本性，所以人只是无意或者被迫作恶，正如水被施以强力，违背其本性流往高处一样。"[2] 他在介绍了告子"性无善无不善"的见解以后评论道，两人的意见是一致的，因为告子是"就人性本质"（essentia）而言，孟子则是以"人性的功效"（efficientia）和"向善倾向"（inbonum propensione）为根据立论。他总结说，两人"意见一致，表述不同"[3]。

卫匡国说，孟子"详尽而完美地叙述了内心活动的调节和外在情感（animi motus componen dus & externus sensus）；同时他令人叹服地讨论了不动心和勇敢（constantia ac fortitudo）。他将勇敢分为内在的和外表的；所谓内在勇敢是指人们不害怕、不畏惧，也不怀疑胜利，它要求人们不要胆怯。外在的勇敢是指一个人不作任何有悖于理性的事，不义或者悖于理性（injustum vel a ratione alienum）就是懦弱（dibilitas）。"[4]

---

[1] Martini [Ⅱ]，S.156.
[2] Martini [Ⅱ]，S.158. 这段间接引文出自《孟子·告子上》，原文为："人性之善也，犹水之就下也。人无有不善，水无有不下。今夫水搏而跃之，可使过颡；激而行之，可使在山。是岂水之性哉？是势则然也。人之可使为不善，其性亦犹是也。"
[3] Martini [Ⅱ]，S.158.
[4] Martini [Ⅱ]，S.158.

在这里，卫匡国把孟子的"养气"说理解为单纯的"调节内心活动"，而没有注意到"养气"说的社会伦理意义。对此孟子解释得很明白："其为气也，配义与道，无是，馁也。是集义所生者，非义袭而取之也。"[1] 在孟子看来，气必须符合义和道的要求，否则便会饥乏而"不充体也"[2]。养气的方法则是"集义"，使"理性凝聚为意志"[3]，这样，个人行为便自然符合义和道的准则。换句话说，义变成为内在的伦理准则，而"非由只行一事偶合于义，便可掩袭于外而得之也"[4]。这便是孟子跟告子的区别的所在，后者认为，"仁，内也，非外也；义，外也，非内也"[5]。

卫匡国对所谓内在和外表的勇敢的区分，以及他对此所作的解释，倒是暗合告子"仁内义外"的含义的。卫匡国试图根据孟子关于北宫黝和孟施舍两人的不同勇敢的表现的描述[6]，对勇敢作出此一归纳分类，但却违背了孟子的原意。另外，他把"不动心"译作 constantia，也不尽恰当。这个拉丁文词相当于斯多亚派所用的希腊文词 Evnadia，用来说明一种恬淡寡欲的精神状态。孟子说"不动心"时的上下文是"我四十不动心"，这跟孔子所言"四十而不惑"是同一个意思。可见，卫匡国的选词跟孟子的原意尚有距离。

---

[1]《孟子·公孙丑上》2。
[2] 朱熹：《孟子集注·公孙丑上》2。
[3] 李泽厚，第 50 页。
[4] 朱熹：《孟子集注·公孙丑上》2。
[5]《孟子·告子上》4。
[6] 朱熹：《孟子集注·公孙丑上》2。

不过，假如我们确认，卫匡国的选词说明他在孟子和斯多亚派之间觉察出某种相通之处，那也并非毫无道理。斯多亚派追求的理想人格是恬淡自然、克制情感，忍受痛苦和以德操为个人幸福之所在的智者。孟子说："生，亦我所欲也；义，亦我所欲也。二者不可得兼，舍生而取义者也。"[1] 同样把德操置于至高无上的地位。两者在高扬道德这一点上是一致的，而他们所追求的理想人格也有相近之点。

最后，卫匡国评介了孟子跟他的同时代人可以称得上中国的最早的"重农主义者"许行和墨者夷之的辩论[2]。他将后两者与狄奥根尼·拉尔修[3] 相比，认为他们都同样是苦行哲人，不明白社会分工的必要。他指出，孟子所说"或劳心，或劳力。劳心者治人，劳力者治于人"这同样指的是社会分工[4]。

（四）祭祀礼仪和仁政之道

卫匡国强调中国人对祖先和亡故亲人的祭祀礼仪的伦理性质和它同治理国家的关系。他说，自这个民族的童年起一直到今天，"他们不停地为父母和家人修建名叫'祠堂'的殿宇"。他们的目的在于"通过崇敬死者教育子女尊敬在世的父母"，其中没有包含"敬神"（nominis cultus）的意味，这只是"民间仪

---

[1]《孟子·告子上》8。

[2]《孟子·滕文公上》4、5。

[3] 狄奥根尼·拉尔修（Diogenes Laertius），生活于公元三世纪的希腊哲人。他的著作 De Vitis Dogmatibus et Apophregmatibus clarorum vitorum（《名哲言行录》）一书辑录了到伊壁鸠鲁为止的古希腊哲人的著述。

[4] Martini [Ⅱ], S.159.

式"（civiles ceremoniae）。

卫匡国在这一点上，跟利玛窦的看法一致[1]。不过，他进一步指出了祭祀礼仪同治理国家之间的关系。他说，"孔子在他的著作中多次教导说，仁政之道（boni regitiminis forma）是跟这类礼仪分不开的"，因为"从这些礼仪程序中可以得出君主、大臣、隶属之间的秩序；从这些礼仪程序可以得出治理国家的礼仪；从这种敬畏态度可以看出对待父母、尊长和君主的敬畏"。他的这段话是言之有据的，孔子说过："郊社之礼，所以事上帝也。宗庙之礼，所以祀乎其先也。明乎郊社之礼，禘尝之义，治国其如示诸掌乎！"[2]

不过，卫匡国没有指出，孔子在这里以及在其他许多地方所提到的治国必须遵循的祭祀礼仪，并非一般的"民间礼仪"，而是指君主对天地和先王祭祀的一整套礼仪规定，尤其是他所推崇的周礼；因为周礼是"将以祭神（祖先）为核心的原始礼仪，加以改造制作，予以系统化、扩展化，成为一整套早期奴隶制的习惯统治法规。"[3]在生活于"礼坏乐崩"的时代的孔子看来，这套法规体现了仁政之道，他经常言及的"复礼"就是恢复这套法规。

卫匡国肯定这套礼仪的民间性质与伦理意义，否认他是敬神、敬拜偶像的仪式，其用意并不在于评价这些祭祀礼仪本

---

[1] Martini［Ⅱ］，S.329，另参阅 Ricci / Trigault，S.107。
[2]《中庸》19。
[3] 李泽厚，第 10 页。

身，而是藉此为在"中国礼仪之争"中受到天主教内外攻击、处于困境的耶稣会进行申辩。这一点在他下面一段话中表现得很清楚："我们可以断定，中国人不会如此愚蠢，像对待神明（Numen）般地来敬拜刚刚亡故的祖父母、双亲、儿女、姐妹、弟兄或其他血亲。在那种殿宇中供奉着一个家族的所有死者的、而非一二个死者的名牌。毋宁说，这种礼仪是表示他们对死者的怀念和尊敬。"[1]

他联系后来传入的敬拜偶像的佛教，着重指出："这种殿宇在没有接受偶像之前业已存在，即便现在，儒教依然不承认偶像。"[2] 卫匡国的结论是，中国人的祖先崇拜没有宗教含义[3]。

（五）关于儒家的世界起源说

《中国上古史》开篇第一段介绍了中国关于世界起源的种种看法，其中说："大多数中国人相信世界有其起始之时，但他们的意见互相矛盾，很不一致。属于主要教派的儒家认为世界的产生'纯属偶然'（temere ac casu）；另一些人则与其相反，但距离真理同样遥远，他们说，世界是被持续不断地（ab aeterno）创造着的。"[4]

卫匡国进一步描述了这两种世界起源说，他写道："少数哲学家背离他们的古代哲人，荒谬地认为，混沌（chaos）是

---

[1] Martini [Ⅱ]，S.329.
[2] Martini [Ⅱ]，S.329.
[3] Martini [Ⅱ]，S.329.
[4] Martini [Ⅱ]，S.2.

世界的起源和本根（initium et principium）；由此，至上至极者（summum，按：指'太极'）不用物质，或者说只藉助精神创造出物质的万物。然而，他们把此一至上至极者分别叫作阴和阳的两种'质'（qualitates）。阴是隐蔽的、未完成的；阳是公开的、已完成的。我们可以把它们称作两种原素（principia）。"[1]

接着，卫匡国说明，这两种不同原素分别用两种不同符号表示，两种符号的不同组合产生六十四种图形。他列出一张六十四卦图并解释说，这是伏羲创造的，全部载于《易经》一书内。他认为，这很像毕达哥拉斯用来解释世界的数的体系。

我们不难看到，卫匡国的这段话是对《易传》的宇宙生成图式的不完整的描述，原文是："易有太极，是生两仪，两仪生四象，四象生八卦。"[2] 他把"太极"译为 summun（至高至上、至终至极），把阴阳称作两种 principia（原素、原质）。这些都是他比他的同时代会友龙华民等人高明之处，后者断定不仅阴阳，而且太极都是物质性的。

但是，卫匡国对太极、阴阳、混沌之间的关系的解释是错误的。太极是原初本体，而不是创造的主体，由太极生出阴阳，而不是太极被分为阴阳。《易传》的宇宙生成图式中，不包括混沌。《易传》以前的《左传》和《庄子·应帝王篇》中出现的"浑沌"或"浑敦"是人格化了的，它作为有秩序的世界的对立

---

[1] Martini [Ⅱ], S.3.
[2]《易·系辞上》11。

者，最后要么被放逐，要么遭杀害[1]。最终完成儒家宇宙论的朱熹，把宇宙生成前的原始状态称作"混沌未分"，他也用"浑沦"一词说明此一状态："方浑沦未判，阴阳之气，混合幽暗。"[2]混沌在这里即阴阳未分之气。卫匡国的贡献在于他把儒家宇宙观的这些概念介绍给了欧洲，尽管他扭曲了原意。

卫匡国所指的认为"世界持续不断地被创造着"的"另一些人"，从上下文看指的是邵雍（1011—1077）。他写道："中国人的一本讨论自然的书记载了一种奇怪的计时法。在该书中，世界从开始到结束被说成相当于 12 个时辰（Horae duodecim）[3]，即整整一天的时间。一个时辰为 10800 年……天产生于第十二个时辰，即午夜；地产生于第一个时辰；人被创造于第二个时辰。"[4]

卫匡国说，《论自然》（*De Natura*）这本书预言了普遍的社会变革和混乱，以及随之而来的国家动荡，然后一切都重新回到它们所由产生的混沌中去。他说，假如按照这种时间计算法推算，中国的远古历史便大大超过埃及和迦尔底的传说时代。[5]

这里所称《论自然》，是卫匡国给邵雍的《皇极经世》（共十二卷）一书加的标题，就其内容而言，他的这个标题也并不

---

[1] 参阅山田庆儿："空间、分类、范畴"，载：辛冠洁等编《日本学者论中国哲学史》，北京：中华书局，1986，第 45—94 页。山田认为，人格化的混沌实际上依然是说明宇宙生成前的状态。
[2]《朱子语类》，北京：中华书局，1981 年，第 236 页。
[3] 古罗马人的计时法把一天分为 12 horae，一个 hora 相当于现在的两小时，也相当于中国旧时计时的单位时辰。
[4] Martini[Ⅱ], S.4.
[5] Martini[Ⅱ], S.4.

错；因为书中以易数论述了宇宙起源、自然演化和社会历史变迁。邵雍在收入该书的《元会运世》（共六卷）中，根据一年十二个月，一月卅日，一日十二个时辰，一个时辰三十分的计数法，把宇宙的一次生灭过程称作一元，一元经历十二会，一会为三十运，一运十二世，一世三十年。一元，即人类的一次生灭过程，实际上是一年的放大，共 129600 年。卫匡国所说的 10800 年，不是世界的一次生灭过程所经历的时间，而是一会的时间。世界的一次生灭过程也不是被描写为十二个时辰，而是十二个月，即一年。

另外，在天、地、人产生的时间上，他的说法也是错误的。邵雍假定的时间本来是，天开于子会（第一会），地辟于丑会（第二会），人产生于寅会（第三会）。人类社会发展到巳会（第六会），即唐尧时代，达到兴盛的顶点，从午会（第七会），即从夏到宋代，便由盛到衰，到戌会（第十一会），万物灭绝，到亥会（第十二会）大地不复存在，然后新的一元开始。世界便是这样周而复始，循环不已。这就是卫匡国所说的，"世界持续不断地被创造着"。

四、结语

卫匡国关于儒家的介绍在当时是空前的，只是由于这些介绍不是以后来的《中国哲人孔子》一书那样的专著形式出现，而是散见于他的史地著作之中，因而没有引起欧洲读者的充分注意罢了。

从上文我们不难看到，他对中国文化，尤其对儒家是抱着一种欣赏的态度进行评介的，为此甚至不惜冒犯被欧洲史学界奉为圭臬的圣经编年。但是，正如本文开始曾指出的那样，他毕竟是欧洲天主教传教士，他的价值标准仍然是基督教义。他一方面用基督教义的精神翻译和解释儒家的一些重要概念，另一方面试图证明，对基督宗教所供奉的神的信仰在中国是古已有之。

他在《中国上古史》明确无误地指出，孔子时代的中国人"可能已经认识到了真神（Deum verum agnovisse）"。他提出的根据是，首先，"当时在中国既无偶像，也没有偶像崇拜者，人们敬奉唯一的天"。卫匡国的意思是，当时敬拜偶像的佛教还没有传到中国。他认为中国人所敬奉的天是"神所创造"、是"神所选择的居室（Sedes），藉以显示他的壮美、灿烂的光辉".[1]他说："孔子说过，人的理性来自天。天上的一切都是无形的，是最为完美和至高无上的（Perfectissimum ac summum）."[2]

他在这里引用的所称孔子的两句话，前一句是《中庸》的开篇句"天命之谓性"，这句话很难列在孔子名下；后一句话是《中庸》最末一个句子"上天之载，无声无臭，至矣"。"上天之载，无声无臭"是孔子引用的《诗·大雅·文王》的两句诗，

---

[1] Martini [Ⅱ]，S.131.
[2] Martini [Ⅱ]，S.131.

藉以说明为君者的不显之德犹如上天所做的事，没有声音可以听到，没有气味可以闻到。孔子认为，这样的德才称得上"至矣"——达到了顶点。

卫匡国把"载"理解为"装载之物"，所以便把"上天之载"译成了"天上的一切"。实际上"载"在这里作"事"解。卫匡国的用意在于说明，中国人所敬奉的天即基督宗教信仰的Deus。他的这一论断是有针对性的，因为耶稣会内外的反对者认为，中国人敬奉的天是人们仰面可见的苍苍蓝天，是物质性的，容忍中国人祭天无异于迎合异端。[1] 所以，卫匡国进一步指出，没有哪一个中国哲学家认为，我们的理性是我们的眼睛所看见的蓝天赋予的。[2]

尽管卫匡国在他的《中国上古史》开卷一章曾不无遗憾地指出，中国人"都闭口不谈万物的最高和唯一创造者。在如此丰富的语言中竟没有神（Deus）这个词[3]，但是，像他的前辈利玛窦一样，他认定中国古书中的"上帝"一词即基督宗教的"Deus"。他说，中国人"用上帝一词称谓天地万物的最高主宰"。他进而断言，"中国古人在挪亚时代就已经知道神的存在"，因为中国人"接近挪亚那个时代，甚至跟后者同样古老"。[4]

在《中国新地图集》中，他重复他的这一论断说，中国人

---

[1] 樊国梁：《燕京开教略》，中篇，第46页。转引自朱谦之：《中国哲学对欧洲的影响》，福州：福建人民出版社，1983年，第122页。

[2] Martini [Ⅱ]，S.131.

[3] Martini [Ⅱ]，S.2.

[4] Martini [Ⅱ]，S.2.

认识到万事万物有一个"唯一和终极的本原，尤其在古圣先贤的典籍中，有许多关于治理着万事万物的至高无上的主宰的记述"[1]。在上文提到的他对"西狩获麟"的评述中，孔子无异于预言耶稣降临的先知了。

澳大利亚的卢尔（Paul D. Rule）指出，耶稣会士传到欧洲去的孔子，在许多方面是经过拙劣扭曲了的、基督化了的形象。[2]此言确实有道理，就卫匡国而言，也是如此。发现和区分这些扭曲之所在，对于研究儒家学说在欧洲的传布具有重大意义，这也是本文的目的之一。

他们之所以这样做。固然是由于基督宗教偏见，和他那个时代加给他们的局限性，但更重要的是为了向欧洲天主教会和公众说明，"这个民族的精神是多么适宜于接受基督宗教信仰"[3]，从而一方面得到他们对耶稣会中国教团的支持，另一方面加强耶稣会在"礼仪之争"中的地位，摆脱欧洲教会内外对它的指责。

我们也许可以设想，假如没有这些历史原因，他们对儒学的评介至少会更少基督宗教色彩。客观地看，这些扭曲的报导并没有完全掩盖住儒家学说的本质，也没有影响敏锐的欧洲思想家从中了解儒家思想的基本精神。莱布尼茨正是根据耶稣会提供的情况，写出他讨论中国哲学的书信的。

---

[1] Martini [Ⅱ]，S.8.

[2] Paul D.Rule, *Kung-Tau or Confucius*? *The Jesuit interpretation of Confucianismus*, *doctoral thesis*, Australian National University, 1972. 转引自 Knud Lundbaek, "*The Image of Neo-Confucianism in Confucius Sinarum Philosophus*", *Journal of the History of Ideas*, Philadelphia 1983, 44, S.19—30.

[3] Ricci / Trigault, S.6.

从历史上看，在评介古人和外来思想中产生扭曲现象，笔者冒昧直言，虽不是通病，至少屡见不鲜，只是程度不同而已。本民族的文化传统和价值观念，使人们习惯于以自己的价值标准评介外来思想，在外来思想中寻找跟自己的价值标准一致和相近的东西，或者完全相反的东西——这实际上就是在对两种思想加以比较，只是不像今天的文化比较学者那么自觉罢了。今天，在评价儒家思想时，国内外学者因价值取向不同而各有自己的侧重点，谁能保证这其中没有扭曲呢？

（原刊台北辅仁大学《神学论集》第九十四号，1992年冬）

莱布尼茨与朱熹

1928 年，德国汉学家福兰阁（O. Franke）写道，莱布尼茨"没有料到，他的'伟大和谐'跟儒家的'大同'恰恰相对应"[1]。一年以后，日本学者五来欣造指出："我们从莱布尼茨用零和一表达全部数字的思想中看出了他的天才。在《易经》中，整个宇宙用阴阳两个符号表达了出来，这同样需要天才的火花。两个天才通过无所不包的和直观的数字方法互相接触和认识，互相握手。莱布尼茨使两个文明互相靠拢。他的二进位制数学和《易经》象征东西方文明相会的两只手。"[2]

实际上，莱布尼茨的"和谐"说除了说明对社会理想的追求外，更是一种宇宙观，而儒家的"大同"思想纯系儒家的社会理想，两者不尽相同。二进位制和《易经》的六十四卦的符

[1] O.Franke. "Leibniz und China", *Zeitschrift der deutsch-morgenlandischen Gesellschaft*, *Neue Folge*, Bd. VII, S.159.

[2] 五来欣造：《儒家对德国政治思想的影响》，东京 1929，第 440 页。此处转引自 E.J.Aiton 和 Eikon Shimo, "Gorai Kinzo's study of Leibniz and the I King Hexagrams", 载 *Annals of Science*, 38 (1981), p.76。笔者按：Aiton 和 Eikou Shimo 是两位日本学者的名字，因与之相对应的汉字，有多种，无从确定正确的汉字，这里以及正文中只好保留原来的德语音译之名，深以为憾。

号排列在形式上的确是一致的。但是，据 E. J. Aiton 和 Eikon Shimo 研究，首先把两者联系起来的并不是莱布尼茨，而是与之通讯的在华耶稣会传教士白晋。[1] 尽管如此，弗朗克和五来欣造提出的问题是有意义的。莱布尼茨和中国哲学思想这两者的接触点究竟何在，的确是值得探讨的。自他们以后欧美学者就"莱布尼茨与中国"这个题目发表了一系列论文，大都致力于此。另外，需要指出的是，在他们之前的 1923 年，德国学者莱希威因（Adolf Reichwein，1898—1944）曾经在他的《中国与欧洲》一文中提到，莱布尼茨的"单子论在许多点上都跟中国的总体论思想（universalistische Gedanken）有着令人注目的接触点"[2]。但限于他的论题，莱希威因在该文中没有深入讨论。我认为，莱希威因才真正抓住了问题的本质。他在这里沿用了荷兰汉学家格卢特（Jan Jakob M. de Groot，1854—1921）试图概括整个中国哲学思想特点的"总体论"（Universalismus）一词，尽管这个词用来概括整个中国哲学并不恰当，但用来说明宋儒的理学倒是可以接受的。为叙述方便，本文采用"新儒"这一为西方汉学家所习用的名称来称谓宋儒。

新儒是以朱熹（1130—1200）为代表的。朱熹以理气论为基础的理学，像莱布尼茨建立于单子论基础之上的前定和谐说一样，是解释世界的产生和存在的理论体系，是宇宙观。儒家的宇宙观最早是由产生于战国末年诠释《易经》的《易传》的

[1] Eiton/Eikon Shimo, in *Annals of Science*, 81(1981), p. 76 ff.
[2] A. Reichwein, *China und Europa*（《中国与欧洲》），Berlin 1923, S. 88.

作者们提出的，其基本命题是："易有太极，是生两仪，两仪生四象，四象生八卦"；"刚柔相摩，八卦相荡，鼓之以雷霆，润之以风雨，日月运行，一寒一暑，乾道成男，坤道成女"；"天地绷缊，万物化醇；男女构精，万物化生"。（《易传·系辞》上）这里，太极是至高无上的本始，两仪、刚柔指阴阳，天地亦被分别赋予阳和阴的属性。四象为四时，八卦为天地雷风水火山泽等自然现象。这就是关于世界生成的太极阴阳论[1]。汉儒董仲舒（前190—前105）的"元"概念，杨雄（公元前53—公元18）在他的《太玄》中提出的"玄"概念，实质上都是太极这一概念的另一提法。所不同者只是前者以《洪范》中的五行说解释世界的构成，后者的"玄"受了道家的影响而已。[2]宋代周敦颐（1017—1073）所作《太极图》和《太极图说》依然滥觞于《易传》。朱熹释太极为理，建立了他的理气宇宙观，而这正是莱布尼茨关于中国哲学的论文中所讨论的主要对象。

我们能够看到这样一篇专门讨论中国哲学的论文，应该感激尼古拉·戴·雷蒙（Nicolas de Remond）。他于1714年10月12日致函莱布尼茨说，他已读过耶稣会士龙华民（Nicolas Longobaldi，1559—1654）关于中国哲学的论文[3]，请求莱布尼茨对此文作一评论，他答应随后即将龙华民的文章寄上。

---

[1] 参阅张岱年：《中国哲学大纲》，北京：中国社会科学出版社，1982年，第25—27页。

[2] 张岱年，第30—32页。

[3] R.Loosen / F.Vonnessen, "Leibniz und die Chinesische Philosophie", in: G.W.Leibniz, *Zwei Briefe über das binäre Zahlensystem und die Chinesische Philosophie*, Stuttgart 1968[I]，S. 30/31.

这里所说龙文，是指 1701 在巴黎出版的 "Traite sur quelquas Points de la Religion de la Chinois"（《关于中国宗教的几个问题》）。莱布尼茨根据龙文所提供的材料并针对龙文的立论写出他的《论中国哲学》一文。实际上，这篇论文中的主要论点早在 1709 年即开始酝酿，这次应雷蒙之请才形成文稿，时间在 1715 与 1716 年之交，即莱布尼茨死前一年。可以认为这是他的成熟之作。[1] 我认为莱布尼茨和中国哲学思想的主要接触点就是他的前定和谐说和他在这篇论文中所讨论的朱熹的理学体系。

莱布尼茨对他的前定和谐体系作过如下的概括："任何一个单子（die Monade）都是整个世界大厦（das Weltgebäude）的缩影，每一精神（der Geist）都是对于神祇（die Gottheit）的模仿，世界总体不仅浓缩于神（der Gott），而且也被完全感知和摹写着……。这一体系的奇迹在于：最高智慧（die allerhöchste Weisheit）通过在其自身摹写着世界大厦的实体（die Substanzen）找到了一个赖以使单一世界发生无穷变化的工具；因为此一最高智慧本身即含有无限多样性，所以它也会根据灵魂的不清晰的映象（unaussprechliche Vorstellungen）而发生变化；于是它由此达到无限数量之无限性，从而跟对我们

---

[1] 本文把习惯上译为"上帝"的拉丁文词 Deus，即德文中 Gott 一词，一概译为神。"上帝"一词出自中国甲骨文和《书经》，利玛窦用来附会基督教信奉的神（Deus），在"礼仪之争"中，他为此受到多明我会的攻击，后来天主教改称"天主"，十九世纪来华的新教仍沿用"上帝"这一称谓。在莱布尼茨的著作中，"上帝"（Schangti）指中国古代人信仰的至上神，Deus 或 Gott 指基督教信仰的神。为避免概念上的混乱，本文在引用莱文时，保持"上帝"和"Deus"两词的原始含义。

感知能力而言是无所不能的创世者的目的取得最完美和最大限度的一致。"[1] 所谓"最高智慧"，按照阿奎那（Thomas von Aquino，约 1225—1274）的说法，是圣灵的恩赐，人从中感觉得到神的主宰和神所希望的万事万物的秩序，它跟神的目的和计划是一致的。[2] 莱布尼茨所说"最高智慧"，就是阿奎那所表述的这个意思。在莱布尼茨看来，世界的千变万化是由精神实体对于世界的摹写能力，是由灵魂的映象能力，归根结底是由决定事物本质的单子的感知能力造成的。这一切全来自神，而最高智慧则体现了神的旨意。"在神身上，不仅存在着整个世界大厦的缩影，而且也包含着它的源头。神是原初中心（centrum primitivum），其他所有一切全由此流出和产生。"[3] 关于事物的差别，他认为，那只是"整个世界大厦所调节的普遍法则的变形"。他说，"不必认为人的灵魂有什么差别"，因为事物的多样性仅在于"有许多不同的个体（individua），并非有许多不同的种属（species）"。[4] 他又说："如果从我们自身产生了什么东西，那也不是直接发生，而是神一开始就使事物服从我们的愿望。"[5] 不过，这里的神，我们与其把他视为信仰的对象，不如看成是莱布尼茨用以解释他的前定和谐体系，进而解释世界之存在的充足理由（der zureichende Grund）；因为他对全能的神

---

[1] Leibniz, Vertheidigung des Systems des Prästabilierten Harmonie, in *Lehrsätze über die Monadologie*, ins Deutsche übersetzt von Heinricn Kohler, Jena 1720, [II] S.101/102.

[2] Th. von Aquino, *Summa theologiae*, II, q. 45, 参阅《圣经·箴言篇》3.19。

[3] Leibniz [II]，S.101、102。

[4] Leibniz [II]，S.101、102。

[5] Leibniz [II]，S.101、102。

的意志作了限制，他指出，一个主体（das Subject）的特性产生于它的本性（die Natur），"所以，在事物的自然秩序中，任意赋予某些实体（die Substanzen）此一或彼一性质并非取决于（撇开奇迹不说）神的意志，他（神）只会赋予它们（即实体）本来属于它们的本性和性质，即能够从它们的本性中推导出来并被当作可以解释的样式的性质"。而且此一性质必须是能够从事物本性中推导出来的，必须是能够根据事物本性加以解释的。这推导者，这解释者当然不是别的什么，而只能是理性。这就是说，莱布尼茨认为，理性和信仰是一致的。[1]

让我们把莱布尼茨的前定和谐体系跟朱熹的理学体系对照一下。朱熹说："宇宙之间，一理而已。天得之以为天，地得之以为地，而凡生于天地之间者又各得之以为性。其张之为三纲，其纪之为五常，盖此理之流行，无所适而不在。"[2] 这就是说，理是天地万物之所由来，它规定了天地万物的性质，它虽非全知全能的神，但它的品格的确近于神，因为它是"无所适而不在"的。在莱布尼茨看来，事物本质并无不同，只是各具个性而已，而此一个性只是"整个世界大厦所调节的普遍法则的变形"，这是由决定事物性质的单子对世界的感知能力，是由单子的完美程度决定的。朱熹认为，事物的多样性和个性特征是事

---

[1] Leibniz, *Neue Abhandlungen über den menschlichen Verstand*, hrsg. und übers. von W.von Engelhardt und H.H.Holz, Insel Verlag 1961 [III]，B. I, S. LIII. 本段和以下出自本书引文皆为笔者根据德文版自译，另请参阅《人类理智新论》，陈修斋译，北京：商务印书馆，1982 年，第 24 页。

[2]《朱子文集》卷七十。

物本质在理体系中的地位决定的，他说："万物皆有此理，理旨同出一源。但所居之地位不同，则其理之用不一。如为君须仁，为臣须敬，为子须孝，为父须慈。物物各具此理，而物物各异其用，然莫非一理之流行也。"[1] 尽管朱熹认为理决定事物的性质，但他仍强调格物致知，即"穷至事物之理"。[2] 从本质上讲，这跟莱布尼茨推导事物的性质的提法是一回事。朱熹认为自然和社会秩序并非人为安排，而是万物"各有所以然之故与其所当然之则，所谓理也"。[3] 这个体现为所以然之故（必然法则）和所当然之则（逻辑律令）的理是永存的。他说"身心性情之德，人伦日用之常，以至于天地鬼神之变，鸟兽草木之宜，由其一物之中，莫不有见于以其所当然而不可已与其所以然而不可易者"。[4] 莱布尼茨把他的和谐秩序最后归结为神的旨意，神的安排；朱熹则把自然和社会秩序追溯到其品格近于神的理。同样，正如莱布尼茨强调他的和谐秩序是前定的那样，朱熹也反复指出，他的"理"是存在于世界产生之前的："未有天地之先，毕竟也只是理，有此理便有此天地"，"未有这事，先有这理"。[5] "无极而太极，不是说有个物事，光辉地在那里。只是说当初皆无一物，只是此理而已。"[6] 莱布尼茨认为，自然秩序和神的秩序是互相和谐一致的，因为前者是对后者的摹写。神

[1]《朱子语类》卷十八。

[2] 朱熹：《大学章句》1。

[3] 朱熹：《大学·或问上》，转引自范寿康，《朱子及其哲学》，北京：中华书局，1983年，第66页。

[4] 同上。

[5]《朱子语类》卷十八。

[6]《朱子语类》卷九十四。

是"最完善者"，因此，现存世界必然是"所有可能存在的世界中之最好的世界"。[1] 在朱熹看来，太极，即理，"是天地人物万善至好的表德"[2]，"物物各具此理，而物物各异其用，然莫非一理之流行也"。朱熹的理，这个"天地人物万善至好的表德"是决定着自然和社会秩序的绝对法则。莱布尼茨把他所论证的"可能最好的世界"归结于最完善的神，而朱熹则从他提出的先验的、绝对完美的理，推导出社会伦理秩序的合理性。如上所说，这个理尽管不是神，其品格却近于神。所以，莱布尼茨将理和基督教所信奉的神相比便不足为怪了。他在关于中国哲学的论文中讨论了理的特征以后说："综观这一切，难道我们不可以说，中国人的理不正是我们在神的名义下所敬拜的那个绝对实体吗？"[3] 不仅如此，他还在朱熹的理体系中发现了跟他的前定和谐学说一致的地方："中国人不该受到指责，而应得到赞赏，因为他们以事物的内在本能力量和一种前定和谐秩序来解释事物的产生。"[4]

　　跟前定和谐体系相联系的是莱布尼茨的"人的天生观念"（die eingeborenen Ideen im Menschen）一说。这一点跟朱熹的"人性天赋"说惊人的相近。莱布尼茨认为，人的灵魂不是一块白板（tabula rasa），他以赫丘利[5]的大理石雕像为例论

---

　　[1] Leibniz, *Theodizee*, ins Deutsche übers. von A.Buchenau, Hamburg 1968[IV]，S. 101 ff., S. 410.
　　[2]《朱子语类》卷九四。
　　[3] Leibniz[I]，S.49.
　　[4] Leibniz[I]，S.64.
　　[5] 罗马神话中的英雄，即希腊神话中的赫拉克勒斯（Heracles），宙斯和阿尔克墨涅所生的儿子。

证说："如果灵魂像这种白板，那么真理之在我们心灵中便如赫丘利的形象之在大理石中。这块石头对自己被刻成此一或彼一形象是全然无所谓的。但是如果在这块石头中存在着更适合表现赫丘利而非其他形象的纹理，那么它便是生就的这样一块石料了，在某种意义上讲，赫丘利的形象是生在它之中了，当然，必须加工，以便发现它们，并加琢磨使之光洁。除去一切妨碍它们清晰显现出来的东西。"[1] 他接着写道："同样，观念和真理作为倾向、禀赋、技能或本性所具有的力（Fertigheiten oder natürliche Kräfte）也是生来就有的，当然不是作为行为（Tätigkeiten），尽管这些本性所具有的力总是伴随着某些与之相当的、不易觉察的行为的。"[2] 莱布尼茨认为，事物的本性和精神的本性（die Natur der Dinge und die Natur des Geistes）是一致的，因此对事物本性的观察往往无非是对我们精神本性的认识和对于那些无需在我们自身之外去寻求的天生观念的认识。[3] 他虽然承认实践原则并非人生来就有的，但却认为道德科学（die Moral-Wissenschaft）跟算术一样是天生的，"因为它同样有赖于内在之光所提供的证明"。[4] 莱布尼茨总结说，从广义上看，"凡是人们能够从原初的、生来便具有的知识中推导出来的一切真理，都可以被称为天生的真理，因为精神可以从自己的底层

---

[1] Leibniz[III]，S. XVII；参阅陈译本第6—7页。
[2] Leibniz[III]，S.XIX；陈译本第7页。
[3] Leibniz[III]，S.41；陈译本第40—41页。
[4] Leibniz[III]，S.59；陈译本第59页。

（der Grund）把它抽引出来，虽然这并非轻而易举的事。"[1] 一句话，在莱布尼茨看来，观念、真理无须外求，它们就在你的精神之中，对事物本性的研究只不过是精神本性的自我认识和对于深埋于精神底层的先天生成的观念的发掘而已。

朱熹的"人性天赋"命题来自《中庸》开篇之句"天命之谓性"。他把"性"字解释为理，他说："性即理也"。他接着进一步作了说明："人物之生因各得其所赋之理以为健顺五常之德，所谓性也。"[2] 可见，理不仅指那个决定事物本质的、超验的绝对"纯逻辑存在"[3]，而且也表示"观念"、"原则"。朱熹在这里具体解释赋予人的本性之理为道德观念，即"健顺五常之德"。他对《大学》开篇之句中"明德"的解释，同样阐发了他的"人性天赋"的命题，他说："明德者，人之所得乎天，而虚灵不昧，以具众理而应万事者也。但为气禀所拘，人欲所蔽，则有时而昏，然其本体之明则未尝息者。故学者当因其所发而遂明之，以复其初也。"[4] 这里的"众理"可以比之为莱布尼茨所说的"观念"；"气禀"、"人欲"相当于"一切妨碍它显现出来的东西"；"明"即"琢磨"之意；"复其初"则无异于说，使天然生成的纹理"清晰显现出来"了。

另外，朱熹对《中庸》的基本范畴"诚"的解释跟莱布尼茨的"事物本性和精神本性一致"的命题完全相合。《中庸》

---

[1] Leibniz[III]，S.45；陈译本第 46—47 页。
[2] 朱熹：《中庸章句》1。
[3] 肖萐父、李锦全：《中国哲学史》下卷，北京：人民出版社，1983 年，第 70 页。
[4] 朱熹：《大学章句》1。

说："诚者，天之道也。"[1] 朱熹解释说："诚者，真实无妄之谓，天理之本然也。"[2]《中庸》有一段话："唯天下至诚，为能尽其性。能尽其性，则能尽人之性。能尽人之性，则能尽物之性。"[3] 朱熹解释说："人物之性亦我之性，但以所赋形气不同而有异耳。能尽之者，谓知之无不明而处之无不当也。"[4] 朱熹对诚的解释无异于莱布尼茨的"最高智慧"。前者的"人物之性亦我之性"从立意上跟后者的"事物本性和精神本性一致"的提法没有根本的差别。当然，两者之间也存在着不同之点，莱布尼茨对他的命题的阐发，尽管带有神正论的意味，但从根本上看是纯思辨性的。朱熹则不然，他把社会伦理提到本体论的高度加以论证，最终却从哲学思辨仍旧回到伦理实践，如他所说："天下至诚，谓圣人之德之实天下莫能加也。尽其性者，德无不实，故无人欲之私；而天命之在我者察之、由之，巨细精粗，无毫发不尽也。"[5]

莱布尼茨哲学的核心概念是"单子"，因此他的哲学又被称作"单子论"。朱熹的哲学之所以被称为"理学"，则由于其核心概念是"理"。

单子（die Monade）来自希腊文"Monas"，意为单一性。在古希腊哲学中，这个概念被用来说明存在的本质，但并未得

---

[1]《中庸》20。
[2] 朱熹：《中庸章句》20。
[3]《中庸》22。
[4] 朱熹：《中庸章句》22。
[5] 同上。

到充分的阐发。亚里士多德在他的《形而上学》中把这个词解释为"在每一方向都不可分割而同时又无定位者"。莱布尼茨第一次使用"单子"这个概念是在 1696 年致法尔德拉的信中，对它的全面论述则见于他于 1714 年写成的《单子论》一文。按照他的解释，单子是一个无形体、不可广延，因而是不可分割的、单一精神实体[1]，它不受外界机械运动的影响，因为它是独立的、完整的，没有与外界相通的窗口，它的变化来自其内在原则。但是，它在自己的感知（die Perzeption）中却反映了整个宇宙。"既然由于世界是被充满着的缘故，因而所有一切都是联系在一起的，每一物体都或多或少影响着其他物体"，所以"每一个单子都是一面活的或者说具有内在活动能力的镜子，它按照自己的方位（der Standort）反映着宇宙并像宇宙本身一样得到调节"。[2] 单子因其感知程度的不同，形成不同的等极和品格，一般的单子可称之为"隐泰莱希"[3]，只有能够清晰地感知并伴有记忆的单子，方可被称作灵魂（die Seele）。神是原初单一体或原初单子（die Ur-Einheit oder die Ur-Monade），所有其他单子全系神所创造的。于是便产生一个单子等级秩序；隐

---

[1] G.W.Leibniz, *Monadologie*, ins Deutsche übers. Von Glockner, Reclam, Ssuttgart 1986[V]，1，3. 本文出自《单子论》引语，全部笔者根据德文版自译；另请参阅《单子论》，载《西方哲学原著选读》，北京：商务印书馆，1988 年。

[2] G. W.Leibniz, *Prinzipien der Natur und der Gnade, auf Vernunft gegründet* [VI]，3；参阅 Leibniz[V] 56。

[3] 隐泰莱希，希腊文 Entelechie 的音译，原指有机体赖以发展的形式原理。按照亚里士多德的解释，凡具有生命力的物体的第一隐莱希便是灵魂。莱布尼茨称单子为隐泰莱希，因为单子独立发展并以其独立性和个体完美性在某种程度上显示了微观宇宙（Mikrokosmus）。参阅 Leibniz[V]，S.18，19。

泰莱希、灵魂、精神、神。[1]

　　朱熹论及理时总是与气并提的。他说："天下未有无理之气，亦未有无气之理。"[2] 他解释说："天地之间有理有气。理也者，形而上之道也，生物之本也；气也者，形而下之器也，生物之具也。是以人物之生必禀此理，然后有性；必禀此气，然后有形。"[3] 在这里，"道"被用来解释作为世界本源的理。理是超验的存在，它是万物之本，又赋予具体事物以性，决定着事物的本质。"形而上者无形无影，是此理；形而下者有情有状，是此器。"[4] 耶稣会士龙华民在他的《关于中国宗教的几个问题》一文中断言，"理不是别的，正是我们说的原初物质"。[5] 然而，莱布尼茨这位思想敏锐的哲人从龙华民援引的《性理大全》对理的描述中认识到了理的精神属性，而把气看成是"原初物质"。[6] 同时，他清楚地看出理这个词的不同含义，他说："由此我断定，这个词必定有双重含义。有时用其严格含义，指至高至上的存在，有时则指任何一种精神。"[7] 他从他的单子论出发，按照单子的等级秩序进一步把朱熹的理分成两种：作为本体存在的理和寓于个别事物之中并决定其性质的理。他称前者为所有"其他事物的第一推动者和原因"；他说，

[1] Leibniz [V], 19, 47, 63；[II], S.101–102.
[2]《朱子语类》卷一。
[3]《朱子全书》卷四十九。
[4]《朱子语类》卷五十九。
[5] 转引自 Leibniz[I], S.49。
[6] 转引自 Leibniz[I], S.59。
[7] 转引自 Leibniz[I], S.55。

"它相当于我们的神"[1]，它是"存在，甚至事物之可能性的终极或……初始理由"[2]。他把后者叫作"精神实体"（geistige Substanz）或"隐泰莱希"。他说，"理在某种意义上，是事物的精髓，中坚、力和真正本质"，它"像灵魂一样，具有主动性和感知或有秩序的活动"。[3]

我们看到，莱布尼茨对理的分类和对气的理解是把握住了朱熹理学体系的基本内容的。这也许是由于他的单子论在解释世界存在和事物本质这两方面跟朱熹的理学体系有相合之点。莱布尼茨还注意到，理本身所固有的、不同于他的单子的特点。这就是单子是有感知的，因感知清晰程度的不同而形成隐泰莱希、灵魂、精神和神这一等级秩序。朱熹的理却是没有感知的，它只是一个绝对的"纯逻辑存在"。这个理只有跟气结合才能产生事物，才会产生知觉："若理则是个净洁空阔的世界，无形迹，他却不会造作。气则能酝酿凝聚生物也"[4]；"气聚成形，理与气合便能知觉。如火得脂膏便有许多火焰。所觉者，心之理也；能觉者，气之灵也。"[5] 在这里，感知者是被赋予理的气，而不是理。然而理，即心之理，却是气产生知觉的根据，

[1] 转引自 Leibniz[I]，S.41。
[2] 转引自 Leibniz[I]，S.46。
[3] 转引自 Leibniz[I]，S.55。
[4]《朱子语类》卷一。
[5]《朱子全书》卷四十九。

犹如脂膏是火得以吐出烈焰的根据。[1]莱布尼茨从龙华民关于朱熹理学的介绍中，注意到了理的这一特点并根据自己的理解作了解释。他认为，中国人之否认理具有生命、知和权威这些特性，是从人的习惯角度，即从这些特性在生物身上的表现着眼进行思考的。"然而"，莱布尼茨说，"他们赋予理以至高至大的完美品格，从而赋予理以比之上述特性更为崇高的东西。创造物所具有的生命、知和权威只是它的影子和对它的苍白无力的摹写而已。"[2]——在莱布尼茨对朱熹的解释中，人们仍看得出单子论的影子。

　　莱布尼茨和朱熹都是他们那个时代的巨人，在他们各自的文化中都是继往开来的人物。但是，两人毕竟是各自文化的产儿，在各自的民族文化史上所起的作用不尽相同，两人的历史命运也很不一样。莱布尼茨的思辨哲学成为德国启蒙思想的重

---

　　[1] Alfred Forke 在他的 *Geschichte der neueren chinesischen Philosophie*（《中国近代哲学史》）中，把"所觉者，心之理也；能觉者，气之灵也"译为"Das Empfundene ist die Vernunft des Herzens, das Empfindende die Fähigkeit des Fluidums"（"被感觉到的是心的理性，感觉者是气的能力"）。他解释说："火比作领悟、知，脂膏比作理，气具有感知理的作用的能力，于是便产生感知。"（见该书第 175—176 页）看来，Forke 也许是根据王夫之（1619—1692）关于"能"和"所"这对中国哲学范畴的关系的描述（见王夫之《尚书引义》卷三）认定，"所觉者"为感觉对象，因而译为"das Empfundene"。实际上，"所"作为一般词，其后连接的词并非都是行为对象，如《诗·小雅·小宛》："凤兴夜寐，无忝尔所生。"这里"所生"是指所由生的父母，而非被生的儿女。朱熹的"所觉者"中的所字就是这个用法。朱熹在另一个地方讲得更明白："曰：'知觉，是心之灵故如此，抑气之为也？'曰：'不专是气，是先有知觉之理。理未知觉，理与气合便能知觉。'"（《朱子全书》卷四十四）可见，心之理虽非感觉的主体，但也绝不是感觉的客体，而是感觉的主体所由获得感觉能力的来源。Forke 从对朱熹这句话的错误理解出发，作出了一系列错误解释。不过，Forke 对朱熹的总评价是客观、正确的，下面正文中将提到这一点。另外，李约瑟（Joseph Neeoham）先生将"所觉者，心之理也"译为"Cognition (or apprehension) is the essential pattern of the mind's existence"（"感知 [或领悟] 是心之存在的基本形式"），同样远离朱熹的本意。限于本文的论题，笔者不作进一步的讨论，请参阅 J. Needham, *Science and Civilisation in China*, Vol. II, London 1980, p. 480。
　　[2] Leibniz [I]，S.60—61.

要组成部分并为德国唯心主义哲学的发展做了准备。在二十世纪，他的思想再度在西欧（主要在德、法、英等国）受到重视。朱熹的理学一方面为方以智、王夫之的科学思辨的发展奠定了基石，另一方面他的理学的伦理实践目的却为他以后的历代统治阶级所利用，成为禁锢人的思想发展的工具。因此，在二十世纪头二十多年中，他的思想成为革命的先行者们批判的对象，这些先行者们的批判武器是自欧洲文艺复兴以来的西方思想。就在这些先行者们鞭挞朱熹的时候，尤其在第一次世界大战之后，随着德国施宾格勒（Oswald Spengler，1880—1936）《西方的没落》（1918—1922）一书的出版，一向自视为人类文明代表的西方思想界从文明人所进行的空前野蛮的战争造成的废墟中抬起头来，把目光转向了东方。他们研究东方的、主要是中国和印度的哲学思想，而朱熹便是很受注目的思想家。第二次世界大战后，朱熹哲学思想的研究在欧美和日本更是方兴未艾。德国汉学家阿尔弗里德·伏尔克（Alfred Forke，1867—1944）所著的三卷本《中国哲学史》（1927—1938 年出版），把以朱熹为代表的宋儒作为中国近代哲学的开端。他说："朱熹掌握了他那个时代的全部知识，因此与亚里士多德、托马斯·阿奎那或者莱布尼茨相比毫不逊色。"但他认为，他更接近莱布尼茨。日本学者渡边甚至说，没有康德便没有西方哲学，没有朱熹也不会有现代东方哲学。[1] 德国学者狄特·库恩（Dieter Kuhn）在他的

---

[1] 以上直接和间接引文以及其他东西方学者对朱熹的评价，请阅 A. Forke，*Geschichte der neueren chinesischen Philosophie*，Hamburg 1964，S.198—202。

《宋朝（960年至1279年）：一个反映着其文化的新社会》（*Die Song-dynastie*（*960 bis 1279*），——*Eine neue Gesellschaft im Spiegel ihrer Kultur*，Weinheim 1987）一书中指出，宋王朝这个时代只有欧洲历史上的文艺复兴时期能够与之相比，因为宋朝为一个本来有可能在中国开始的"现代"时期创造了社会的、经济的、科学的和艺术的前提。笔者罗列了东西方学者对于朱熹的赞誉之词并非试图责难"五四"前后的革命先行者们，更没有胆量"以洋人压国人"，说给那些认定中国传统文化本身就存在着落后机制的后行者们听。笔者只是想说明东西方两种文化互相寻找接触点，比较其异同，吸收对自己有益的东西，甚至把对方思想作为武器攻击自己的弊端，这是十分必要的，也是不可避免的。而且，以外来思想作为武器攻击自己的弊端并非自中国的革命先行者们始，更不是后行者们的"首创"。早在十八世纪，欧洲启蒙思想家伏尔泰、沃尔夫等人就曾以儒家的社会伦理思想为武器攻击欧洲君主和罗马教廷了。今后历史的发展中，谁当枪谁作靶，只求未来学家们去预测，笔者不敢多嘴。但有一点可以肯定，先进和落后绝不是任何民族所专有的，历史已证明这一点，现在还在提供着证明，未来也必将证明这一点。今天，我们在指出朱熹理学禁锢人们思想的一面的同时，研究他在科学和思辨方面的贡献并把他放到整个人类文化背景之前加以观察和评价。恐怕应当说也是我们这个高喊"使中国文化走向世界"的时代的一项工作吧。

作者附记：本文原系德文，为提交给 1988 年 11 月 14 日至 19 日在汉诺威举行的第五届国际莱布尼茨学术讨论会的论文。考虑到与会者绝大多数为西方哲学界人士，故文中对儒家的宇宙观作了简单介绍，这对中国读者也许是多余的。在草译成此中文稿时，为保持原稿结构上的完整，未作增删。敬请读者指正。

　　(德文稿原载：《第五届国际莱布尼茨讨论会报告文集》[V.Internationaler Leibniz-Kongress. Vörtrage] Hannover，14.—19. November 1988；中译文载：《四川外语学院学报》，1989 年第 1 期）

莱布尼茨在中国精神之旅的中途

　　莱布尼茨在他的精神之旅的中途。这个论题有两层含义。

　　其一，莱布尼茨由于语言障碍始终未能阅读到中文文献。直接阅读中文原始文献一直是这位长期研究一种通用语的万有学者的目标。从他关于中国文字的言论来看，他之所以将中文与他的通用语研究联系起来，似乎并不在于以中文为基础创造一种通用语言，而是探索一种哲学语言，一种通用符号，即他所称的 characteristica universalis，藉以表述一切思想，正如数学家藉助数字和符号表述数学理论那样。所以，1712 年 6 月 30 日，当东方学家克洛采（La Croze）写信告诉他，科普特人（古埃及基督教徒）的语言是破解埃及象形文字之钥，它像中文一样是一种哲学文字时，莱布尼茨回信说，假如科普特语能够帮助他认识中国文字，他将特别高兴，即便做不到这一点，那也是有意义的，因为科普特语毕竟也是一种哲学语言。他也曾对穆勒（A. Müller）所许诺的《中文之钥》一书的出版满怀期待，因为穆勒在他的《中文之钥》出版预告（"Propositio de clave sua sinica")中称，藉助此书可以在短时间内轻易地阅读中文并将之译成任何一种语言，甚至年轻女子和儿童都可以做到。

其二，莱布尼茨尚未接触到中国思想世界的全部，他未能读到除儒家以外的其他诸子百家的著作或者有关介绍，尤其道家的著作，他不了解中国的佛教，更不知道自唐宋以来儒、释、道三教合一的倾向。如果这位相信"前定和谐"（prästabilierte Harmonie），追求一种"万有知识"（scientia universalis）和文化整合（Kultursynthese）的万有学者了解这种情况，他会不会邀请略早于他的通晓儒、释、道三家学说的王夫之（1619—1692）到为教派之争所苦的欧洲作三教学说整合之可能性的演讲呢，正如他认为似乎有必要让中国派传授自然神学的传教士到欧洲那样？

一

莱布尼茨了解中国的渠道有三条：第一，有关中国的著作，其中有些是在华耶稣会士根据第一手材料写成的，如利玛窦的《中国札记》（*De Expeditiona apud Sinas*，1615）、卫匡国的《鞑靼战争史》（*De bello tartarico historia*，1654）、《中国新地图集》（*Novas Atlas sinensis*，1655）等，有些则是欧洲学者根据第二手材料写成的，如施皮茨（G. Spietzel）的《中国文学述评》（*Literaria sinensium Commentarius*，1660），基尔歇（A. Kircher）的《中华图志》（*China Illustrata*，1667）；第二，在华耶稣会士写给他的信，他与白晋之间的通信尤其重要[1]，其中讨论了中国文字、二进位与八卦、中西文化交流、科学与传教等问题；第三，中国儒家经典的拉丁文译本和在中国礼仪之争中产生的一系列关于中国的文章。

莱布尼茨了解中国的这三条途径，按其顺序讲，是他关于中国的知识逐步扩大和深化的过程。他通过第一条途径所获得的是中国的国情知识。在这一过程中，最重要的是，中国文字给他留下了深刻印象。李约瑟认为，莱布尼茨于1666年写成的使他成为数理逻辑之父的论文《组合论》（*De Arte Combinatoria*）便受到了中国文字之表意符号性质的影响。[2]至少可以说，他对于中国文字的认识比向他提供这方面的知识的基尔歇要正确得多。基尔歇在他的《埃及解谜》（*Oedipus aegyptiacus*，1652—1654）中提出了中国人源自埃及一说。他说，中国人和埃及人敬奉同样的神，其礼仪相同，埃及象形文

[1] 本文所引莱布尼茨的来往书信，除少数几封直接引自莱布尼茨《论文和书信全集》（*Sämtliche Schriften und Briefe*，Akademie-Verlag Berlin）以外，其他转引自：R.Widmaier：《欧洲在中国——莱布尼茨与白晋的通信》（*Europa in China . Leibniz' Briefwechsel mit J.Bouvet*），载《第五届莱布尼茨国际讨论会文集》（*Leibniz. Tradition und Aktualität. V. Internationaler Leibniz Kongress*，Hannover 1988），S. 1017—1024；D.Mungello：《莱布尼茨与儒家》（*Leibniz and Confucianism ，the search for accord*，Honolulu1977）；莱布尼茨：《关于中国哲学和二进位数体系的两封信》（*Zwei Briefe über das binare Zahlensystem und die chinesische Philosophie*，Stuttgart 1968）；莱布尼茨：《中国新事》（*Novissima Sinica*，Köln1979）；E.J.Aiton and Eikon，《五来欣造关于莱布尼茨和易经六十四卦的研究》，载：*Annals of Science*，38（1981），71—92。

[2] J. Needham（李约瑟），《中国科学技术史》（*Science and Civilisation in China*，Cambridge 1979），Vol.ll，P. 497。

字和中国文字也相近。[1] 他断言，中国人从埃及象形文字发展出他们现在使用的表意符号（Ideo gramme）[2] [3] [4]。甚至白晋（J. Bouvet，1656—1730），这位通晓中文的耶稣会士也在他于1701年11月4日写给莱布尼茨的信中支持这一论断。莱布尼茨在他于1672年向路易十四提出的《埃及建议》（*Concilium aegyptiacum*）中说："究竟中国人来自埃及人，还是后者来自前者，我不敢下断言。"这无疑是一个严谨学者的态度。他对埃及象形文字与中国文字之间的联系表示怀疑，他在1703年4月2、3日致白晋的信中说："我不知道，应对埃及象形文字说些什么，我很难相信它与中国人的象形文字有任何关系。我觉得埃及文字较为通俗，力求表示与诸如生物一类的可见事物的相似，最后达到比喻的目的；而中国文字却似乎以理智的思考为基础，如表示数、秩序和关系，所以，它只有抽象的笔画，这些笔画并不着眼于与物体形状的某些相似。"莱布尼茨在这里指出了汉字构成的一个基本事实：在汉字中占绝大多数的形声字的特点。所谓形声字，《说文解字》释曰："以事为名，取譬相成。"段玉裁在他的《说文解字注》中解释说："'以事为名'，为半义也；'取譬相成'，谓半声也。"如江、河，以三个点表示从属于水，工，可则是近似的音。这类字的构成的确和莱布尼

---

[1] A.Kircher，*Oedipus aegyptiacus*，Bd.I，S.396—397.

[2] A.Kircher，*Oedipus aegyptiacus*，Bd.II.S.8.

[3] A.Kircher，*Oedipus aegyptiacus*，Bd.II，S.499.

[4] 莱布尼茨：《单子论》（*Monadologie*，ins Deutsche übers von H.Glockner，Stuttgart 1986）56。关于莱布尼茨的单子论与朱熹的理体系的比较，参阅拙文《莱布尼茨与朱熹》，载：《第五届莱布尼茨国际讨论会文集》，Hannover 1988，第1048—1057页。

茨所说，是"以理智思考为基础"，只是"抽象的笔画"。以在1716年，即莱布尼茨逝世那一年，编成的《康熙字典》为例，全书收字47035个，其中形声字为42300个，占90%。姑且不说莱布尼茨在《组合论》中提出的那种表达思想的通用符号语言（而非拼音语言）是否受到汉字的启发，至少可以说，汉字以抽象符号表意这一品格正是莱布尼茨希望他所探求的通用符号（characteristica universalis）所应具有的品格。而且，后来他在1679年6月24日致埃斯霍茨（J. S. Elsholz）的信中还曾通过他的收信人询问《中文之钥》作者穆勒，中国文字是否便于和有成效地引进到欧洲。一直到1697年12月12日当他写信给白晋的时候，他还在考虑着他的通用符号。这是他写给白晋的十封信中的第一封，信中说：

> 在一段很长的时间内，我一直怀有一种思想，并希望将之付诸实施。然而考虑到缺乏时间和寻找助手的困难，至今未开始起步。按照我的意见，唯一真实的表现在于数和代数术语。假如我们能够以此解释抽象思想，那么，这便是最科学的方法……用这种方法，我们甚至可以向那些住在遥远的地方，说着另一种语言的人们解释我们的思想。它有着无限广泛的用途。比如，如果我们要广泛传布来自天启宗教的自然宗教思想，那么舍此便无更好的方法了……

二

　　但是，莱布尼茨关于他的通用符号的一段话却使白晋的
思想转向对《易经》的卦象的解释。他于 1698 年 2 月 28 日
致莱布尼茨的信中谈到他关于卦象的想法。他指出，柏应理
（Philippe Couplet）在《中国哲人孔子》一书的序言中列出了
《易经》的八卦图，即"文王八卦"。他在信中说："假如我有一
点儿时间，我将编一部《中国解谜》（chinesisches Oedipus）或
者对这个民族之原初文字的分析……我相信我已经找到了打开
它的锁钥。"白晋在这里将习惯上称的伏羲八卦看成是中国的
"初始文字"（erste Charaktere）。显然，他仍然从语言学的角度
让莱布尼茨注意研究此一古老的符号组合图形。实际上在《中
国哲人孔子》一书问世以前，于 1659 年出版的卫匡国的《中国
上古史》也介绍了阴阳符号所构成的文王八卦并附有六十四卦
图。人们有理由认为，莱布尼茨很可能是读过这些书的，只是
他并没有看出易卦与他的二进制的关系，也没有注意到如白晋
所认为的它对研究中国文字的意义。

　　莱布尼茨的二进制研究开始于 1679 年，现存有题为《论
二进位数体系》（De progressione dyadica）的残稿，莱布尼茨在
1696 年和 1697 年的许多信件中都讨论过他的二进制。最著名
的是他于 1697 年 1 月 2 日写给鲁道夫·奥古斯特公爵的新年贺
信，在这封信中他不厌其烦地解释他的二进制。他说，他要以
此揭示"创世奥秘"，"因为基督教信仰的一个主要之点便是上

帝之全能从无创造出万物，这是世俗贤人最少关注的，而且也没有将这一点教给异教徒。现在可以说，最适于想象、也最适于表述这一创世过程者莫过于这里所揭示的数字本源了，即用一与零或无来表述，大概在自然科学和哲学中很难找到更好的表现这个奥秘的图式了。"这就是说，他的二进制研究并非局限于数字本身，而是认为数具有形而上学价值。他在信中还提到，他现在正写信给在清王朝担任钦天监监正的耶稣会神甫闵明我（F. Grimaldi），通报这一创世秘密，让他将这一创世图示传授给中国皇帝，这将帮助后者逐渐认识到基督信仰的优越性。1701年2月15日，莱布尼茨致信在华耶稣会士白晋，解释了他的二进制和其中所包含的"创世过程"，他特别强调了二进制作为"创世图示"（imago creationis）对于在中国传教的重要性。1701年11月4日，白晋在复信中告诉莱布尼茨，《易经》中的六十四卦图不是别的什么，正是用二进制数码构成的创世图示。实际上，他认为，六十四卦图的创造机制与二进制数码的运算是一致的，而二进制运算又与事物创造过程一致，所以，六十四卦体系便是以前未曾为人所认识到的创世图示。白晋说，这是他的一个"发现"。他随信附寄一幅六十四卦环形和方阵形合图。由于白晋的"发现"，莱布尼茨觉得，他的二进制学说在《易经》的六十四卦中得到了认同。不论其中存在着多少误解，这至少坚定了莱布尼茨的信念，即相信真理存在于各民族之中。

实际上二进位制数列与六十四卦排列顺序相合，这完全是偶然的。至于莱布尼茨赋予他的二进制以形而上的意义并在白晋的提示下将他据此列出的他称之为揭示创世秘密之创世图示与《易经》的六十四卦认同，这尽管是种误解，但却是他在认识中国哲学中之宇宙起源学说的道路上迈出的重要一步，他只要再向前跨一步便可以到达目的。然而这对于不谙中文的莱布尼茨而言又是不可能的。因为无论是卫匡国、柏应理，还是曾奉康熙谕旨研习《易经》并呈上所撰《易学总旨》的白晋向西方介绍的仅是阴阳符号的构成和八卦以及六十四卦组合图（即卦形）。他们并没有解释卦的"卦爻辞"——卦形与卦爻辞共同构成古《易经》——并将之译成西文，更没有将解释经文的"传"——共七种十篇，即"十翼"——译成西文，甚至没有介绍《易经》全书的构成与各部分的内容。《易传》产生于战国末年和秦汉之际（公元前三世纪），汇总了儒家学者对《易经》的诠释，其中包含了儒家的宇宙生成说和世界观。《易传·系辞上》："易有太极，是生两仪，两仪生四象，四象生八卦"。这段话概括了儒家的宇宙生成说：太极为宇宙变化之本源，由此而生阴阳，阴阳动作而产生四象，即四时，四象而生八卦，即天、地、雷、风、水、火、山、泽，这是万事万物之根本。这便是解释宇宙之生成的太极阴阳论。莱布尼茨的《论中国哲学》一文中所评论的宋儒理学的宇宙生成理论便是由此衍生而来的。不过，这一学说的代表人物朱熹将太极与他的最高精神本体理等同了起来。建立了他的完整的理体系。正如莱布尼茨将上帝看成是解释世界的充足理由一样，儒家的太极论，将太极或理视为宇宙生成的第一理由。所不同者，在莱布尼茨，上帝并不是解释世界的原因链条的第一环，而是像阿基米德之点那样，处于行列之外，说明链条之为链条的充足理由。而在儒家，太极或者理既是解释世界之原因链条的第一理由，又是万物所由产生的本根。因为在莱布尼茨，上帝同时又是信仰对象，而在儒家，太极或理只是解释世界存在的形而上学本体。所以，即便莱布尼茨的二进制数列与六十四卦序列完全等同，后者也不可能成为他的创世图示，因为莱布尼茨的一是唯一的上帝，他从无创造出世界，而六十四卦中的阴阳是儒家解释世界的原因链条中并列的第二原因——如果可以这样说的话。

三

然而，莱布尼茨沿着二进制——六十四卦图这条路所未达到的，他却通过另一条途径遇到了。

1709 年 8 月，他在给博塞斯（Das Bosses）的信中说，他偶然在法国学术杂志上发现了几篇对龙华民（N. Longobardi）和栗安当（A. De Sainte Marie）的文章的评论。他在信中表示不同意龙华民和栗安当关于中国哲学的错误见解并为中国哲学辩护，而在此以前，他并没有就中国哲学问题发表意见。1672年 2 月 22 日，施皮茨在给莱布尼茨的信中提到耶稣会士殷铎泽（P. Intorcetta）将几部中国经典译成拉丁文，其中包含着关于中国社会的状况和道德哲学。莱布尼茨在同年 2 月 27 日和

3 月 8 日的复信中表达对殷铎泽译文的兴趣。当柏应理的《中国哲人孔子》（其中包括殷铎泽的译文）出版，耶稣会士帕波布洛赫（D. Papebroch）于 1687 年 1 月 26 日写信告诉莱布尼茨这一消息时，他在同年同月的回信中说，他知道柏应理的儒家经典的译文。在《中国哲人孔子》一书中，序言里包含有对中国哲学，即对宋儒的哲学概念的介绍和批判，但是莱布尼茨当时和后来并未就此发表意见。他在这封信中只希望柏应理能用拉丁文解释一下中文。他更大的兴趣似乎停留在中国文字上。令人费解的是，莱布尼茨，这位相信天赋观念、相信世界之前定和谐的哲人竟然没有就这些重要的儒家经典，尤其对强调人性天命、强调先验的善的《中庸》这部为宋儒所推崇的作品发表意见。事隔多年之后，雷蒙（N. De Remond）在 1715 年 4 月 1 日给他的信中还提到，他为莱布尼茨在《中国新事》一书的前言中未论及中国学者的体系而感到遗憾。他对中国哲学的兴趣似乎是从 1709 年他在巴黎读到关于龙华民和栗安当的评论以后方才开始的。

这里指的是龙华民的《论中国宗教的几个问题》（*Traite sur quelques points de la religion des chinois*）和栗安当的《关于中国教团的几点重要意见》（*Traite sur quelques points importants de la Mission de la chine*）。这两篇文章为了进行批判而介绍了中国哲学的基本概念太极、理、气以及从这些概念出发所展开的宇宙生成学说。另外，还就中国哲学中关于上帝、鬼神、灵魂等观念进行了评论。他们所依据的文献是明代学者胡广奉明成祖（1360—1424）之命编辑，于永乐十三年（1415）出版的宋代思想家文集《性理大全》。这部文集共七十卷，集中了宋代一百二十多位思想家的作品。后来，清康熙皇帝命李光地（1648—1718）"撷其精华"编成《性理精义》十三卷（附带说明，这位与莱布尼茨同时代的中国学者还编辑出版了《朱子全书》）。龙华民和栗安当的文章，尤其龙文大量引用《性理大全》中的段落，援引最多者是第二十六卷"理气一"、第二十八卷"鬼神"，其次是第一卷"太极图"（包括周敦颐的《太极图说》和朱熹的《太极图说解》）。这几卷收录的主要是宋儒的奠基者周敦颐、程颢、程颐和朱熹的作品。龙文引用朱熹的言论最多。龙华民和栗安当引用宋儒著作力图证明，中国人的学说中没有绝对纯精神性的本体，中国哲学中的理、太极都是物质性的。他们甚至认为，中国古代典籍中的上帝、天、鬼神等概念，由于宋儒用理和气这两个概念来解释，也都是物质性的。从上文提到的1709年8月莱布尼茨致博塞斯的信中可以看到，他仅仅根据关于这两篇文章的评论便能够立即作出正确的判断。此外，这封信还包含了他后来完成的《论中国哲学》一文的基本思想。但他动手写这篇论文则是在他直接读到龙华民和栗安当的文章之后：1714年10月12日雷蒙致信莱布尼茨说，他读过龙华民和栗安当关于中国哲学的论文，他很想知道莱布尼茨对这两篇文章的看法。随后他便将1701年在巴黎出版的包括这两篇论文的文集寄给莱布尼茨。1715年4月1日雷蒙致信莱布尼茨重申他的请求。1716年1月13日，莱布尼茨在给博塞斯的信中谈到：“我刚好为巴黎的一位朋友用法文写了一篇关于中国人的自然神学的论文。我在论文中探讨了中国人关于上帝、鬼神和灵魂的学说。”1716年1月17日，他致信雷蒙说，他已完成论文。同年3月15日雷蒙致信莱布尼茨表示他已经在急切地等待读到此文，他说：“我为此而无法安眠。”莱布尼茨于当月27日回信说：“我必须稍微从容一些，以便全部完成我这篇关于中国人的自然神学的论文。”莱布尼茨于1716年11月4日逝世，他终于完成了这篇不朽的论文。但是，人们在原稿上发现，第四章的末尾未加句号，这是否说明这位巨人意犹未尽？

正如莱希威因在《易经》中从阴阳符号的不同组合的六十四卦中看到了与莱布尼茨由1与0的组合构成的数列的近似那样，莱布尼茨则从宋儒理学中看到了与自己的单子论的共同点。“单子的序列和它们的‘前定和谐’近似宋儒之理在每一形式和机体中的无数个体性表现”。莱布尼茨从龙华民和栗安当对宋儒的曲折介绍中发现了朱熹之作为最高本体存在的理的精神属性与他的作为世界之“原初中心”的上帝、朱熹之超验的理体系与他的“前定和谐”、朱熹之决定事物本质的理与他的“在自己的感知中”和“按照自己的方位反映着整个宇宙”的单子这其间所存在着的近似点。可以说，龙、栗两文为莱布尼茨进一步阐发他于1714年写成的《单子论》，为他把自己的学说“同古人和其他有才干的人物的学说加以比较”（1714年8月26日致雷蒙的信）提供了材料和机会。

四

　　一个人很难超越他的时代，因此也不容易摆脱时代所加给他的意识形态的、宗教的和民族的偏见。莱布尼茨是时代的巨人，他绝少偏见，这是他的"前定和谐"世界观所决定的。由此出发，他承认非欧洲的意识形态、宗教和民族文化的独立存在。关于中国，他说："独特的命运决断——我认为——使今天人类最高的文化和最高的技术文明集中于我们大陆的两端：欧洲和中国，后者如东方的欧洲装饰着大陆的另一端。也许至高无上的天命所遵循的目的便是——当最文明的（而同时又相距最遥远的）民族互相伸出臂膀的时候——便将存在于两者之间的一切人纳入更富有理性的生活。"[1] 这是他通过当时涌向欧洲的关于中国的报导所达到的认识。应当说，这基本上符合当时欧洲和中国社会发展的实际情况。

　　莱布尼茨是启蒙运动的先驱，但他并不像后来的伏尔泰那样狂热的反对宗教和教会统治。他一方面从"前定和谐"说出发，认定（基督教所信仰的）上帝所创造的我们生活于其中的这个世界是一切可能的世界中之最好的世界，从而证明上帝之全能、全知和全善。而世界的弊端和道德上的丑恶是人自身和人与人相互造成的。他说："尽管我们已经经受着自然所加给我们的如此多的烦恼，但我们还在为自己增添种种苦难，好像从

---

[1] 莱布尼茨：《中国新事》，11。

其他地方得不到似的。"[1] 但在另一方面，莱布尼茨并不认为基督教是清除人间弊端和道德沦丧的唯一手段。在这一方面，他偏偏又提到中国人："如果说有哪一个民族为清除此一弊端——不论是以什么方式——创造了一种拯救办法的话，那么，与其他民族相比，中国人的办法肯定属于较好者之列，他们在其巨大的人口群体中所达到的几乎超过我们这里的宗教教团的奠基的人们在其狭小的范围内所能够做到的。"[2]

当然，对于在基督教文化氛围中生长和形成其学说的莱布尼茨而言，解释我们这个世界的最高精神本体是上帝，是"原初单子"。不过，莱布尼茨似乎并不认为其他民族，其他宗教不可以以其他名义来称谓此一精神本体。他在他的《论中国哲学》中评论朱熹的理时写道："根据所有这一切，人们为什么不可以说，理即我们的上帝，即此在甚至事物的可能性之终极的理由或者——如果人们愿意如此表述的话——第一理由；即寓于事物中之一切善者之源；即安那克萨戈拉（Anaxagoras）以及其他古代希腊人和罗马人分别称之为 Vous 和 Mens 的原初理性呢？"[3] 上帝、理、此在之终极或者第一理由、一切善者之源、原初理性指的都是一个东西，即绝对本体（Die absolute Substanz）。他说："根据所有这一切，人们为什么不可以说，中国人的理就是我们在上帝的名义下所敬拜的那个绝对本体

---

[1] 莱布尼茨：《中国新事》，11。
[2] 同上。
[3] 莱布尼茨：《关于中国哲学与二进位数体系的两封信》，46。

呢?"[1] 如果我们可以冒昧地用乔姆斯基（A. N. Chomsky）的语言理论模式来表述，此绝对本体即深层结构，而上帝、理、终极或第一理由、一切善者之源、原初理性则是其生成转换形式。我们也许可以说，莱布尼茨并没有认为上帝是唯一的绝对本体。这在当时的欧洲不能不认为是极其难能可贵的。

莱布尼茨不懂汉语，但却能把握住汉字的特点；他没有读汉语文献，但却能从第三者曲折的转述中把握住程朱哲学的本质。总之，他对中国的了解远远胜过他的同时代人，甚至"后来的一些汉学家"。[2] 我们在这里是否可以将一句老话反其意而理解：偏见比无知距离真理更远?

（德文稿载《第六届国际莱布尼茨讨论会报告文集》（*VI. Internationaler Lelbniz-kongress*. Vorträge l.Teil），Hannover，18.-23. Juli 1994。）

---

[1] 莱布尼茨：《关于中国哲学与二进位数体系的两封信》，49。
[2] Needham，Vol.ll，502.

《中国哲人孔子》中的孔子形象

一

《中国哲人孔子》（*Confucius Sinarum Philosophus*）于 1687 年在巴黎出版。据丹麦学者龙伯格（Knud Lundbaek）考查，从它序言原稿上的修改痕迹看，耶稣会在华教团早在此以前二十年就已经准备出版这部著作了。这是完全可能的，因为在当时作为本书署名译者的郭纳爵（Jnacio da Costa，1606—1666）和殷泽铎（Prosper Intorcetta，1625—1696）合译的《大学》和《论语》的前十章，后者即习惯上所称的《上论》，于 1662 年问世；殷泽铎译的《中庸》于 1667 年刊布。就本书所收的范围看，所缺少的只是《论语》的后十章，即习惯上所称的《下论》；不过，也许早已存有成稿。在四位署名编译者中，柏应理（Philipp Couplet，1622—1693）实际上并未具体从事翻译工作，他之被列于编译者的首位是由于他在耶稣会中国传教团担任职务，并以全权代表身份奉派返欧述职和主持该书出版的缘故。

与原稿相比，经修改后的序言以正面阐述耶稣会的传教方针为主，删去了对于他们在"中国礼仪之争"中的对手的公开责难。[1] 这说明，在该书成书的过程中，"礼仪之争"一直困扰着耶稣会在华的传教士们。由此可以看出该书出版与"礼仪之争"的联系。

《中国哲人孔子》全书共 522 页，按顺序为：致路易十四的献词（6 页）、序言（108 页）、孔子小传（8 页），正文即《大学》、《中庸》和《论语》的译文（267 页），以及附录（139 页）。除正文以外，其余部分共 255 页，几乎占了全书篇幅的一半。附录部分包括：1. 从黄帝至基督降生，即汉哀帝元寿二年的中国王朝纪年表，表前有长达 30 页的引言。2. 基督降生至 1683 年，即汉平帝元始元年至清康熙二十二年的中国王朝纪年表，表前有长达 14 页的引言。3. 中国现状概要，包括行政和军事区划、城镇、户籍、丁男、山川、河流、湖泊的统计数字；学校、藏书楼以及秀才、举人、进士的数字；释道两教寺庙、道观和僧人、道士的数目以及天主教教堂和教徒数目；最后还有税收情况。书末附有一幅中国地图，图上标有耶稣会所设教堂的所在地，图下文字说明列出了耶稣会分散于各地的传教士数目。从附录内容可以看出，本书译者们试图对以前耶稣会士关于中国国情的报道和在华

---

[1] 原稿藏巴黎国家图书馆（拉丁文藏书号 6277）。序言中云："自耶稣会打通进入中国的道路以来，已经八十年了。"其中八十被改为一百。另外，一些指名责难"礼仪之争"中的对手的地方，删去了对手的名字，语气有所缓和。请参阅 K.Lundbaek, The Image of Neo-Confucianism in 《Confucius Sinarum Philosophus》, in *Journal of the history of Ideas*, 44（1983）, pp.19—33。

耶稣会教团传教活动的发展给以全面、简洁的总结。

历史地看，这本书所包括的内容可以说是金尼阁（Nicolai Trigault，1577—1628）在该书问世七十多年前在《基督教远征中国史》的"致读者"中所许诺而未能完成的东西。他写道："如果上帝保佑，在那么多的颠沛流离之后，我还能被允许返回我原来的岗位，并且如果假我以若干年的光阴，那么我将为你们写一部有关中国人风俗习惯的记述和一部中国编年史概要，它将从四千年前谈起，按时代顺序毫不间断地写下来。它也将包括一部选自中国伦理书籍的译成拉丁文的箴言集，让人们看到他们是如此善于辩论道德问题，从而可以了解这个民族的精神是多么适宜于接受基督教的信仰。"[1] 诚然，金尼阁提出的题目后来已由他的会友部分实现了，如卫匡国的《中国上古史》、《鞑靼战争史》和《中国新地图集》，安文思的《中国现状》，曾德昭（Alvaro Semedo，1586—1677）的《大中华帝国史 》（*Relation della grand monarchia della China*，Roma 1643）等。然而，关于中国人"辩论道德"的书却一直没有在欧洲出现，而这正是金尼阁所要让欧洲读者了解的"这个民族的精神"之所在。《中国哲人孔子》一书弥补了这一空缺。如果说，金尼阁当年计划介绍中国"伦理书籍"的目的是为了让欧洲人了解"这个民族的精神是多么适宜于接受基督教信仰"，以求得欧洲

---

[1] M.Ricci, N.Trigault, *De Christiana Expeditione apud Sinas*, Augsburg 1615, ad lectcrem；何高济等的中译本名为《利玛窦中国札记》，北京：中华书局，1983 年，第 42 页。

君主和教廷的支持，"促进在华的传教事业"[1]，那么处于强加的"礼义之争"中的《中国哲人孔子》的译者们，除了达到这同一目的之外，还要让欧洲人了解耶稣会在华的传教方针和在这一方针指导下他们所取得的成就，从而得到欧洲教会内外人士的理解和支持，以便使自己摆脱所处的困境。这一点我们从对全书内容编排的分析中看得十分清楚。

二

这部书的出版时间正值历时百年的所谓"中国礼仪之争"的中期[2]，因此，当处于这场争执的困境之中的在华耶稣会士们准备发表儒家经典的拉丁文译本时，他们必须冒着宣扬异端邪说的风险。所以，柏应理等人一方面极力提高他们的出版物的权威性和官方性质，藉以加强自己在争论中的地位。他们把在争夺对天主教海外传教活动的控制权中渐渐取代葡萄牙的法王路易十四抬出来，在该书的封面上赫然大书"路易大王敕谕"、"王家图书馆主持出版"等字样，封

---

[1] Ricci-Trigault 何译本，第 40 页。
[2] 一般认为，"礼仪之争"开始于 17 世纪 30 年代，结束于 18 世纪 40 年代。1635 年，马尼拉大主教根据在华多明我会和方济各会教士的报告，向教皇乌尔班八世（Urban VIII，1623—1644 年在位）报告，指控耶稣会容忍中国基督徒敬天、祭祖、祀孔等所谓异端行为。耶稣会起而为自己辩护，争论于是开始。中间几经反复，最后在 1742 年教皇本笃十四世（Benedict XIV，1740—1758 年在位）判定中国礼仪为异端行为，明令禁止，争论乃停息下来。随之，清廷下令禁教，于是，耶稣会在华持续一个半世纪之久的传教活动也告结束。

页之后便是由柏应理署名、题为"献给无限忠于基督的国王路易大王"的献词。献词中说:"在您的关怀和慷慨支持之下,孔子被领到了陛下面前。尽管关于他的智慧在他的人民中间流传着令人难以置信的评价,然而他却趋步走到陛下脚前,赞颂你的智慧并且承认,他跟您相比犹如星星之于太阳,黯然无光。"[1]怪不得当时一个名叫莫兰(G. W. Molanus)的人在他收藏的《中国哲人孔子》一书的献词结尾柏应理的名下批曰:"最无耻的吹捧!"(adulator mendacissimus!)[2]评语似嫌尖刻,但也不无道理。另一方面,他们反复解释他们翻译出版这部书的目的。他们极力表白,他们的目的仅仅在于传教,以免受到投合读者好奇心和宣扬异端的非议。在序言中,首先便开宗明义的写道:"我们的目的并非为满足那些生活于欧洲的人们的消闲和好奇心,而是为了给那些航行到欧洲之外、在大地的另一端传布福音之光者以实际有用的东西。"这就是说,这不是一本闲书,而是具有实用价值的著作。它的实用价值何在?序言解释说:"我们将我们的精神产品公之于众,不是为了向欧洲人炫示中国的智慧,而是为了传授给东方教团的后备力量以经验,授予这些士兵以武器;那些异教徒正是被我们按照基督统帅的命令用这套武器战胜的,他们(按指异教徒,即中国人)并为此沾沾自喜。一百多年的实际运用教会了我们,

---

[1] Philippe Couplet, *Confucius Sinarum Philosophus*, Paris 1687, S II.

[2] 参阅 David E. Mungello, *Curious land. Jesuit accommodation and the Origins of Sinology*, Stuttgart 1985, p. 259。

钓人的渔夫[1] 如何巧使鱼饵，使吞饵的中国人落入网中以及如何向圣洁的大商贩（按指传教士）提供赢得异教徒并使之感到高兴的商品。"[2] 他们在序言中所宣称的这一目的，固然是为了说明他们出书的意之所在，但同时也包含着事先为自己辩白，以免事后为争执对手造成攻击口实这样一层用心。当然，这种目的本身或者更正确地说，译者们评价事物的天主教神学观念不能不在某种程度上影响着他们在书中所推出的孔子形象。

三

译者们在序言中用一个欧洲读者所熟悉的哲人爱比克泰德（Epictetos，约50—约140）来比拟孔子这个陌生的东方哲人，序言中写道：

> 在欧洲，当苏格拉底、柏拉图、塞内加和普鲁塔克几乎已经尽人皆知的时候，难道我们不可以希望我们的中国爱比克泰德受到重视，至少听到赞赏声么？[3]

他们在这里把孔子比作斯多亚派哲人爱比克泰德，这并

---

[1] 耶稣门徒中有不少是渔夫，如彼得、安得烈、雅各、约翰、多马等。故后世常以渔夫称教士或教徒。

[2] Ph.Couplet, *Confucius Sinarum Philosophus*, Proemi Declaratio, S.XIII.

[3] Ph. Couplet, *Proemialis Declaratio*, S.XIV.

非全无道理。尽管两人经历大不相同，但两人都是道德高尚的人，在晚年都退出公共生活、专心授业解惑。像孔子那样，爱比克泰德的言论也是由自己的学生辑录成书的，书名《谈话录》(*Diatribai*)。译者给孔子的《论语》所译的拉丁文标题"Ratiocinantium Sermones"（《富有理性者的谈话》）更容易使欧洲读者把这两位哲人联系在一起。然而，更加重要的是两部书讨论的都是道德问题，而且在某些方面也有相同点，如爱比克泰德主张人人都是兄弟，这近乎《论语》中说的"四海之内皆兄弟也"。[1] 不过，两人讨论道德的出发点是大相径庭的。孔子强调个体人格修养，即所谓"为仁由己"[2]、"我欲仁，斯人至矣"[3]。他虽然"畏天命、畏大人、畏圣人之言"[4]，但又认为，一个人应"无终日之间违仁，造次必如是，颠沛必如是"[5]，"求仁而得仁，又何怨？"[6]因此，他被人视为"知其不可而为之者"[7]。可见，他并不完全屈从于命运。他虽然说："获罪于天，无所祷也"[8]，"不语怪力乱神"[9]。他对鬼神问题是存而不论的。爱比克泰德则不然，他认为人的道德来自神，他说："神是有益的，善也是有益的。那么似乎神的本质在哪里，善的本质也就在哪里了。"他认为，人是"一个头等的存在"，是"神

---

[1]《颜渊》。
[2]《颜渊》。
[3]《述而》。
[4]《季氏》。
[5]《述而》。
[6]《宪问》。
[7]《宪问》。
[8]《八佾》。
[9]《述而》。

灵的本质的一个特殊部分"，并且在"自己身上包含着神的某一部分"。他说："你带着神跟你在一起，可怜虫，可是你并不知道。"[1] 实际上这就是说，人的善的本质——包括道德——全来自神。至于人本身，爱比克泰德说，只是被囚禁于现世肉体之内的囚犯，神也不能使肉体自由，但是他给了我们一部分神性。[2] 在他看来，人只能屈从于命运。他不像孔子那样，"知其不可而为之"，而是"好好地运用我们能力范围以内的东西，别的就听其自然吧！'自然'是什么意思呢？就是神的愿望"。[3] 这听起来宛如后来的基督教伦理学者的口吻。而且，爱比克泰德也像后来的基督徒一样，主张人们应当爱自己的敌人。[4] 而孔子却主张"以直报怨，以德报德"[5]。

耶稣会译者们用这样一个人与孔子相提并论，除了便于使欧洲读者理解他们所介绍的孔子的思想以外，还有更深一层含义。西方哲学史上一个不容忽视的事实是，斯多亚学派的许多观念为基督教神学接受了下来，如它所宣传的人类一体、人类平等、人类受制于同一主宰的观念，它所提倡的恬淡寡欲、节制有度的生活原则以及关于逻各斯（宇宙理性）的理论等等，都先后经过基督教神学家的改造，变成了他们自己的东西。就爱比克泰德而言，他的学说更带有基督教伦理学色彩，所以，

[1] 以上引文出自北京大学哲学系编：《西方哲学原著选读》，北京：商务印书馆，1988 年，上卷第 192—193 页。

[2] 罗素：《西方哲学史》，何兆武和李约瑟合译，北京：商务印书馆，1982 年，上卷第 333 页。

[3]《西方哲学原著选读》，上卷第 192 页。

[4] 罗素，上卷第 334 页。

[5]《宪问》。

他的《谈话录》经常为神学家引用。序言的作者把孔子称为中国的爱比克泰德，这实际上就是说，他的学说接近基督教伦理学，从而给孔子涂上了一层基督教色彩。

四

耶稣会译者们似乎认为在序言中把孔子称为中国的爱比克泰德尚嫌不足。在孔子小传中他们径直将孔子描绘成了基督教先知式的人物。这篇长达八页的小传真正叙述孔子生平事迹的篇幅不足三页，其余一半多的篇幅用来叙述据认为是孔子所说的"西方有圣人"一语的含义与东汉明帝感梦求法误得佛经的故事。

小传说，孔子被中国人称为中国哲学的创立者。他少年老成，六岁时便像成人一样，提着水罐行走时目不斜视。他按照被称作"俎豆"的最古老的礼仪陈列供品，而且总是在敬天之后方才享用。[1] 后一段描写的根据是《史记·孔子世家》，其中说："为儿嬉戏，常陈俎豆、设礼容。"只是小传作者把祭祀时盛供品的容器俎豆错误地当成了古代礼仪的名称，而且给孔子的儿时游戏染上了一层敬天色彩。

关于孔子的学说，传记作者说，这并非他本人的创造，他主要是从尧、舜这两位君主和立法者那里接受下来的。[2] 这种

---

[1] Ph.Couplet, *Confucius Sinarum Philosophus*, *Confucii Vita*, S. CXVII.
[2] Ph. Couplet, *Vita*, S.CXIX.

说法根据的是孔子自己的话："述而不作，信而好古。"[1] 不过，作者在这里用"立法者"（legislator）这种带有基督教色彩的字眼来称谓尧、舜，无异于将尧舜神化，把孔子当成接受神的律法的摩西了。

所谓孔子的"西方有圣人"一语在小传中被大事渲染，小传作者说：

> 他一再重复说，西方有圣人。然而，他并没有肯定这话是指谁、是针对什么情况而言。哲人的话到了基督降生六十五年，即汉明帝时代才得到验证。[2]

作者接着叙述了汉明帝夜梦"西方来的圣人和英雄"（sanctus ex occidente heros）的故事，说他有感于此梦便派蔡愔和秦景前往西方去请圣人。他们两人向着一个离红海不远的岛屿进发，但是他们没有继续前进，而是中途折回带着"叫作佛的偶像和可诅咒的经典"返回中国复命。小传断言，当佛教"这一瘟疫在中国蔓延开来的时候，使徒多马[3] 正在印度传布福音。自从中国人崇拜偶像以后，便远离了他们先师的真正学说和古人的教导"。小传作者指出，明帝梦见的圣人和英雄不是别人而是

---

[1]《述而》。

[2] Ph.Couplet，*Vita*，S.CXX.

[3] 多马（Thomas），耶稣十二门徒之一，加利利人。传说他和下文提到的巴多罗贸（Bartholomaios）都曾到印度传布"福音"，其事迹见《新约·约翰福音》20.24—29。

耶稣。[1] 这段汉明帝感梦求法误得佛经的故事，利玛窦在他的《基督教远征中国史》中也曾有记述。不过，他没有认定明帝梦见了"西方圣人"，更没有指明此"圣人"即耶稣，而只是说："据现存的文字记载说，中国皇帝梦中受到启示而派遣使节到那个国家（按即印度）。使节们带回了经卷以及译者，把经卷译为中文。"[2] 关于所谓使者误得佛经的原因，利玛窦说，中国使者西去的时候，使徒巴多罗贸和多马正在印度"传布福音"。因此，中国人听到"福音书中的真理"受到感动，进而"向西方学习它"并不是不可能的。"然而，或是由于他们使者的错误，或者因为他们所到国家的人民对福音的敌意，结果中国人接受了错误的输出品，而不是他们所追求的真理。"[3] 小传作者和利玛窦都把佛教典籍中关于汉明帝感梦遣使求法传说的记载[4] 篡改为有利于基督教的内容。前者更把所谓孔子"西方有圣人"的说法与之联系起来，于是，汉明帝夜梦"西来圣人"便成为孔子预言的验证，而孔子本人则无异于基督教的先知了。

所谓"西方有圣人"一说最早见于《列子·仲尼篇》，原文为：

商太宰曰："三王圣者欤？"孔子曰："三王善任智勇者，圣则丘弗知。"曰："五帝圣者欤？"孔子曰："五帝善

---

[1] Ph. Couplet, *Vita*，S.CXX-CXXI.
[2] Ricci/Trigault，S.110，何译本第 105 页。
[3] 同上，何译本第 105—106 页。
[4] 最早记载见于袁宏（328—379）的《后汉纪》卷十《孝明皇帝纪》，后来又被《牟子理惑篇》、《四十二章经》等佛教著作引用。

任仁义者，圣则丘弗知。"曰："三皇圣者欤？"孔子曰："三皇善任因时者，圣则丘弗知。"商太宰大骇，曰："然则孰者为圣？"孔子动容有间，曰："西方之人，有圣者焉，不治而不乱，不言而自信，不化而自行，荡荡乎民无能名焉。丘疑其为圣，弗知真为圣欤？真不圣欤？"

后来，许多佛教僧人的著作都引用《列子》的这段话，用孔子之口来美化佛教，唐代僧人道宣（596—667）在他的《归正篇》中全文引用了《列子》中的这段话，然后断言："据斯以言，孔子深知佛为大圣者也。"实际上，用《列子》这部伪托列子、实则出于晋代道家之手的著作来作为孔子预言"佛为大圣"的依据是根本站不住脚的。小传作者以此证明孔子曾预言此西方圣者为耶稣更近乎荒唐了。不过，佛教和基督教传入中国的时间尽管间隔千余年之久，但其初期的传教手法却有个共同点，即都试图用孔子这个中国人的精神权威来肯定和抬高自己的信仰。

五

本文不拟就《中国哲人孔子》一书的翻译问题进行讨论。耶稣会译者们作为学者，其译事是严肃认真的，基本上传达了学、庸、语等儒家经典的内容。然而，他们作为基督教传教士，在评价事物时又摆脱不开他们的基督教观念，译者们在序言的末尾明确写道："从对古典经书的研究可以认定，这些经书接受了福音之光。"[1] 这说明，他们是以基督教自然神学[2] 的观点研究和评价儒家经典著作的。这种观点不可避免地影响了他们的翻译和解释。他们在对一些概念和语句的翻译中，要么选用带有基督教色彩的词语，或者从基督教神学观念出发对原文进行解释。下面按学、庸、语的顺序摘其主要者加以讨论。

译者们认为《大学》全书"表现出崇尚理性的精神"，他们评论说："当欧洲和亚洲还处在迷信状态的时候，中国人中间已经形成了完美的道德。他们的居室和国王的宫廷已经成为道德的圣殿。"[3] 这里显然把《大学》中所宣扬的政治伦理思想过分理想化了。应指出，译者在称颂《大学》的理性精神时所强调的是区别于神的启示的那种精神，从基督教观点看，人的理性来自神，即是神所赋予人的。

《大学》中的开篇之句"大学之道在明明德"中的"明德"被译为 rationalis natura a caelo indita（为天所赋予的具有理性的本性），[4] 这符合朱熹的解释："明德者，人之所得乎天，而虚灵不昧以具众理而应万事者也。"[5] 然而，译者们意之所在却不

---

[1] Ph. Couplet, *Promialis Declaration*, S.CXIV.

[2] 自然神学（Natürliche Theologie）旨在说明，上帝的存在可以用人人所具有的理性的自然手段加以证明。按照自然神学观点，即使没有神的启示、没有信仰，所有的人藉助自己的经验和理性思考至少可以知道：上帝存在着，他是全能、全知、无所不在和永恒的，他是整个世界的根据和本始。首先提出自然神学概念的是托马斯·阿奎那（Thomas von Aquino，1225—1274）。这一神学传统一直到近代都发挥着重要影响。

[3] Ph. Couplet, *Confucius Sinarum Philosophus*, Liber Primus, S.38.

[4] Ph. Couplet, *Confucius Sinarum Philosophus*, Liber Primus, S.1.

[5] 所引朱熹注释均见朱熹《四书集注》有关章节，下同。

在此，而是侧重于朱熹的解释跟基督教的自然神学观点是一致的。只是在前者为作为本体存在的非人格的天，在后者则是基督教敬拜的赋予人此一理性的人格神（Deus）。译者们解释说，天就是中国古代经书上的上帝，从中国古人使用上帝这个概念来看，他们的确认识到了真神（Deus）的存在。这就是说，中国古人尽管未受到神的启示，但却藉助于由神所赋予的理性达到了对神（Deus）的认识。所以"为天赋予的具有理性的本性"中的天也是基督教所敬奉的神的别名。

六

《中庸》的首句："天命之谓性"被译为 Id quod a caelo est homini inditum dicitur rationalis（由天所赋予人者叫作具有理性的本性）[1]，这句话的译法与"明德"的译法是一脉相承的。译者在《中庸》最末一节引《诗经·大雅·皇矣》"予怀明德，不大声以色"一句的译文之后解释说，这里的"明德"与《大学》的"明德"、《中庸》的"天命"，都是指 portio illa rationalis a caelo homini indita（天授予人的那部分理性）。[2]

《中庸》中的一个重要概念是"诚"。译者继续沿着翻译"明德"一词的思路走下去，进一步阐发了他们的自然神学观

---

[1] Ph. Couplet, *Confucius Sinaram Philosophus*, Liber Secundus, S.1.
[2] Ph. Couplet, *Confucius Sinaram Philosophus*, Liber Secundus, S.94.

点。他们根据朱熹的解释"诚者，真诚无妄之谓，天理之本然也"，把诚译为 verum, solidum absque fictione（真实而无虚妄），而将朱熹的"天理之本然也"一语改为 caelestis ratio omnibus indita（被加诸一切之中的天的理性）。[1] 译者解释说诚是由天所加诸人的道德和完美品格，这叫作"圣人之德"。译者据此把"至诚之道"译为 summe perfecti ac sancti virtus（至完美和至圣者的道德）。[2] 应当说，翻译和解释与《中庸》原义和朱熹注释没有多大出入，但接着译者离开原文评论道，从孔子及其弟子关于"诚"和与之相联系的"至诚"的言论可以看出，他们已经认识到"至上神"（supremum Numen）的存在。正如以往使徒、神学家和圣徒在异教民族中所发现的情况那样，这些言论与其他异教哲学中（关于神）的内容是一致的，即他们全都从伦理的角度解释神（Deus）的存在。[3] 在另一个地方，译者甚至说，诚的意思是 spirituum veritas（神灵的真实性），即神灵实实在在地显现出来。[4]

　　道这个概念在《中庸》中多次出现，在不同的上下文中有着不同的含义。译者在不同场合把道分别译为 regula（准则）、regula rationis（理性的准则）、regula ac ratio（准则和理性）、ratio ac virtus（理性和道德）、consentaneum rationis（理性的和谐）等。这些译法大致都没有违背原意。但在有些地方，译者选用的道的相应的拉丁

---

[1] Ph. Couplet, *Confucius Sinarum Philosophus*, Liber Secundus, S.67.
[2] 同上，S.69。
[3] 同上，S.69。
[4] 同上，S.52。

文词却带有明显的基督教色彩。如"忠恕违道不远"[1]中的道被译为 regula et lex naturalis（准则和自然法）。[2]所谓自然法是基督教自然神学的一个重要概念，用来区别于神启的律法，指寓于人的天性之中的、人通过理性所认识到的道德准则。另外，译者在"大哉，圣人之道"[3]一句中，把"圣人之道"译成 sancti viri ex et virtus（被奉为圣者的人的法和道德），[4]译者在这里选用的拉丁词 lex 也不是一般意义上"法律"，而是体现上帝神圣意志的律法，因为在基督教神学看来，上帝是最高的立法者。

上文提到的译者所称的孔子"西方有圣人"一说在《中庸》译文中作为解释再次出现。《中庸》中有一段话说："大哉圣人之道，洋洋乎，发育万物，峻极于天。优优大哉，礼仪三百，威仪三千，待其人而后行。"译者将"待其人"译为 quod veniet eiusmodi summe sanctus vir，意为：一直到那样一位至圣的人出现。译者解释说，这些美德要由一位"领袖和导师"（Dux et Magister）来付诸实施，这个人就是《西比尔预言》所指的耶稣。[5]所谓《西比尔预言》（Sibyllische Orakel）收录了产生于公元前二世纪的古犹太女巫西比尔的预言，基督教神学家认为，这里所称的救世主即指耶稣。译者说，中国人当中也一直存在着类似的传言，如孔子曾说："西方有圣人。"译者断言，孔子

---

[1]《中庸》。
[2]同1、2，S.48。
[3]《中庸》。
[4]同1、2，S.77。
[5] Ph. Couplet, *Confucius Sinarum Philosophus*, Liber Secundus, S.78.

所称的西方即位于中国西方的巴勒斯坦。[1]

《中庸》有一段话说："鬼神之为德，其盛矣乎！"译者将鬼神译为 spiritus，基本符合原义。译者在评注中称，中国人对鬼神的解释尽管不同，甚至相反，不过也存在着一种"为全国所一致接受的"说法，即鬼神是"人们为之献祭以表示敬畏和对之祈求保佑的神明"。但接着译者却推断说："看来鬼神似乎是上帝（Deus）委派的、管理不同方面的代表。"[2] 于是，中国人观念中的鬼神变成了基督教所信奉的上帝的下属。

译者还清楚说明了他们翻译《中庸》的动机："我们不是从这些古代的花朵中寻找毒液，而是吸取其蜜汁。这就是我们翻译《中庸》所想做到的，这是在此以前利玛窦和其他神甫们所已经做过的。"[3] 这里所谓"蜜汁"，大概就是利玛窦所说的儒家思想中与基督教教义"几乎完全一致"的那些东西。[4] 译者接着便说明了他们吸取这些"蜜汁"的用意："我们要像哲罗姆和奥古斯丁那样来对付异教徒，即利用他们（即异教徒）自己的哲学这一有利的武器。"[5] 在这里，译者们再次说明他们在序言中所宣称的介绍儒家学说的目的。

---

[1] 同上。
[2] 同上，S.50。
[3] 同上，S.96。
[4] 参阅 D.E.Mungello，p.63。
[5] Ph. Couplet，Liber Secundus，S.96.

七

在《论语》这部列于孔子名下、他们称之为"关于道德的言论和箴言"的著作的译本中，耶稣会译者们从三个方面渲染基督教观念：在一些地方，把相信命运、相信道德的先验性强加给孔子；让对鬼神问题存而不论的孔子相信并崇敬鬼神；从基督教义出发解释某些章节，从而证明中国人早在耶稣降生之前就已经认识和敬拜至上神，即基督教信仰的神。

《为政》（2·4）孔子自述其为学历程的那段话中有"五十而知天命"一语。朱熹注曰："天命即天道之流行而赋于物者，乃事物所以当然之故也。"朱熹训天为理，把天命解释为事物由天（理）所获得的本质。译者将孔子的话和朱注混在一起译为：Quinquagenarius protinus cognovi caeli providentiam adque mandatum，& suam rerum singulis a caelo inditam esse naturam，vim rationem（我从五十岁开始认识到上天的旨意和命令以及由上天所赋予个别事物的本性、力量、理性）。[1] 在这个地方，天，在孔子是不可捉摸的超自然的力量，在朱熹是作为本体概念的同义词，在译者笔下却带有人格神的意味了，因为 providentia 具有宗教意味，特指神的旨意。另外，孔子自述："加我数年，五十以学《易》，可以无大过矣。"（《述而》7·17）这里并未说明"加我数年"者是谁，译者在译文中加上了一个作主语的词

---

[1] Ph. Couplet, *Confucius Sinarum Philosophus*, Liber Tertius, S.10.

"天"（caelum），这句话就成为：假如上天允许我多活几年的话。译文本身并未远离原意，但是，像上句话的情况一样，译者所指的天却有别于孔子和朱熹的天。

"仁"这个在《论语》中出现了上百次的概念的含义很不容易界定，而且因语境不同而异。因此，译者在不同上下文中选用不同的相应拉丁文词，这也是必要的。如在"孝弟也者，其为仁之本欤"[1] 中仁被译为 pietas [2]。这个词本义为义务感，指对上帝的虔诚，对父母的孝敬、感恩，对子女的慈爱，对兄弟的血亲之爱，对他人、对国家的爱。应当说，译者在这里选用这个词是得当的。"里仁为美"（《里仁》1·1），按朱熹的解释是说，里有仁厚之俗方为美。在这里译者译仁为 caritds et innocentia（博爱和正直）[3]，尽管 caritas 带有宗教色彩，但用在这里并无不妥。其他译法，限于篇幅，这里不再一一列举。我们着重讨论的是，译者如何在翻译中渲染"仁"的超验性。这与其说是强调道德的超验性的朱熹的注疏的影响，倒不如说耶稣会译者们的自然神学观与朱熹的超验道德观的巧合。这一点在仁被音译为 Gin 的地方表现得特别明显。在仁的含义无法界定的情况下，音译不失为一种办法，如中国哲学中的重要范畴"道"在西方语言中现在通译为 Tao。问题在于如何解释。如："回也，其心三月不违仁。"（《雍也》）译者在译文之后解释说："仁德是心灵所具有的内在的

---

[1]《学而》。
[2] Ph. Couplet, *Confucius Sinarum Philosophus*, Liber Tertius.
[3] 同上，S.14。

和真实的完美，它犹如上天所赋的自然之光，回永远遵循着它的指引，任何时候都不背离它。"[1] 这是对朱熹注释的发挥，朱注说："三月，言其久；仁者，心之德。"又如："子罕言利与命与仁。"（《子罕》）译者对于仁（音译 Gin）的解释是：具有全部道德的外在表现的、由天所赋的正直和纯洁（品格）。[2] 再如，在"君子不仁者有矣夫，未有小人而仁者也"[3] 这两句话的译文之前，译者首先给仁下定义说："仁是心灵所具有的天生的道德，它指的并非别的什么东西，而是心智与天法的恒久结合。"[4] 这个定义与朱熹对"颜渊问仁"一段中仁的解释是一致的：仁者，本心之全德。心之全德莫非天理。只是耶稣会士用天法替代天理，天法实际上即自然法，带有浓厚的宗教意味。

《论语》中一些有关鬼神的言论给耶稣会译者提供了发挥基督教观念的机会。"子不语怪、力、乱、神"（《述而》）一语中的神被译为 spiritus（神、精灵），并让孔子解释"不语"的原因："神的道德、功效、本性至精至微，远离人的感知，谈论它总是一个危险。"[5] 这原因完全是译者强加给孔子的。"未能事人，焉能事鬼"（《先进》）一语的翻译与上句的思路是一致的：

Tu necdum nostril servireuominibus, qui ante coulos tuos versantur quotidie, quomodo poteris servire spiritus a nostro mortalium sensu

---

[1] Ph. Couplet, *Confucius Sinarum Philosophus*, Liber Tertius, S.29.
[2] *De Christiana Expeditione aqud Sinas*, S.53.
[3]《宪问》6：14。
[4] Ph. Couplet, *Confucius Sinarum Philosophus*, Liber Tertous, S.98.
[5] 同上。

tam remotis？（对于每天活动于你眼前的人，你尚且不能侍奉，你怎么能去侍奉远离我们凡人感知的鬼神呢？）[1] 在这里，译者让鬼神问题存而不论的孔子肯定了鬼神的存在，只是它们非人所能感知罢了。

"君子和而不同，小人同而不和"（《先进》）一语中的和与同是中国哲学中的一对古老范畴，最早见于《国语·郑语》："和实生物，同则不断。"朱熹对孔子语中的和与同的解释是：和者无乖戾之心；同者有阿比之意。耶稣会译者却把"君子和而不同"译为 Vir probus ac sapiens，quantum fas et ratio sinit，concordat cum omnibus，sit tame nut non sit unum quid & idem promiscua hominum turba（高尚而智慧的人，凡涉及神的律法和理性的问题跟所有的人都是和谐一致的，但却不是毫无区别地与乌合之众混为一体）。[2] 这既背离和与同的原始含义，也跟朱注有不小出入。译者用强加于孔子的话给人造成一种印象，似乎孔子是谨守神的律法的人。

耶稣会译者不仅让孔子预言耶稣降生、敬畏鬼神、谨守神的律法，而且在对《论语》一些章节的评注中宣扬奇迹。如在"高宗凉阴，三年不语"（《宪问》）一节，译者在介绍了高宗（武丁）的背景材料以后，叙述了高宗在其父小乙陵园居丧期间夜梦传说的故事。译者说："上帝，即天上至上神或神（Deus），派了一个陌生人与他在梦中相见。事后，高宗向大臣们描述了

---

[1] Ph. Couplet，*Confucius Sinarum Philosophus*，Liber Tertius，S.71.
[2] 同上，S.96.

梦中人的形象，派人寻找，最后在傅险的石匠中发现此人，随之起用了他。"[1] 关于高宗因梦求贤的事，《史记·殷本记》是这样记载的："武丁梦得圣人，名曰说。以梦所见视群臣百吏，皆非也。于是廼使百工营求之野，得说于傅险中。是时说为胥靡，筑于傅险。见于武丁，武丁曰是也。得而与之语，果圣人。举以为相，殷国大治。"译者的故事似出于这篇记载，但却给武丁的梦加进了一个角色——基督教所信奉的神，从而使故事蒙上了基督教色彩。

译者在《论语》最后一章《尧曰》(20·1) 的"予小子履敢用玄牡……"一段夹注中，再次认定，古代中国人已经认识和敬拜真神。译者说："汤伐桀发生在基督降生前 1756 年，他的誓词早于摩西律书一百年。当时，在遥远的东方已经有了自然法和对于至上神的认识和敬拜。"[2] 尽管译者在全部翻译中并不避讳使用朱熹注释，但在这段评注的末尾却把矛头指向释帝为理[3]、不承认人格神的朱熹，认为宋代"愚钝而奸诈的诠释家们以其亵渎神明的谬误"歪曲了古老的真理，"给光亮的神苑(lucus canditus) 投上了地狱的阴影"。[4] 这里须指出，朱熹对四书的注释固然有不少借题发挥之处，但还没有采用耶稣会译者那种"移花接木"之术，后者总是试图将中国儒家的园林改造成基督教的神苑。

---

[1] 同上。
[2] Ph. Couplet, *Confucius Sinarum Philosophus*, Liber Tertius, S.147.
[3] 朱熹曾说："帝是理为主。"见《朱子语类》，北京：中华书局，1981，第 5 页。
[4] Ph.Couplet, *Liber Tertius*, S.153.

八

　　事情的发展往往与人们的主观愿望相反。耶稣会士的种种活动，包括《中国哲人孔子》以及一系列关于中国的著述的出版，都未能使他们摆脱困境。由于在"礼仪之争"背后所隐藏着的天主教会内部各教团之间和殖民国家之间的重重矛盾日益激化，罗马教廷不得不找一个替罪羊以求在各方之间取得平衡。教皇本笃十四世（Benedict XIV，1740—1758年在位）于1742年11月2日颁发"圣谕"，认定中国敬天、祭孔、祀祖等礼仪为异端，禁止教徒参与此类活动，随之天主教在中国遭到全面禁止。教皇克勒门斯十四世（Clemens XIV，1769—1774年在位）于1773年7月21日宣布解散耶稣会。然而，耶稣会关于中国的一系列著述却加深了欧洲知识界对于中国的理解。欧洲启蒙思想家在儒家学说中找到了攻击教会和世俗统治的武器。他们并没有看重耶稣会士所塑造的染有基督教色彩的孔子形象，更没有理会耶稣会在儒家思想中所发现的有利于传布基督教的因素。启蒙运动先驱托马修（Christian Thomasius，1655—1728），也许是第一位专为《中国哲人孔子》一书发表书评的德国思想家。他首先在法国、德国和荷兰出版的几家杂志上读到该书的节录，然后读完全书并写出长篇评论收入他的《1689年新书读后感》。[1] 他引述了《论语》中的许多段落影射当时欧洲的现实。

----

　　[1] Freimuthige, *jedoch Vernunft-und gesetzmäßige Gedanken über allehand formenreiche aber neue Bücher durch alle zwölf Monate des 1689 Jahres*（《坦诚而又符合理性和法则的感想——通阅1689全年风格多样而新颖的书籍之后》），Halle 1690.

比如他引用"巧言乱德"（《卫灵公》）一语的译文以后评论说：
"人们万不可对此感到惊讶。人们看到，今天到处都有这种丑恶现象：悭吝被当作勤俭持家和节约，傲慢故作笑容可掬之态，对虔敬者和诚实人的迫害则假以维护上帝荣誉之名。"（该书第620页）[1]

具有讽刺意味的是，不仅耶稣会士向欧洲公众所描绘的孔子形象未能使他们达到预定的目的，他们所介绍的学说被欧洲启蒙思想家接了过去，成为攻击罗马教廷和耶稣会士所依靠的法国波旁王室的武器，而且他们试图借助孔子这个精神权威和清廷的支持使中国基督教化的愿望，也没有能够实现。对于这种情况，日本学者后藤末雄在他的《康熙大帝与路易十四》一文中有一段描述："天主教之价值益为康熙所否认，而在中国之传教事业大受挫折，几有功败垂成之概。更因法国教士将中国之政治思想，陆续介绍于祖国，于是国内一般德治主义哲学家，竟利用之以为攻击基督教及专制政治之材料，卒为法国波旁王朝衰替没落之一因，故康熙帝之笼络耶教士，不仅能吸取西欧文化，排斥路易十四之野心，反予法国专制政治之打倒之一大助力。此实路易十四遣派教士之初所不及料者也。"[98] 姑且不论后藤末雄对于儒家政治伦理思想在法国所起的作用的评价是否过高，有一点倒是可以肯定的：路易十四没有能够实现他向中国派遣教士所希望达到的目的。同样，耶稣会士向欧洲介绍儒

---

[1] 转引自孟昭信：《康熙大帝全传》，第527页。

家学说和在中国作为传教手段介绍西方近代科学，他们的这两项活动也未能达到他们的预定目的，这大概也是他们所始料未及的。只有他们作为传教手段而向中国人介绍的西方近代科学知识本身被接受了下来，成为西方科学知识东渐的先声。

（本文为提交给 1989 年 12 月 18 日至 21 日在上海复旦大学召开的"儒家思想与未来社会"国际学术讨论会的报告，首先发表于《复旦学报·社会科学版》1990 年第 3 期，后收入《儒家思想与未来社会》[上海人民出版社 1991 年] 一书）

赫尔德、歌德和席勒著作中的儒家思想

　　人们若谈到十八世纪德国文学，不论从那个方面和在什么视角之下都不可绕过莱辛（G. E. Lessing，1729—1781）、歌德（J. W. Goethe，1749—1832）和席勒（Friedrich Schiller，1759—1805）这三个伟大的名字。莱辛在《智者纳旦》中所赞颂的宗教宽容，在《论人类的教育》中所论证的人在达到其自我完美时所具有的理性力量等或许他跟儒家的思想有所接触，可是他却从未直接提到过孔子或者中国。他似乎像后来的托马斯·曼（Thomas Mann，1875—1955）一样，不谈他不了解的事。

　　赫尔德（Johann Gottfried Herder，1744—1803）在他的《关于人类历史哲学的思考》一书中试图以人类历史作为对象研究历史的规律性。他在此书中有一章专门讨论中国，他重复着人们当时在耶稣会士的报导中所可能读到的关于中国的知识，接着便开始从哲学上就中国的社会伦理原则进行讨论。他断言，中国人来自一个"在大地的一隅蜕变为中国的奴隶文化的"蒙古人部落。[1] 按照他的说法，这种奴隶文化建立在童稚的顺从（按：即孝）的基础之上。赫尔德称，童稚的顺从构成一切美德的基础，"它不仅适用于家庭，现在也应适用于国家：当然，随着时间的推移也必然由此而产生那种表面上的温文尔雅，那种彬彬有礼的举止"。中国人想以此"不顾人的天性，制造出一个全新的人的心灵"，并使"人的真实心灵"习惯于"虚伪"[2]。既然单纯的义务成为习惯并背逆天理行事，那么，"义务就是无效的、虚伪的习惯。因为中国人的国家学说和道德学说与他们的现实的历史是分裂开来的"。[3] 总之，按照赫尔德的说法，中国人的单纯的顺从是万恶之源，并使其发展陷于停顿；他认为中国是一具描绘着象形文字和用丝绸裹着的、经防腐香料处理过的木乃伊；它体内的循环犹如一个沉睡着的冬眠动物的生命"[4] 他写道："古代中国像史前时代的一堆废墟停留在其半蒙古的习惯中。"[5] 这类言论说明他作为西方人的狂妄和偏见，尽管他声称，有关中国他取中间道路，既不过奖也不过分指责。"[6] 不过，这里谈不上褒贬，而只证明他的偏见和无知，而且也不想求知。尽管如此，赫尔德也有看对的地方。孔子的确将孝悌视为仁爱的基础。他说："君子务本，本立而道里，孝悌也者，其为人之本与。"《学而》），但孝悌并非儒家唯一的仁爱

---

[1] Adrian Hsia, *Deutsche Denker über China*（《德国思想家论中国》），Frankfurt/Main 1985, S. 126.

[2] 同上，第 127 页。

[3] 同上。

[4] 同上。

[5] 同上，第 129 页。

[6] 同上，第 133 页。

原则，这种爱还必须推而广之。孔子解释说："弟子入则孝，出则悌，谨而信，泛爱众而亲仁，行有余力，则以学文。(《学而》6) 在这个语境中人们可以说，孝悌是针对青年人的教育，并非普遍的伦理原则。孔子的普遍的伦理原则是仁。至于将中国在其发展中陷于停顿的原因归咎于儒家思想，赫尔德将问题过分简单化了，而且也并非事实。不过这里不是讨论此一问题的地方。此外，伦理学说与现实历史的矛盾也并非中国所独有。在欧洲并非对父母的顺从，而是对上帝的顺从削弱着人的力量。在敬奉上帝的名义之下散布谎言、迫害和屠戮异端、异族，进行战争，这类反人类的罪行还少吗？在多种宗教并存的中国从不曾有过宗教战争。因此人们也许可以反问，在我们这个可爱的世界上哪一种神圣的学说，哪一种高尚的名义不曾并正在被滥用呢？！

赫尔德说："由于其精辟的原则，我像一个中国人那样尊重经书（即儒家经典）。孔子的名字对于我是一个伟大的名字。"[1] 赫尔德以此指出，他对孔子及其学说并不怀有特殊的反感，而且还在他主编的《阿德拉斯蒂亚》(*Adrastea*) 杂志 1802 年第一和第二期连续发表了《中庸》上半部的德译文和以孔子及其道德学说为题材的十八个故事。《中庸》德译文仅能大致传意而已，无文采可言。十八个故事中，八个直接描述孔子的行止，其余的故事则描述他的政治伦理和教学活动。这些故事分

---

[1] *Deutsche Denker über China*（《德国思想家论中国》），Frankfurt/Main 1985, S. 133.

191

别摘自《论语》、《孔子家语》、《礼记》、《晏子春秋》、《国语》、《史记》和《说苑》。赫尔德为之写了一篇短短的引言。他在论及中国的道德学说时说："我不得不称赞他们这最纯正的道德理性。"[1] 不过，他并未摆脱他固有的偏见和傲慢。当他谈到中国在人和自然科学领域的研究时，他说："德居伊内一个人所做到的就如一个中国的科研机构的功效！"[2] 这里所称的德居伊内（Deguignes，1721—1800）就是那个认为中国的氏族和文化完全来自埃及的人。此说连同赫尔德所称的被描绘在木乃伊上的象形文字早已为莱布尼茨所批驳和否定，德居伊内作为编辑曾审编出版儒家经典《书经》法文译本，不过，"凡是他对手稿文本改动过的地方大都是错误的"[3]。

歌德对中国的看法跟赫尔德很接近。后者称中国为"木乃伊"，前者则将中国视为晶体化了的人群（kristalisiertes Menschenvolk），这与木乃伊相去不远。他在《浮士德》第二部借魔鬼梅菲斯特之口说：

凡是生命长久、经验丰富者，

世上对于他便不会有新事发生。

我在我的漫游年代便曾见过

---

[1] J. G. Herder，Christianisierung des Sinesischen Reiches（中华帝国之基督教化），载 Adria Hsia，同上书。

[2] 同上。

[3] Devid E.Mungello，Aus Aen Anfängen der Chinakunde in Europa 1678—1770（一六七八至一七七〇年欧洲汉学的初步发展），载：H. Walravens，*China Illustrata*（《中国图志》）Wein1987，S.67—68。

晶体化了的人类部落。[1]

这一观点在他的《色彩学史资料》一文中得到证实。在这里他将中国人归入静止的民族之内，并将他们的礼仪习俗称为"静止不变的礼仪习俗"。[2] 在歌德或者赫尔德看来，中华民族是一个"尚处于童稚阶段的民族"，两人对孔子及其学说毫无兴趣。在《准则与反思》一文中歌德写道："中国的、印度的、埃及的古代始终只是些稀奇古怪的东西；让自己和世界熟悉这些东西是好事，但这些东西无助于我们进行道德的和审美的教育。"[3]

有人推断，歌德的长篇小说《威廉·迈斯特的漫游时代》中的"教育省"（第二部分第一章）也许可以证明，歌德受到儒家教育思想的影响。人们从中选出四段与《孝经》中的有关段落对比，并进而断言，孔子的表述与歌德的表述几乎完全相同。[4] 我们在这里不可能讨论所有段落，仅举如下两段作一对比。初看起来两者似乎是一致的，但稍加思考便发现其间大有区别：

歌德：敬畏是一切之所系，以便使人在所有方面都是

---

[1] Goethe, *Faust*, Teil Ⅱ, 6856—6864.
[2] Goethe, *Werke*, Hamburger Ausgabe, Bd.14, München 1982, S.13.
[3] 同上书，Bd.12, S.505。
[4] 关于这一推断参见：R. Wilhelm（卫礼贤），Goethe und die chinesische Kultur（歌德与中国文化），载：*Jahrbuch des Freien Deutschen hochstifts*（《自由德意志公益机构年鉴》），1927, S. 315f. A. Reichwein, *China und Europa*（《中国与欧洲》），Berlin 1923, S, 150；U.Aurich, *China im Spiegel der deutschen literatur des 18. Jahrhunderts*（《十八世纪德国文学中的中国》），Berlin 1935, S.73—74。

一个人。

　　孝经：天上和尘间万物唯人为贵，人的行为中孝为先。

　　这种表面上的一致是基于一个错误，即"孝"被译为Ehrfuscht(敬畏)。撇开这一点不说，在歌德的小说中，敬畏被视为人之为人所由立足的基础。他在他的"教育省"中确定了三个应在人心中唤醒并通过教育达到的敬畏：首先是对凌驾于人之上者，反映和显现在父母、师长、上级身上的上帝的敬畏；其次是对位居其下者，即对为人提供着饮食、给人以说不尽的快乐但也给人带来无限痛苦的大地的敬畏；第三是对与之相伴并存者，即对他的同类的敬畏，因为人只有在与其同类的结合中才可能面对世界。[1] 在歌德看来，上帝始终是人及其生活于其中的世界的第一和终极的原因。在《孝经》中，或者按照儒家的说法，人始终在第一位。只要人达到德无不实，无人欲之私可尽人之性，能尽人之性便可尽物之性，能尽物之性，便可"赞天地之化育，与天地参矣"[2]。歌德的三个敬畏中对上帝的敬畏是终极根据，是其他两个敬畏的基础；而儒家在一切本质中独推人的本质为最高贵者，在人之为人的行为中孝是其他一切仁爱的出发点，即孔子所说的"入则孝，出则悌，谨而信，泛爱众而亲仁"，"孝悌也者，其为人之本与"。

　　尽管如此，在儒家思想与歌德之间还是存在着某些接触

---

[1] Goethe, *Werke*, Hamburger Ausgabe, Bd. 8. S. 155.
[2]《中庸》22。

194

点。歌德将上帝信仰世俗化了，他写道："从这三种敬畏产生了至高的敬畏，前三者从后者得到发展，人达到了他有能力达到的至高点，他可以将自己本身看成是为上帝和自然所产生的最佳者，人可以停留在此一高度而又不致被狂妄和自私重又捡回到低俗。"[1] 他将这三种敬畏视为三种宗教，三者的统一将形成"一种真正的宗教".[2] 换言之，人对自己本身的敬畏构成一种"真正的宗教"而这一宗教正是康德所称的理性宗教。可见，歌德试图在人自身之内发现一条人和世界臻于完美的道路。这是对人的赞歌。儒家并不将其一切希望放在神祇身上，放在彼岸，而是将之置于尘世，置于此岸。儒家绝不期待解救他们的救世主，而是要求人们通过个体修身之路拯救和超越自我，这条修身之路是格物、致知、诚意、正心，进而通过齐家、治国、平天下达到拯救世界这一崇高目的。这是对个体人格的道德力量，即对人本身的赞歌。正是在这里，在对人的信念中，在人性中，在人的理性中歌德与儒家思想相遇。这里根本说不上歌德受到《孝经》，受到儒家思想的影响。

关于席勒与中国的关系，人们总爱提到他的剧本《图兰多》和他的题为《孔子的格言》的两首诗。"《图兰多》"是一件迟到的、尽管具有种种魅力却难以证明席勒之伟大的 chinoiserie（中

---

[1] Goethe, *Werke*, Hamburger Ausgabe, Bd. 8. S. 155.
[2] Goethe, *Werke*, Hamburger Ausgabe, Bd. 8. S. 157.

国装饰风格的工艺品）。[1] 席勒本人对这部根据意大利童话剧作
家葛茨（Caro Graf Gozzi，1720—1806）的童话剧改编的剧本
的评价也不高。他说，他希望"通过文学的辅助在演出时给予
葛茨的童话剧一个更高的价值"。[2]《孔子的两首格言诗》实际
上是席勒以孔子的名义说出的格言：

> 时间的脚步有三种：
> 未来犹豫不决地趔趄而来，
> 现在箭一般离弦飞去，
> 既往永远静止不动。

> 清白无辜一旦停留，
> 再也不会展开双翼。
> 倘若它要匆匆离去，
> 恐惧和怀疑也无力阻止。
> 任何悔恨，任何魔法
> 都不能撼动静止者。

> 你若想幸运而又有智慧
> 去结束生命的长途跋涉，

---

[1] E.H.Tscharner，*China in der deutschen Dichtung bis zur Klassik*（《古典文学时期以前的德国文学中的中国》），München1939，S.87.

[2] Friedrich Schiller，*Sämtliche Werke*（《席勒全集》），Bd，3，München 1980，S.995.

可去求教犹豫不决的未来，
切莫将它当成你行动的工具。
不要选择飞快消逝的现在做朋友，
不可将静止的过去当成敌人

          *   *   *

空间的量度有三种：
无休止不停顿地
延伸到远方的长，
无限广延开来的宽，
沉入无限的深。

长、宽、深给你一个象征：
你若要看见自己臻于完美，
必须不停歇地往前奔，
绝不懈息，绝不止步；
你若要让世界呈现于眼前，
你必须漫游考察广阔的空间；
你若要揭示世界的本质，
你必须进入其深层。
只要持之以恒便可达到目的，
惟有广博多知才会明白事物，

而真理就寓于深渊之中。

人们曾从其产生的环境，从其形式和结构对这两首格言诗作了考察，但很难证明这两首诗可被置于孔子名下[1]。董问樵先生用《易经》的两句话作出解释："天行健，君子以自强不息。"他解释说，上半句是推论天道，下半句阐明人事。关于这两首诗，董先生说："第一首诗分三段，前两段推论时间，后一段阐明人事。第二首诗分两段，前一段推论空间，后一段阐明人事。"接着他断言："我们可以大胆设想，席勒在这里也受了儒家的思想方式的影响。"[2] 虽然董先生并没有在席勒的著作中找到关于他的论断的证明，但他的论证方式是可信的，对进一步的研究颇有启发性。至少可以肯定，席勒给他这两首相隔五年写成的诗以孔子的名字作为标题绝非信手为之。

在席勒写成《孔子的格言》的1788年至1805年这段时间，他写了许多哲理诗、箴言、警句。一首题为《人的尊严》的警句如下：

无须再说，我请求你们。你们给他吃的、住的，给他穿的，人自然便有了尊严。

---

[1] G. Debon, *Schiller und der chinesische Geist*（《席勒与中国思想》），Frankfurt/main, 1983，S.83. 董向樵，《席勒与中国》，载《席勒与中国》，成都：四川文艺出版社，1989年，第11—19页。

[2] 董向樵，同上书，第14页。

中国古代思想家管仲（？—前645）也说过类似的话："仓廪实则知礼，节衣食足则知荣辱。"（《管子·牧民》）[1] 以后的思想家也有相似的表述。孔子在回答他的学生时说，"既庶矣"，则"富之"，"既富矣"，则"教之"。（《子路》9）孔子虽然强调教育，但在这里，像席勒一样也以物质上的条件为前提。

　　与赫尔德和歌德相比，席勒关于道德的论述更加详细。他关于使人超越其"单纯的自然天性"和关于"美的心灵"的养成，关于道德和审美的力量对人达到其自我完美的作用等方面的论述[2] 也跟孔子很接近。席勒说："以道义的力量克制本能欲求，这是思想自由。"[3] 这种自由在孔子则意味着："从心所欲，不踰矩。"（《为政》4）这种规矩一方面是仁，即内在品格的原则；另一方面是"礼"，即可被视为"习惯法"的外在行为的准则。我们可以将仁和礼看成是席勒所称的克服本能欲求的道德力量。

　　席勒将戏剧对人的影响与法律和宗教等同。他认为，法律和宗教若与戏剧结合便会得到增强。他声称，舞台的审判权开始于法律领域终止的地方[4]。即便在宗教和法律认为与人的情感相伴有失其尊严的地方，舞台仍可对我们的教育有所作为[5]。在席勒看来，法律是平滑的和有弹性的，而宗教的约

[1]《诸子集成》，上海书店版。
[2] Schiller, *Sämtliche Werke*, Bd.5, S.475.
[3] 同上书，S.822。
[4] 同上。
[5] 同上，S.825。

束力是严格的和永恒的。两者无法独自完成对人的全面的教育。[1] 孔子在人的教养中非常重视诗与乐，他说："诗，可以兴，可以观，可以群，可以怨。迩之事父，远之事君。"（《阳货》9）他在论及人的教育时同样重视诗、乐和礼，他解释说："兴于诗，立于礼，成于乐。"（《泰伯》8）在他的语言中，礼和乐往往作为一对概念或者相互对比使用。（《先进》1；《宪问》12）；《阳货》21）孔子将礼与乐视为教育和治理国家的必要手段。

关于自然与人的关系，席勒断言，自然对于我们无非是自愿的此在，即事物通过其自己本身的存在，根据自己的和不变的法则的生存[2]。然而，构成自然之品格者恰恰是我们的品格达到完美所缺乏的东西；而将我们与事物（自然的事物）区别开来的东西恰恰是它们达到神性所缺失的东西。"只有当两者，"席勒说，"相互结合起来，只有当意志自由地遵循必然性法则，在幻想不断变化的情况下理性坚持其规则的时候，才会产生神性的东西或者理想"。[3] 这既是席勒的艺术，也是他对理想的人提出的要求。孔子也有相似的言论："质胜文则野，文胜质则史。文质彬彬，然后君子。"（《雍也》18）另外，《中庸》有言："君子之道淡而不厌，简而文，温而理。知远之近，知风之自，知微之显，可与入德矣。"在席勒是自然与神性，在孔子是

---

[1] Schiller, *Sämtliche werke*, Bd.5, S.822.
[2] 同上，S.694。
[3] 同上，S.695—696。

质与文，两者相互对立，而不相辅相成。两人追求的都是平衡、适度。

正是席勒与孔子之间的这些接触点，即思想上的相近促使席勒在欧洲的中国热已经冷却下来的时候创作了他的带有中国装饰风格的剧本《图兰多》和他的冠以孔子之名的两首格言诗。

（本文为提交给 1990 年 8 月 27 日至 9 月 1 日在东京庆应大学召开的国际日耳曼学联合会（IVG）第八届会员大会的报告。德文稿收入 1991 年由慕尼黑 Indicium Verlag 出版的大会文集卷七）

哈勒和维兰德的政治小说中的儒家政治伦理思想

　　在巴洛克时代，一向陌生的中国在欧洲突然成为被热议的对象，这个现象只有在十九世纪和二十世纪之交在中国出现的那场欧洲热可与之相比。耶稣会士和欧洲冒险家的报道从中国流向欧洲，关于中国的书大量涌现，儒家的经典四书被译成拉丁文出版。中国装饰风格的工艺品进入欧洲几乎所有的宫廷。与此同时在德国文学中几部以中国为主题或者将中国作为稀奇古怪的东西展示于人的几部长篇小说进入人们的视野。哈格多恩（Christian Wilhelm Hagdorn）的《艾官或者伟大的蒙古人》（1670）和哈佩尔（Ebehard Werner Happel，1647—1690）的《亚洲的欧诺加波》（1673）是巴洛克全盛时期的两部描写英雄风流韵事的小说，其题材取自卫匡国的《鞑靼战争史》（1654）。其主人公则披挂着中国的衣饰出现在十七世纪中叶的中国王朝交替的背景之前。在《艾官》中学者教派——当时在欧洲如此称儒家——这一概念第一次出现在德国文学中。一个叫鲁道夫·加塞（Rudolf Gasser）的瑞士嘉布修会教士写了一部长达二千五百多页（八开本）的长篇小说，他有一个巴洛克时代流行的长长的标题："以应有的最恭顺的理性抵抗精神向一切无神论者、马基雅维里主义者、危险的狂热分子和虚伪的享受现世生活的政治俗人提出的挑战，进行一场决斗"。他要公开为欧洲"描绘基督教传教士在中国取得的一切真正的胜利"[1]。洛恩斯坦（Daniel Casper von Lohenstein，1635—1683）在他长达三千零七十六页的长篇小说《慷慨的统帅阿尔明纽斯或者赫尔曼》（1689/90）中专为中国写了一篇，即第一部分的第五篇。他像哈格多恩和哈佩尔一样也取材于卫匡国的《鞑靼战争史》。在这一篇中对中国人的三个宗教，即儒家、道教和佛教有一段有趣的描述："儒家治国，道教治身，佛教治心。"关于孔子，书中称，他是一个世俗智者："其学说是不容置疑的，被尊奉为神的箴言。这些学说的首要目的是实现一个永远太平的国家统治。"洛恩斯坦接触到了儒家思想的一个重要的方面，即政治伦理的方面。

儒家思想的政治伦理方面首先在德国文学作品中被提到，这并非偶然。因为儒家思想首先是作为道德哲学和政治伦理学说被耶稣会士介绍到欧洲的。儒家经典"四书"之一《中庸》的拉丁文译本 1607 年在广州，1669 年在果阿出版，此后多次在欧洲重印，其拉丁标题即 *Sinarum Scientia politico-morali*（《中国人的政治伦理学》），其实在《中庸》中很少论及政治伦理学

---

[1] E. H. Tscharner, *China in der deutschen Literatur*（《德国文学中的中国》），München 1939. S. 38.

说。它的主要论题是"完全以人的意识修养为中心，主要是对内在人性心灵的形而上的发掘"[1]。儒家的政治伦理学说主要包含在同属于"四书"之一的《大学》之内。这本书也许可以跟伊拉斯谟（Erasmus von Rotterdam，1466—1536）的《基督教王子的教育》（*Institutio principis christiani*，1516）相比。《大学》中讨论的主题是，君主为了治理好自己的国家和实现天下太平，必须使其个体人格臻于完美，即修身，而且"自天子以至于庶人，一是皆以修身为本"。（《大学》）修身的过程是格物、至知、诚意、正心；身修以后才可能齐家、治国、平天下。人们习惯上借用庄子的话称之为"内圣外王"（《庄子·天下》）。

西方的政治小说描述一种理想的政治生活，作者总是怀着一种针对当政者的教育目的，它要么将一个现在的，要么将一个历史上存在过的国家观念理想化或者展示这种观念的未来的设想。西方的政治小说以艺术形式所展示的东西正是儒家经典从哲学上所论证的命题。所以哈勒（Albrecht von Haller，1708—1777）和维兰德（Christian Martin Wieland，1733—1813）将儒家的政治伦理学说引入他们的作品，也就毫不奇怪了。

哈勒在他 1771 年至 1774 年发表的长篇小说三部曲中分析了三种基本的国家形式。他在第一部小说《吴松——一个东方国家的故事》（1771 年）分析专制政体，在第二部《盎格鲁—撒克逊国王阿尔弗雷德》（1773）分析温和的君主制，在第三

---

[1] 李泽厚，《中国古代思想史论》，北京：人民出版社，1980 年，第 131 页。

部《法比乌斯和加图》则分析民主政体。第一部小说以中国为主题，《法兰克福学术报》评论说，小说的主人公吴松"自始至终表现出其高尚的德望，他以一条证明其帝王出身的黄色腰带代表着登上王位所要求的一切品质，发挥着他的影响，救出公主们，占领一个个国家，制定庄严的法律，最后立下遗嘱死去"[1]。小说共有四卷，第一卷叙述吴松及其所由出生的陈氏家族的历史，第二卷叙述吴松的国家和他的国家治理的历史；第三卷叙述吴松的儿女们的故事，第四卷叙述吴松最终皈依基督教的经过。现在让我们考察一下与我们的论题有关的东西。

吴松是曾一度统治着中国的蒙古王族的一个后裔帖木儿塔什的儿子。吴松在幼年接受的是儒家教育，他的老师是她父亲从那些"不愿臣服于非法的明朝政权的"中国人当中选出的一个儒家学者。他十四岁时在一次与中国的战争中被一个名叫厉望的中国藩镇将军俘虏。厉望是一个"才智非凡的人，是孔夫子最为可敬的一个门生"。他的女儿柳莎是"一个富有学养的贤淑姑娘"。吴松在厉府当园丁并"接受一个国家的法律、礼仪和各种知识的教育，国家自古以来就是秩序和公共福祉的中心"。但他暗自对柳莎的爱激怒了厉望，他将吴松发配到一个边远的省份。吴松从那里向西方逃去。他经埃及到达威尼斯。途中他结识威尼斯人茨诺，此人告诉他东方国家的专制统治贬低人民的情感，在威尼斯呈现于吴松面前的却是另一种景象，他在这

---

[1] Ursula Aurich, *China im Spiegel der deutschen Literatur des 18. Jahrhunderts*（《十八世纪德国文学中的中国》），Berlin 1935. S. 123f.

里看不见"在中国人对人所表现出的那种奴颜婢膝的服从……"他离开威尼斯继续他的旅行,但这次是向东方。他经过他在当地曾结识道德高尚的苏丹莫拉的土耳其和阿拉伯,然后到达波斯。经过种种历险和偶然事件,吴松登上波斯帝国的王位。他立即派一个使者前往中国接回柳莎,整个帝国欢庆皇帝的婚礼。

面对败落的波斯帝国,吴松思考着该如何恢复这个国家的秩序。这时,"他以往在中国从古代哲人的著述中所学和从经验丰富的厉望那里所听到的一切浮现于他的脑际。他将之与他在旅途中从威尼斯那些聪明的先生和从土耳其道德高尚的莫拉那里所领悟的东西作一比较……于是他首先调整他自己的作息时间。他日出而作……"吴松治理他国家的出发点是,首先像儒家对统治者所要求的那样,以修身为本。吴松将从中国古代先贤那里所学的东西并非直接用于国家的治理,而是在治理国家的同时根据威尼斯(欧洲)的共和党人和土耳其(伊斯兰世界)聪明的苏丹思想对之加以评估。哈勒在他的小说中所建议的模范国家"体现着中国的观念、法律和机构与其他国家的观念、法律和机构所形成的一种政治哲学的整合",一种"超民族的平衡",一种"类似于莱布尼茨所提出的世界和谐"[1]。这一论断在小说的两个情节中得到证实。第一个情节:当厉望放逐吴松之时,他赠给吴松一部《书经》和古代中国人的五部经书送他上路。第二个情节:在吴松与柳莎结婚时,吴松从他岳父

---

[1] Tscharner,S.57.

那里得到"西方人关于他们的国家的法律和历史的各种各样的书籍……这是在中国被视为蛮夷的遥远的民族智慧的成果"。吴松在治理他的国家时追求一种东西方的整合。但在"心灵控制"方面，在探求终极的精神根据时，他却求助于基督教：他最后皈依基督教，因为"他在基督教徒身上发现了一切宗教的本质性的东西，他认为中国的哲人很少谈到上帝，对上帝太冷漠，太陌生"。由此可见，这种政治哲学的整合是以西方的思想为基础的。

《金镜，或者西夏的王侯们——一段真实的历史》（1772）这部政治讽刺小说并非直接地以其情节或者作者维兰德披在他的人物们身上的衣饰说明发生在中国，而是经由一条迂回的路：他以序言、献辞和以中文译者、拉丁文译者和作者本人的名义所写的注释的形式。在序言中，维兰德作了一个虚构的说明，小说原本是一部西夏文手稿，经由中文和拉丁文的译本落进他的手中并被他译成德文。所以，标题下写着：译自西夏文。为了有力的证明他虚构的说明的真实性，他以虚构的中文译者写给最伟大的天子太祖皇帝的一篇献辞作为他的小说的开篇，作者在献辞中借中文译者的嘴向德意志的君主们说出他的要求："陛下最急切的要求是看到陛下的臣民生活幸福。"在献辞之后他写道，他的书是"西夏王侯们的历史的一些节录，这段历史灌输给太祖皇帝家族的王子们一些概念和准则，运用或者不运用这些概念和准则在很大程度上决定着西夏各个省份的幸福"。维德兰在给他青年时代的恋人苏菲·冯·拉洛舍的一封信中强调他这部小说的哲学的和教育方法的方面，他写道，他的小说是"一部一个文明民族的身居高位者和高尚的人必须从人类的历史学习的有益的东西的扼要节录"[1]。小说模仿《一千零一夜》的叙事方式以框形结构情节展开：苏丹沙赫·格巴尔在一个个不眠之夜让他的侍妃努玛荷和他的宫廷哲学家达米什蒙德给他讲故事，以便慢慢入眠。于是，他们便朗读西夏王室的历史，讲述明君和暴君的故事。维兰德在他所举起的金镜里让德意志的君主看到的是榜样和恶棍。跟其情节部分在十七世纪的中国展开，其主人公帖木儿塔什的形象有着历史人物帖木儿的影子的哈勒的《吴松》不同，维兰德在他的《金镜》中向德意志君主们描绘的是一幅"没有时间和空间的理想画"[2]。

小说描绘了一个个愚蠢的国王摧毁了西夏国，而一个贤明和道德高尚的君主则将国家"从苦难的深渊救出来并将它领上民族复兴的巅峰"。维兰德要说的是，君主的基本道德取向决定着国家的命运。他从这个意义上赞颂帝帆登上王位，他写道："唯一一个人的高尚操守可以决定全国的命运的时代来了。"但是，当权者的基本道德取向取决于他所受的教育，最终取决于教他的教师。王太子帝帆的老师是一个智慧的教师，他根据中国的先例在偏远的农村教他的学生。因为舜，"中国所有的国王中之最贤明的国王"，维兰德让他的达米什蒙德说，"在茅舍里

[1] Tscharner，S.5.
[2] Tscharner，S.60.

攻读成材。"舜是传说中的国王，孔子和他的弟子们高度赞赏他并将他理想化了，他们一直将他视为所有国王效法的榜样。现在作者将这个榜样领到德意志君主面前并谦恭地给他们上了一课，"道德高尚的舜怎么会（一个中国作家说）不成为最好的国王呢？他的第一等级早已将他教育成人。这才是主要的。在那些于襁褓中就被确定为未来的统治者的人当中能够为实现这一特权而自我夸耀者是多么少呵！这无非是告诫当政的君主多考虑王储的教育，维兰德大概认为，这一点太不受重视了。按照帝帆所拟就的宪法，西夏人民被分为七个相互界线分明、其间不可跨越的主要等级。国王是"神祇委派的总督"，在尘世行使立法和执政的权力。贵族是第一等级，"生来便拥有服务于国家和军队的权利。但他们的参政权是有限的。所有等级的儿童都享受一种与每一个等级的需要"相适应的教育。贵族儿童的教育受到特殊的关注，因为他们将来担任高级的国家职务。在维兰德的理想国家里存在着的不同等级之间的不可跨越性质却近似于宋代儒家的主张：尊贵者与俗众之间，君子与小人之间界线分明[1]。但在教育方面，孔子及其后继者，包括宋儒在内却主张"有教无类"。此外，在中国，贵族早在战国时代（前475—前221）已失去垄断国家职务的权力。一切人都有机会，至少理论上，从政为官。

---

[1]《朱子语类》卷九十四。

我们若对以上所说简单作一总结，那么可以说，哈勒的小说与儒家政治哲学的接触纯属表面上的，即表现在情节和活动地点；而维兰德却与之有相似的思想，虽然他在小说中并未提到孔子的名字。当然，不论哈勒，还是维兰德，其培养政治人才的思想立足点仍然是西方的教育传说：从色诺芬（Xenophon，前431—前350）的《居鲁士的教育》到费奈隆（Francois de Salignac dela Mothe Fenelon，1651—1715）的《泰雷马克历险记》。

（本文为提交给1991年8月26日至30日在柏林举行的中日韩德四国日耳曼学者参加的"东亚视角下的德国文学与语言"学术讨论会的报告，德文稿收入柏林日德中心（JDZB）1992年5月出版的论文系列卷十二）

朱熹与托马斯·阿奎那

——献给恩师张威廉先生

　　十二世纪在东方的中国出现了一个伟大的思想家朱熹（1130—1200），他死后二十五年欧洲中世纪最伟大的思想家托马斯·阿奎那（Thomas von Aquin，1225—1274）在意大利出生。本文之所以将这两个生活于不同时代环境和思想氛围、看似不可比的思想家放在一起作比较，是基于他们在各自文化圈里的地位，虽然就此而言，托马斯远逊于朱子。朱子继续了他的前辈张载、邵雍、程颢和程颐的思想，吸纳佛教的思辨哲学创立了他庞大的、统摄外在与内在世界的理学体系。这一体系在以后的七个世纪里一直占据统治地位，成为官方哲学。托马斯将亚里士多德的哲学引入基督教教义，改造前者使之适应后者，从而建立了被后世称为托马斯主义的哲学神学体系，被奉为天主教会的官方哲学，这一地位一直到1879年还为教皇列奥十三世（Leo XIII，1878—1903年在位）发表文告加以强调。这里的比较不想以此一为主线，以彼一为参照系，而只是找出其可比之点或者对同一问题的完全相反的观念并作分析，意在说明，东西方文化尽管存在着重大差异，但是作为人类的构成者的此一文化载体的一部分人和彼一文化载体的一部分人，有着相似的脉络是自然的。

一

朱熹生活在中国大地上多国并存的时代，北有金，西北有西夏，西南有南韶、吐蕃。他所在的南宋偏安于东南，这时各国都相对安定，经济都有不同程度的发展。在"朝廷宽大，不欲以言罪人"[1]这一宽松的政治环境中，文化得到空前发展。因此陈寅恪说"华夏之文化，历数千载之演进，造极于赵宋之世"[2]。当时，学派林立、学说纷呈。滥觞于唐代，但真正具有藏书与讲学功能的书院却兴盛于宋代。朱熹在任知庐山下的南康军时修复建于南唐升元年间的白鹿洞书院，并为书院制定了"白鹿洞书院揭示"，即学规："博学之，审问之，谨思之，明辨之，笃行之"。从这个"学规"看，他不仅重学而且重行。他无论在哪里为官，首先关心的是当地的教育，五十四岁辞官回到福建，在崇安县的武夷山下建立武夷精舍，后来复出知潭州，修复岳麓书院，"治郡事甚劳，夜则与诸生讲论，随问而答，略无倦色"。晚年回到他的出生地福建，在建阳考亭创建沧

---

[1]《二程集》第二册，北京：中华书局，1980年，第548页。
[2] 陈寅恪：《金明馆丛稿二编》，上海：上海古籍出版社，1981年，第245页。

212

州精舍，"学者益众"[1]。他的全部身心都投在教育上了。他的一首词《沧州歌·水调歌头》抒发了他当时的感怀，其中说："春尽五湖烟浪，秋夜一天云月，此外尽悠悠。永弃人间事，吾道付沧州。"

朱熹一生为官不足十年，却有四十多年从事教育和著述。他在从政期间，大都任地方官。他体恤民间疾苦，主张省赋轻役。他动议建立社会储粮以备荒年济民，亲自推广水稻栽培技术以提高粮食产量，提出划定经界以遏制土地兼并，使田税均平，贫富得实。他在六十五岁时被召至朝廷任焕章阁待制兼侍讲，在职仅四十天，因与宗室赵汝愚一起上疏上告韩侂胄，而被韩免职回乡，其学说被韩斥为伪学，一起受株连的有五十九人，这就是宋宁宗庆元二年（1196）的"庆元党禁"。过了四年他就去世了。韩侂胄倒台，他才被恢复名誉，宁宗嘉定二年（1209）诏赐遗表恩泽，追赠中大夫，理宗宝庆三年（1227）赠太师，追封信国公。

朱子的一生是学者和教育家的一生。他广注典籍，除了人所共知的《四书集注》以外，他还写了《周易本义》、《诗集传》、《楚辞集注》，所撰解读《书经》的《书说》，惜已散佚。他的哲学著作有《太极图说解》、《通书解》、《西铭解》，还有他的学生记载他与学生论辩、问答的《朱子语类》一百四十卷，这是研究他的思想的重要文献。另外，他根据司马光的《资治

---

[1] 以上引文见《朱子年谱》，转引自邓艾民：《朱熹与朱子语类》一文，载黎清德编：《朱子语类》，北京：中华书局，1986年，第1—19页。

通鉴》、《通鉴举要历》和胡安国的《资治通鉴举要补遗》简化内容编成《资治通鉴纲目》。他的儿子朱在编辑、后人又续编的《朱文公文集》共一百二十一卷。他在学术上的成就不仅表现在传统经学、史学、文学、音律方面，而且在自然科学方面也有贡献。顺便提一下，他想必是明朝以前唯一一个留下对镜写真自画像的大学者[1]，他的博学与欧洲文艺复兴时代的博学者相比只有过之而无不及。

托马斯·阿奎那出生在座落于罗马与那不勒斯之间的洛卡塞卡（Roccasecca），此地属于西西里王国，其国王是北方入侵的诺曼人同时又是神圣罗马帝国皇帝的腓特烈二世（Friedrich II，1194—1250）。托马斯的母亲也是诺曼人之后。他的孩提时代是教皇与皇帝之间的权力斗争最激烈的年代，他五岁到十四岁（1230—1239）在其中为未来教士生涯作准备的本笃会隐修院所在的卡西诺山（Monte Cassino），便是这一斗争的见证。山上与隐修院并立的是皇帝军队的碉堡，正是这个碉堡的军队在1239年摧毁隐修院并将全部僧侣赶跑。这标志着世俗权力对于教会权力的胜利。卡西诺山似乎注定成为欧洲中世纪之开始与走向终结的象征。因为在七个世纪以前，即公元529年，信仰基督教的拜占庭皇帝查士丁尼一世（Justinian I，483—565）下令关闭存在了九百年的雅典柏拉图学院；与此同时，基督教教士本尼狄克（Benedictus，480—550）在卡西诺山拆除了阿波罗

---

[1] 见《中国大百科全书·哲学》，卷一，北京／上海，1987年，插页23。

和丘比特神庙，创建了隐修院，这成为基督教隐修制度的滥觞，也宣告希腊文化的中落。托马斯离开卡西诺山，从此也离开了宁静的山居隐修，开始了他学者和教士的生活：先入那不勒斯大学，在此期间加入多明我修会；1245 年入巴黎大学，受业于著名学者大阿尔伯特（Albertus Magnus，1200—1280），1256 年获神学博士学位，后留任神学教授，从此他一直在大学、神学院、隐修院讲授神学。托马斯在临终前的半年突然沉默下来，一语不发：1273 年 6 月 2 日，他从弥撒归来以后便不说、不写。他搁置下《神学大全》，中断关于忏悔圣事的论文的写作。他对好友皮佩诺（Reginal Piperno）和自己的姐姐说："与我所见和被启示于我者相比，我所写的一切在我看来皆如糠秕。"[1] 从此便保持沉默，直到 1274 年 3 月 7 日去世，终年四十九岁。1323 年教皇约翰二十二世（Johannes XXII，1245—1334）追谥他为圣徒。托马斯一生著作很多，其中主要的是《反异教大全》（*Summa contra Gentiles*）、《神学大全》（*Summa theologica*）和《论文集》（*Opuscula*）。此外，他像朱子一样，也写有对传统文献的评注，如关于《圣经》一些经文的评注以及解读亚里士多德著作的评注。

朱子和托马斯分别生在两个世纪，朱子去世四十年后，托马斯才开始他的著述。从历史发展阶段看，也许可以将二人都划入"中古期"这一时期之内，虽然在欧洲文艺复兴时代，甚至一

---

[1] Josef Pieper 编：《托马斯文选》[I]（Thomas von Aquin, München 1956），第 31 页。

直到黑格尔，"中古"或者"中世纪"这个词都含有贬义[1]；而随后，还在黑格尔在世时就已成气候的浪漫派却又无限美化中世纪，将中世纪从宗教上达到的统一当成理想。在中国思想史上并没有明显褒贬中古这个时代的现象，正相反，如陈寅恪所说，到了宋代，中国社会的发展达到了前所未有的高度，哲学思想的发展更是如此。朱子在中国思想史上所占有的划时代地位是公认的，不论人们对他是臧是否。金克木认为儒家学说有三个伟大人物，分别代表三个不同时代：孔子（前551—前479）生活在"礼坏乐崩"的趋向不稳定的时代；董仲舒（前179—前104）生活在统一的稳定的时代；朱熹生活在分崩离析已久而趋向统一的时代。在欧洲历史上，分别与这三位伟大的思想家大体生活在相同时代的是希腊的苏格拉底（前469—前399）、罗马统治下的耶稣和欧洲中世纪结束和文艺复兴开始时期的但丁（1265—1321），后者晚于朱熹不到一百年。[2]余英时在《士与中国文化》一书中提到，有的西方学者将文明史中的重大时

---

[1] "Media aetas"或"medium aevum"，意思是"中间时间"，一段其间没有发生重大事件的等待时间，介于两个重大时期之间的一段不重要的"插曲"，即其前是希腊—罗马古代，其后是"近代"。文艺复兴是希腊—罗马古代文化的复兴。巴黎附近圣日耳曼德普雷（St. Germain-des-Pres）的笛卡尔的墓碑铭文赞他为科学之重建者（Reconditor doctrinae）和维护人类理性权利的第一人，这里所谓重建，是重建被中世纪扼杀的古希腊—罗马时代的科学，所谓"第一人"并非从一般意义上而言，而是指自希腊—罗马古代文化沦亡以来的第一人。黑格尔在《哲学史讲义》中说，他为了尽快"越过"六到十六世纪这一千年，想"穿上千里靴"。他不强求人"亲自"阅读中世纪哲学著作，"因为它们写得全面而贫乏，篇幅大，令人望而生畏"。关于这里所说的情况，参见 J.Pieper,《"经院哲学"——中世纪哲学的人物与问题》[II]（"*Scholastik*". *Gestalten und Probleme der mittelalterlichen Philosophie*，München 1960）第 17—18 页。

[2] 金克木：《主题的试用——读〈大学〉》，载《读书》，1986（3），第 65—75 页。在这里笔者略去了金先生关于与中国文明和欧洲文明的这三个时期相应的印度文明中的伟大思想家的叙述。

期产生伟大思想家的现象称为"突破"，称为"哲学的突破"（philosophic breakthrough）或者"超越的突破"（transcendent breakthrough）。所谓"突破"是指"某一民族在文化发展到一定的阶段时对自身在宇宙中的位置与历史上的处境发生了一种系统性、超越性和批判性的反省；通过反省，思想的形态确立了，旧传统也改变了，整个文化终于进入了一个崭新的、更高的境地"。在公元前一千年之内希腊、以色列、印度、中国这几个古老国家都先后以不同方式经历了这种"突破"，与它联系在一起的是少数圣哲的名字：孔子、老子、墨子、苏格拉底、柏拉图、以色列的先知和印度的释迦牟尼。[1] 金克木先生指出了文化发展过程中的一个现象，西方的某些学者则将这一现象构成为"概念"。不过，余英时指出，"突破"的名词虽起于西方近代学术界，但这个观念早已见于中国思想史，庄子《天下篇》的"道术将为天下裂"便发挥了"突破"观念。[2] 在这里我想借用金先生三个重要时期的理念，而只是将金先生提出的与朱熹相对应的欧洲的但丁改为托马斯·阿奎那。从西方思想史的视角看，也许托马斯更具代表性。

---

[1] 余英时：《士与中国文化》，上海：上海人民出版社，1987 年，第 90—92 页。关于讨论"突破"的文献，余先生提到：Talcott Parsons，《知识分子——社会角色范畴》（*The Intellectual. A Social Role Category*），载 Ph. Rieff 编：《知识分子论》（*On. Intellecturals*，New York 1970）；B．Schwartz，《古代中国的超越》（Transcendence in Ancient China），载 *Daedalus*，1975 年春季号；E. Weil，《何谓历史上的突破？》（What is Breakthrough in History），载 *Daedalus* 同一期。

[2] 同上。

二

如果从"突破"的观点看，或者从通常所说的继承、发展和"创新"的观点看，朱子和托马斯都当之无愧地是他们那个时代的关键人物，是开创思想史上的新时代的贤哲。

第一，朱子综合《易传·系辞》的太极论和周敦颐的太极阴阳论并以理解释太极，而将阴阳解释为气，从而建立了他的理气宇宙生成论。第二，他借鉴佛教《华严经》与禅宗的"理与事"以及华严宗所解释的"一与多"这两对范畴提出他的"理一分殊"命题，解释本体与现象、一般与个别、统一性与多样性的关系。第三，鉴于佛教在唐代成为中国思想和信仰主流，其影响深入人的人伦日常生活，韩愈（768—824）、李翱（778—841）便力图重振儒学，恢复儒学在中国人的社会生活中的地位。韩愈针对新禅宗的"直指人心，见性成佛之旨"，提出"直指人伦，扫除章句之烦琐"[1]。可以说，这是借用禅宗的方法却反其道而行之。朱子进一步将人伦日用与最高本体联系起来：他提出人性天命的命题，而性即理，所以，人生来便被赋以天理，可是"才有天命，便有气质"，这气质之性表现为人欲。"人之一心，天理存则人欲亡，人欲胜则天理灭。"但朱子又认为"天理人欲，几微之间"，"天理人欲无硬底界"，"虽是人欲，人欲中亦有天理"。他举例说："饮食者，天理也；要求

---

[1] 陈寅恪：《金明馆丛稿初编》，上海古籍出版社，第 28 页。

218

美味，人欲也。"[1] 可见，朱子并非像那些将他的学说政治化了的人所称的那样是绝对的禁欲主义者，他只是将人的自然欲求给以形而上的解释和遏制过奢的欲求而已。第四，他的先行者韩愈最早发现《大学》的价值，《大学》讲的是"内圣"而"外王"，即从诚意正心、修身达到齐家治国平天下。朱子以理解释《大学》，将《大学》所宣讲的"明德"诠注为"人之所得乎天而虚灵不昧以具众理而应万事者"。从而将他的此岸"伦理"建立在"彼岸"的，即形而上的基础之上。他指出格物、致知、诚意、正心是修身的必由之路。他在"自天子以至庶人，一是皆以修身为本"一句话后面特别解释说："一是一切也。"[2] 一切人皆是如此。可以说，朱子以他的《大学》诠释的形式向为君者进言，提出他的政治哲学的或者政治伦理的主张。第五，朱子的认识论的基础是"心包万理，万理具于一心"[3]，这是先验的"已知之理"，但是，"自家虽有这道理须是经历方得"[4]，即必须"格物"才能"致知"。这就是说，他既承认人生而有知的先验性，也不否定见闻之知，而且，必须经由对实在事物的观察、思考才能够发明"已知之理"，达到对事物的真知。与他的认识论相联系的是他的知行观，他认为，"知行常相须"，"论先后，知为先；论轻重，行为重"。[5] 他强调"力行是明理之

---

[1] 以上引语均见《朱子语类》，卷十三，同前，第 224 页以下。
[2] 以上引文均见朱熹，《大学章句》1。
[3]《朱子语类》，卷九，同前，第 155 页。
[4]《朱子语类》，卷十，同前，第 161 页。
[5]《朱子语类》，卷九，同前，第 148 页。

终"。人们，尤其西方学者习惯上称自韩愈发其端而经朱熹总结、发展并最终构成一个庞大体系的学说为新儒。这儒学之新就在于它吸收了外来的思想，即佛教和在中国土地上产生的禅宗以及道家思想并以此重新诠释原儒的学说。朱子藉以统摄这一切的便是"理"，理是彼岸的，它存在于"未有天地之先"；它是此岸、此在之形而上的根据："若无此理，便亦无天地，无人无物，都无该载了。"然而，理又是此岸的，"合天地万物之言，只是一个理；及在人，则又各自有一个理"[1]；它无所不在，"宇宙之间，一理而已，天得之以为天，地得之以为地，而凡生于天地之间者，又各得之以为性，其张之为三纲，其纪之为五常，盖此理之流行，无所适而不在。"[2]朱子所诠释的"理"与基督教的上帝有相似之处，但朱子否认人格神的存在，理只是最高的精神性本体而绝非信仰对象。它更像莱布尼茨的原初单子，虽然莱布尼茨往往将原初单子与上帝等同。[3]有一点大概可以肯定，莱布尼茨正是在这里看到了朱子与西方哲学的接触点。

托马斯·阿奎那比朱熹晚生九十五年，比但丁早生四十年。如果说，思想史上进入近代的标志是宗教之俗世化（Säkularisation），即从对此世的否定到对此世的肯定，从出世到入世，从神本到人本，而后者的一个重要标志便是对人的理

---

[1] 以上引文见《朱子语类》，卷一，同前，第1—2页。
[2]《朱子文集》，卷七十。
[3] G. W. Leibniz,《单子论》（*Monadologie*，Reclam，Stuttgart 1979），S. 47.

性的肯定，对个体的肯定，那么从这一点上看，西方到了启蒙运动才完成了这一过渡，这就是莱辛所说的"神启所给予人者也并非人的理性凭靠其自身所达不到的东西"。[1] 这就是说，上帝所给予人的一切，人靠自己的理性都可以达到。这种对人的理性的全然肯定在新儒却是已经达到的。因为他们不承认人格神的存在，当然也就没有神启之说。朱子认为"心包万理，万理具于一心"，可以说，"神启"就在每个人的心里，即戴震（1723—1777）所说的新儒的"理得于天而藏于心"。新儒与西方启蒙运动同样肯定理性、肯定此世，但其思路却相反，后者强调人自己的理性有能力达到神启所给予人的东西，所以康德呼吁人"Hab den Mut, dich deiner Vernunft zu bedienen！"（要有勇气使用你的理性！）；而前者的"人性天命"的命题只是为人的理性找到一个形而上的终极根据，但这终极根据却无力干预人，人藉助其"天命之性"自律、自为，从而达到与理为一，即所谓"自诚明"的境界，亦即"内在超越"。[2]

在西方哲学史上，托马斯生活于其中的十三世纪被认为是进行伟大的系统化创造的时代。过去以箴言集（Sentenzenbücher），如早期经院哲学家彼得·郎巴德（Petrus Lombardus，1100—1160）所编的《教父名言集》的形式承传基督教教义的方式开始变成独立的系统性思想，其集大成者便是

---

[1] G. E. Lessing，《莱辛文集》（*Werke in drei Banden*，Bd. III，München 1982），S.638。

[2] 余英时：《士与中国文化》，同前，第491页。

托马斯，这表现在他的代表作《反异教大全》和《神学大全》，前者是对神学的理性论证，即给予神学以哲学的总结；后者是他的神学和哲学体系。正如奥古斯丁（Augustinus，354—430）接受新柏拉图主义发展基督教教义，从而建立了他的哲学神学体系那样，托马斯的神学哲学体系则得益于亚里士多德的思想。虽然在此以前，波依提乌（Boethius，约480—约524）曾将亚里士多德的逻辑学著作译成拉丁文并加以评注，但并未造成广泛影响。在十三世纪，亚里士多德的全部作品从希腊文和阿拉伯文译成拉丁文，托马斯不仅推动威廉·穆尔贝克（Wilhelm von Moerbeke，1215—1286）的亚里士多德著作的译事，而且还写了亚氏著作评注，这些评注被认为是"改变了西方精神面貌的亚里士多德著作诠释文献"[1]。奥古斯丁虽然承认意识的决定性地位，认为它是一切真理认识的直接出发点，但这"自然之光"——人的理性——只能藉助"超自然之光"——上帝——的照明，这就是说，人的理性在藉助上帝的照明所达到的超验认识中分享着上帝的理念并从中观察到不变的真理。托马斯则向前跨了一步，他认为信仰认识需要关于世界的自然认识并以后者为前提。[2] 这里所说的自然认识，即对世界的理性认识。所谓信仰认识并非直接启示，而是神学家根据信仰所达到的认识。他说，"显然，那些宣讲《圣经》的人必须应用世俗

---

[1] Josef Pieper，《托马斯·阿奎那思想简论》[III]（*Einführungen zu Thomas von Aquin*，München 1958），第138页以下。

[2] Thomas von Aquin，《论真理》（*Quaest. disp. de veritas*），14，9—8。

的智能。"[1] 他认为，"关于创世的错误有时来自信仰真理"[2]。这在当时无疑是惊世骇俗的言论。他死后三年，即在 1277 年，他的学说同时在当时欧洲的两个文化中心巴黎大学和牛津大学遭到批判也就不奇怪了。托马斯看到了理性"所知者"和信仰"所信者"之间存在着的矛盾。他承认二者之间的差别，承认二者各自不可互为根据，即各自具有独立性，因而它们的统一性，它们相互联系的必然性既非来自信仰也不是来自理性，而是基于一个更深的根。这更深的根不是别的而是神性理智。神性理智的真理是所有在者藉以和从中得到衡量的唯一尺度。[3] 换言之，事物的真理植根于神性理智的真理之中。而事物又决定着人的理解和与这种理解相符合的真实表述的真实性。所以，这些真理与第一真理的关系，犹如某种被量度者与外在于它的尺度的关系。托马斯将理性与信仰这两个完全不同的东西统一起来的徒劳尝试说明了他那个时代的尴尬，而走出这一尴尬，宣布二者之统一既不可能也无必要的是晚于他近百年的奥卡姆的威廉（Wilhelm von Okham, 1298—1349, 人们习惯上译为奥卡姆），这说明中世纪告终，新时代即将来临。

---

[1] Thomas von Aquin,《驳非难》(Contra impugu), 3, 5; Nr. 411。
[2] Thomas von Aquin,《反异教大全》(Contra Gentiles), 2, 3。
[3] Thomas von Aquin,《论真理》, 17。

三

朱子和托马斯都是汲取外来思想最终完成自己的体系的。朱子继承韩愈"入佛教之室操其戈"（余英时语）的传统，进一步从范畴和方法论上借鉴新禅宗建立了自己的理学体系；托马斯的神学哲学的形成则得益于亚里士多德思想。有人说，"没有托马斯，亚里士多德便默默无闻"[1]。意思是说，托马斯推动了亚里士多德著作的翻译并为之写了许多评注，从而使亚里士多德思想在西方得到传播。实际上从另一方面更可以说，没有亚里士多德便没有托马斯主义体系。

朱子哲学的基本范畴是"理"。"理"作为哲学概念早已见于先秦诸子著作中，孟子将理看成是一个道德范畴，《孟子·告子上》中说："心之所同然者何也？谓理也，义也。"庄子提出"天理"、"万物之理"并以"理"解释"道"，他在《善性篇》中说："道，理也。"这里的"理"已带有形而上的性质。唐代佛教的华严宗提出理事范畴，认为事是"心缘色"而起，由本体而生的现象，理是"平等真如"即本体世界。朱子正是综合所有这些学说建立了他的理哲学体系的。他所指的理既是至高的宇宙本体，也是每一具体事物的本性的根据："人物之生同得天地之理以为性，同得天地之气以为形，其不同者，独于人其间得形气之正而能有以全其性。"从朱熹的理概念的这些特征

---

[1] Josef Pieper，《托马斯·阿奎那思想简论》[III]，同前，第81页。

224

看，理与托马斯所诠释的"在"（希腊文：on，拉丁文 Esse，德文 Sein）[1] 非常接近。"在"是西方哲学的基本概念，它是本体论（Ontologie）的主要对象，其对立概念是"无"。托马斯关于在的论说集中于他的《论在者与本质》（*De ente et essentia*）一文中。在这里，他提出了本体意义上的在和藉此一在而在的在者这两个概念。他援引亚里士多德《论范畴》说，在者本身可以用两种方式加以表述：其一是在者可分为十个范畴；其二，凡是说明表述之真实者，即凡是能够就此构成肯定性表述者都可被称为是在者，譬如，"否定"是与"肯定"对立的，这也属在者之列。这意思是，一切事物和肯定性判断都是在者。而按照第一种方式，则只有指现实中存在的东西者方可被称为在者。[2] 他指出，既然所有通过一个他者而在的事物都来自通过其自身而在的在者，即都来自第一原因，那就必然有一个作为一切事物存在的原因的东西，必然有一个其本身只是在的东西，必然有一个本身为在的第一在者，而这个在者就是第一原

---

[1] 关于 "Esse"、"Sein" 或英文的 "Being" 的译名，以往多译为 "存在"，自上个世纪八十年代以来，不少人又译为 "在"；而与之联系的 "Dasein"（existieren）便译为此在（生存），"Sosein" 则译为 "所在"，前者回答问题：某物是否在？后者回答问题：某物是什么？从 "Sein" 衍生出的 "Seiendes" 译为 "在者"。这里取后一种译法。近来不少学者主张 "Sein" 应译为 "是"。见汪子嵩等：《关于"存在"和"是"》，载《复旦学报》，2000（1）；萧诗美：《西方哲学的 Being 中文只能从"是"去理解》，载《武汉大学学报》，2000（1）。在德文中，"Sein" 作为系词意为 "是"，作为与 "nichts"（"无"）对立者应译为 "有"，过去译为 "万有" 是有道理的。但是，"Sein" 也有 "在" 的含义，而且就其原初意义而言是指 "real existieren"（现实存在）。参见 W. Brugger，《哲学辞典》（*Philosophisches Wörterbuch*，Freiburg，1985），"Sein" 条。在汉语中很难找到一个对应词用以涵盖 "Esse"、"on"、"Sein" 的所有义项，在这种情况下，也只有从语境把握其具体含义了。

[2] Thomas von Aquin，《论在者与本质》（*De ente et essential*，Reclam，Stuttgart 1987），S. 6—7。

因。[1] 这第一在就是上帝，上帝的特性是，不可能再为他添加上任何东西，因为他恰恰由于他的纯然性而是一个与其他任何在区别开来的在。但尽管如此，他却拥有所有事物所拥有的一切完美，他是绝对完美者。[2] 所有这些完美在他身上是一个东西，而在其他事物则是有差别的。[3] 我们看到，朱子的理和托马斯的位格化为上帝的在都是万物各得其理或其在的本体。这个在所拥有的一切完美品格，在其自身是一个东西，在一切事物身上则千差万别，这也就是朱子所说的"理一分殊"。我们还看到，托马斯证明第一在者，即上帝存在的方法是从一切事物存在的事实推及造成一切万物的存在的第一在之存在，从事实推及造成此一事实的第一原因。顺便提一下，托马斯证明上帝存在的五种方法用的是亚里士多德的四因（质料因、动力因、形式因、目的因）以及他自己加上的一个准形式的和准动力的原因（quasi-formale und quasi-effiziente Ursächlichkeit）。他以自然有序的世界存在的事实为前提从这五个方面逐级推论这一事实存在之原因，一直推及第一原因上帝。[4] 朱子在论辩中也使用这种推理方法，他在回答他的学生有无鬼神的问题时，也是从良能功用，从"风雨霜露"这类"造化之迹"推论鬼神之存在："说道无，又有；说道有，又无。物之生成，非鬼神而

---

[1] Thomas von Aquin，《论在者与本质》（*De ente et essential*，Reclam，Stuttgart 1987），第 51 页。

[2] 同上，第 57 页。

[3] 同上，第 59 页。

[4] 参阅 Thomas von Aquin，《反异教大全》，I，13；《神学大全》（*Summa theologica*）I，pp. 2—3。

何？然又去那里见得鬼神！"[1] "论来（鬼神）只是阴阳屈伸之气，只谓之阴阳亦可也。然必谓之鬼神者，以其良能功用而言也。今又须从良能功用上求见鬼神之德，始得。"[2] 他这里所说的"良能"指"理之自然，不待安排"。所谓"功效"，他引《中庸》的话说："能使天下之人'齐明盛服以承祭祀'便是功效。"[3] 朱子将"天地之心"的"心"解释为"主宰"，"然所谓主宰者，即是理也，不是心外别有个理，理外别有个心"。他基于这一解释认为"天地别无勾当，只是以生物为心"。他这也是从世上万物存在的事实推论出天地之主宰："若果无心，则须牛生出马，桃树上发李花。"但他并不认为有个造物主安排一切，他说："苍苍之谓天，运转周流不息，便是那个。"（这是对程颢"天地无心而成化，圣人有心而无为"一语的解释）"而今说天有个人在那里批判罪恶，固不可，说全无主之者，又不可。这里要人得见。"[4] 朱子虽然在论证方法上与托马斯一致，都是从已达到的知推及不可能通过感觉的经验得到的未知者，但其出发点不一样。在前者是从经验世界推及一个超验的本体，藉此解释此一经验世界。这个本体是一个"无情意、无计度、无造作的"的理（天地之心），而不是位格化的神；在托马斯则是基于信仰为驳斥异端而从井然有序的经验世界推断出安排此一世界秩序的上帝的存在。前者是为解释此一经验世界而找一个超

---

[1]《朱子语类》，同前，第 1547 页。
[2] 同上，第 1545 页。
[3] 同上，第 1549 页。
[4] 以上全引自《朱子语类》，卷一，同前，第 4—5 页。

验的本体根据，后者则是以此一经验世界证明超验的位格上帝的存在。在前者"天地以此心（亦即理）普及万物，人得之遂为人之心，物得之遂为物之心，只是一个天地之心尔"[1]。"所以，'此世'是否合'理'主要便是由人来负责了"[2]；在朱子看来，没有人"在那里（天上）批判罪恶"，没有末日审判，没有天堂地狱。而这些却正是托马斯所要告诫于基督徒的。

　　朱子的"理"既是宇宙本体，也是人伦日常本体，即道德本体。一个人的最高的人格追求是"与理为一"。明确提出这一观念者是程颐，他说，"圣人与理为一，故无过无不及，中而已矣"，"大而化，则已与理一，一则无己"。[3]朱子将"与理为一"加以具体化，提出"仁者，爱之理，心之德也"，认为"心之全德莫非天理"。[4]这样，理作为道德本体便与"仁"、"德"等同了起来。托马斯将"在"作为他的道德本体，当然这个在最终仍旧归结到第一在——上帝。他说，凡在者不论以什么方式只要在便是善的；每一个创造物分得善的程度相当于它分得在的程度；在本身便有善的品格，"善"和"在"是可以互换的概念；"善"、"真"和"在"事实上是同一个东西，而内容上是区分开来的。[5]像朱子将理与仁、德等同一样，他在这里将在与善、真等同。他认为，被赋予精神的本质（即人）在某种程度

[1] 以上全引自《朱子语类》，卷一，同前，第4—5页。
[2] 余英时：《士与中国文化》，同前，第491页。
[3]《二程语录》，卷十五。
[4] 朱熹：《论语集注·颜渊》。
[5] Josef Pieper，《托马斯·阿奎那思想简论》[I]，同前，第42页。

上是一切，只要它能够通过它的认识能力把握住整个在。[1] 把握住整个在也可以被认为是朱子所说的达到"与理为一"。

现在我们已经接触到了朱子和托马斯的认识论，朱子从"万理具于一心"的命题出发提出"所觉者，心之理也；能觉者，气之灵也"，即给予认识者是内心所蕴含之理，进行认识者是禀有气之灵的心。但朱子并未因此而像陆九渊（1139—1192）那样将认识局限于返归内心，而是主张格物、致知、穷理。他在《补大学格物章》中解释说："所谓致知在格物者，言欲致吾之知，在即物而穷其理也。盖人心之灵，莫不有知，而天下之物莫不有理。惟于理有未穷，故其知有不尽也。是以大学始教，必使学者即凡天下之物，莫不因其已知之理，而益穷之，以求至于其极。至于用力之久，而一旦豁然贯通焉，则众物之表里精粗无不到，而吾心之全体大用无不明矣。此谓物格，此谓知之至也。"[2] 他在这里讲到了认识过程的两个阶段：即知的积累和飞跃（豁然贯通），最终达到"心之理"，使存在于自己内心的先验的"理"得到发明。这是他认识论上的"与理为一"。他实际上承认理性认识的无限性：人的认识可以从经验世界达到超验的本体。

托马斯首先确定人在宇宙中的地位："整个创世的最高阶段是人的灵魂，物质像追求其最外在的形式那样趋向着它……因为人是整个创世的目的。"托马斯说，"人的追求是认识一个整体和完美无缺者"，"人在某种意义上是整个在"，"人的最大幸

---

[1] Josef Pieper，《托马斯·阿奎那思想简论》[1]，同前，第49页。
[2] 见《四书集注》，香港：太平书局，1968年，第6页。

福在于，在他的灵魂中反映出整个宇宙的秩序"。这种对人的肯定与朱子所言"独于人其间得形气之正而能有以全其性"的说法言殊而义同。其次，他像朱子一样认为，"进行认识的精神伸张开去以至无限"，因为人的固有天性便是要求认识真理。[1]他如此描写认识过程："在者国度中像精神事物那样的最完美的事物在完成的返归中返回它自己的本质（Wesenheit）。它在认识外在于自己的事物时，在某种意义上便从自身走了出来；在它认识到它在进行认识的时候，它便开始返归于自身：因为认识在认识者与被认识者之间的中间。当它认识到自己的本质时，那种回归便全部完成。因此说，认知着其自己的本质的任何事物在完成的返归中回到它的本质。"[2]他认为，这种向着其自己本质的返归不是别的，而只是拥有一个基于自己本身的、独立的在。与躯体结合在一起的人的认识力量之固有对象便是在躯体物质中得到实现的本质。我们的自然认识所可能延伸到的地方正是它被感性上可察知的事物所可能引领到的所在；因为感官是我们认识的第一来源，所以，我们对之作出判断的一切必然将以某种方式被引回到感官。[3]他指出，感官自身却察知不到自己本身和自己的活动，眼睛既看不见自己也看不见自己在看着。只有返归俯视自己的活动的理性才能够对自己的判断作出判断。他在他的《反异教大全》中将具有精神认识的生命

---

[1] Josef Pieper 编：《托马斯文选》，同前，第 52 页。
[2] 同上，第 53、54 页。
[3] 同上，第 54 页。

列入最高的完美等级，属于这一等级者是人、天使和上帝，其特点是他们针对自己，即他们能够认识自己。但三者却又有差异：人的精神虽然能够认识自己，但他的认识却开始于外部，没有感性图像他便不能认识自己；只有上帝才是生命之最高完成，在他身上认识和在相互间没有任何区别。[1]

朱子和托马斯在认识论上惊人地相近：在朱子，认识的主体是"气之灵"，即人的心灵；在托马斯则为人的精神（灵魂、理性）。给予认识者在前者为"心之理"，即得自天而藏于自己内心的理；在后者为"人的本质"，而此本质就是得自上帝之在的"在"。在前者，为认识这种"心之理"，必须由格物，即由认识外在事物开始；在后者，为了认识自己的本质，也必须由认识外在事物开始。认识所要达到的最高境界在前者是"穷理"、"知至"，是明澈"吾心之全体大用"；在后者则是"拥有一个基于自己本身的、独立的在"。

人性论是朱子和托马斯思想中又一个重要的可比之点。朱子承认《中庸》的"人性天命"的命题，但他以他的理气说解释这一命题："性即理也。天以阴阳五行化生万物，气以成形而理亦赋焉。"这意思是，理构成人的心灵，构成人性，而气构成人的形体。但气不仅构成人的形体，也影响人的性，理与气构成人的整体："人物之生各得其所赋之理以为健顺五常之德"，但是"性道虽同，而气禀或异，故不能无过无不及"。[2]他在另

[1] Josef Pieper 编：《托马斯文选》，同前，第 23 页。
[2] 朱熹：《中庸章句》1。

一个地方说："性命，形而上者也；气则形而下者也。形而上者，一理浑然，无有不善；形而下者，则纷纭杂糅，善恶有所分矣。"[1] 换言之，形而上者是天地（或天命）之性，形而下者即气质之性。他说："论天地之性，则专指理言；论气质之性，则以理与气杂而言之。"日本学者上山春平将朱子的人性论的理论构成概括成一个图，今录如下（图一）：[2]

$$
心
\begin{cases}
未发＝性（体）
\begin{cases}
本然之性 \longleftarrow 理 \longleftarrow\cdots \\
气质之性 \longleftarrow 气 \longleftarrow\cdots
\end{cases}
天 \\
已发＝情（用）
\end{cases}
$$

图一

　　这个图说明，性一方面来自天命，得之于理而成本然之性或曰天地之性，理气相杂成为气质之性；另一方面从人看，作为人的主体的心未发或未动时是性，是体，即本质，已发时或已动时便是情，是用，即表现为喜怒哀乐的现象。在我看来，情与气质之性有关，而且，并非从性衍生出本然之性和气质之性，而是相反，性为天命，这是本于理的本然之性，情则本于形气，即气质之性。朱子又称性为"道心"，情为"人心"，他说："此心之灵，其觉于理者，道心也；其觉于欲者，人心也。"又说："人心出于形气，道心本于性命。"[3] 这里箭头所指应相

[1] 转引自张岱年：《中国哲学大纲》，北京：中国社会科学出版社 1985 年，第 219 页。
[2] 辛冠洁等编：《日本学者论中国哲学史》，北京：中华书局 1986 年，第 353 页。
[3]《朱子语类》：卷六十二，同前，第 1487 页。

反。在我看来，这个图也许可以改为（图二）：

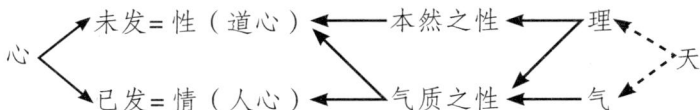

图二

朱子认为，人的本然之性，即道心是善的，而人心却有善恶之分，恶的来源是表现为人欲的气质之性。

托马斯认为人性中之善在于人之在。他说："在本身便具有善的品格，'善'和'在'是可互换的概念。"在他看来，在就是善，事物只要"在"便是善的；当然，也可以说人只要在着便是善的，这个"在"既是与上帝等同的宇宙本体，又是事物以及人之善的根据，这与朱子的"理"是一样的。托马斯还说，善和向善，此两者来自一个事物的本性（die Natur）[1]，这个"本性"相当于朱子的"天地之性"或"本然之性"。那么，托马斯如何理解恶，恶从何而来呢？他认为恶的存在（Bosesein）便在于不在（Nichtsein）。他说："一个事物只要在，便不可被称为恶，除非它失去了在。"而"在"是与上帝等值的，所以，托马斯说："恶行只要是指它从在中所拥有的东西，这恶行便是善的，并来自上帝。"他解释说："在罪的行动中属于在和动力（Sein und Wirken）的一切都应追溯到作为第一原因的上帝；但其中属于形变（Missförmigkeit）者则来自作为其原因的自由意

---

[1] 以上引文见 Josef Pieper 编：《托马斯文选》，同前，第 42 页。

志。"他举例说："并非通奸者的本性（Natur）恶，而是他的意愿邪恶。凡由他的精子的力量所产生的东西却并非来自他的意愿，而是出于他的本性。因此，如果说上帝有助于这一行动并使之最终完成，这也并无不妥。"[1] 这就是说，通奸者来自上帝的作为人的本性并不恶，恶的是他表现为邪恶欲求的意愿，即自由意志。他在这里所说的本性即朱子所说的"本然之性"，朱子以"理"释"性"，所以，它始终是善的。托马斯所说的"意愿"或"自由意志"则属于朱子所指的理气杂糅的气质之性，这气质之性则有善恶之分，则有"昏明、开塞、刚柔、强弱的不同"。在这一点上，两人的观点是一致的。托马斯将恶表述为"在的缺失"，朱子的表述与他类似："人只有天理人欲。此胜则彼退，彼胜则此退"[2]；人须将那不错的心去验那错的心。不错的是本心，错的是失其本心。[3] 换言之，恶是对理退出的地位的取代，反过来看，这是理之不在，或"失其本心"。

托马斯是一个性善论者，他认为求善、向善是人的本性，没有人为恶而求恶。他认为，一切恶都植根于一种善，一切假都植根于一种真。恶不凭借善的力量便无所作为，他这种论断的根据是：一切事物只要在便是善的。他认为，世界上"没有完全是恶的东西"，世界上没有杂有恶的善，但任何一种恶却无不杂有善；善性中之善比邪恶中之恶更为强大。[4] 朱子远远没

---

[1] 以上引文见 Josef Pieper 编：《托马斯文选》，同前，第 43 页。
[2]《朱子语类》，卷十三，同前，第 224 页。
[3] 同上，第 205 页。
[4] 以上引文见 Josef Pieper 编：《托马斯文选》，同前，第 47 页以下。

有这么乐观。当学生问他"天地会坏否"时，他说："不会坏。只是相将人无道极了，便一起打合，混沌一番，人物都尽，又重新起。"[1]

最后，我想比较一下朱子和托马斯的道德观和政治伦理思想。朱子将一切都统摄于他的理体系之内，道德自然在内，"人物之生，因各得其所赋之理，以为健顺五常之德，所谓性也"。[2] 人从理获得自己的性，这种性的内容是仁、义、礼、智、信五项道德准则。他的道德律令是"明天理，灭人欲"，方法则是"居敬穷理"。所谓居敬，即以恭敬自持。他说："圣贤千言万语，只是教人明天理，灭人欲。……程先生说'敬'字，只是谓我自有一个明的物事在这里，把个'敬'字抵敌，常常存个敬在这里，则人欲自然来不得。"[3] 所谓"穷理"即格物致知。可以说，"居敬穷理"是他对《大学》中格物、致知、诚意、正心，这个修身程序的简化。这种道德上自律的目的在于齐家、治国、平天下。如人们常说的前者是"内圣"，而后者是"外王"。朱子以诠注《大学》的形式表达了他的社会伦理思想，提出了他的理想的个体人格。这一套程序中的核心在正心，心正是格物致知诚意所要达到的最高境界，心正才能"与理为一"；它又是修齐治平的道德前提。他虽然要求"自天子以至于庶人"都应无一例外地追求这种人格理想，但毋宁说，他意之

---

[1]《朱子语类》，卷一，同前，第70页。
[2] 朱熹：《中庸章句》1。
[3]《朱子语类》，卷十二，同前，第207页。

所指主要是为君者。他说:"天下事有大根本,有小根本。正君心是大本。"又说:"天下事当从本理会,不可从事上理会。"他认为立法固然重要,执法之人尤其重要:"大抵立法必有弊,未有无弊之法,其要只在得人。若是个人,则法虽不善,亦占分数多了,若非其人,则有善法,亦何益于事!"[1]他提倡的是"贤人政治"。他告诫为君者说:"治道别无说,若使人主恭俭好善,'有言逆于心,必求诸道;有言逊于志,必求诸非道';这如何会不治?这别无说,从古来就有见成样子,真是如此。"[2]他不仅向为君者提出道德原则和自律之道,而且还将《资治通鉴》和《通鉴举要历》加以简化编成《通鉴纲目》向为君者列出从古以来的"见成样子",让他们能够从历代治乱兴亡中取得鉴诚。朱子的这种政治主张不会讨得君主的欢心是显而易见的,他在世时他的学说被斥为伪学也就不奇怪了。至于后来他的学说被统治者利用,被政治化,被奉为官方哲学,这并非作为哲学家的朱子的初衷。哲学家大都是理想主义者,言其所想;而统治者大都是实用主义者,利用一切对其有用者。

托马斯的伦理思想的出发点是"道德性以自然性为前提"[3]。"自然本性(das Naturhafte)是美德的基石,这既对恩典所赐的美德也就自己获得的美德而言","适应自然,合于理性,这是寓于欲求力量之中的美德的固有特点"。[4]他认为,道德行

---

[1]《朱子语类》,卷十二,同前,第 2678—2680 页。
[2] 同上,第 2678 页。
[3] Josef Pieper 编:《托马斯文选》,同前,第 6 页。
[4] 同上,第 62 页。

为即符合在的自由秩序的行为。他由此而承认个人和共体生活中的道德上的自然法则和自然法。所谓道德上的自然法则或者自然的道德法则（das sittliche Naturgesetz 或者 das natürliche Sittengesetz）是指为人的天然本性所规定的行为准则；所谓自然法（Naturrecht）是指寓于神性的秩序或者人的理性中的法。托马斯的伦理思想与他的人性本善的人性观是联系在一起的，人性是与生俱来的自然属性，也是自然的一个方面。在托马斯看来，人性归根到底是上帝的灵在人身上的映象，它自然地便趋善避恶。"一切违背自然倾向的行为之所以是罪就是因为它们违背自然法则。"[1]道德使我们臻于完美，"使我们能够以得体的方式遵循我们的自然倾向行事"。[2]不过，他认为，道德的完成却并非凭借自然本性，而是靠理性，因为分辨善恶的理性不会背逆善，而是属于善的概念。他说："一切人类功业的第一本源是理性。"他认为，任何离开理性的意愿都是邪恶的，不论它是对还是错。[3]他将符合理性、听从理性良知呼唤的德行称为理性德行，而将人的意志行为称为实践德行，这两种德行都属于自然德行。作为基督徒的托马斯不同于朱子的是他又提出第三种德行，即神性的德行，他认为道德是人向着上帝的运动，是与上帝趋同。正如朱子的理想人格是达到"与理为一"一样，托马斯的理想人格是个体与上帝融合。一个人仅靠实践的和理

---

[1] Josef Pieper 编：《托马斯文选》，同前，第 63 页。
[2] 同上，第 64 页。
[3] 同上，第 66 页。

性的德行是不够的，还必须有神性的道德，以便达到永福，而前两种德行只能使人获得尘世幸福。所谓神性的德行就是信仰、热爱和服从上帝。而信仰是"走近上帝的开端"。[1] 托马斯是否定神学（negative Theologie）论者，[2] 他强调对上帝的信仰，强调在创世的完美和自然的和谐秩序中体察上帝的本质，体察上帝的无所不在。总之，正如朱子的道德价值标准是"理"一样，托马斯的道德价值标准最终仍是"上帝"。

朱子死后半个多世纪，在 1265 年前后，正当十字军骑士团在东方的领地处于风雨飘摇之中的时候，托马斯写了一本书，题为《君主统治论》（*De regimine principum*），并指名献给塞浦路斯的国王。当时塞浦路斯是在第三次十字军东征（1189—1192）时英王查理一世占领塞岛后交由十字军骑士建立的拉丁王国。在这本小书成书前后在位的国王是胡果二世或者三世（Hugo II 或 Hugo III）。他在引言中说明了全书的内容：根据《圣经》的训诫、哲学家的认识和受人赞颂的国王们的范例，仔细阐明国王的治道、国王统治的起源和与王位有关的一切。像朱子的《通鉴纲目》一样，这本小书也是一面为君者之鉴。他提到哲学家的认识，这说明，他在这里提出的问题是借鉴了亚里士多德的学说的。他主张君主制，因为天性决定了人是为共

---

[1] Josef Pieper 编：《托马斯文选》，同前，第 112 页。

[2] 否定神学以否定性的、否定具体特点的语词描述上帝的本质。如托马斯说："我们无法把握上帝是什么，但却可以理解他不是什么，其他事物如何对待他。我们在此生不可能认识到上帝的本质自身是怎样的。但我们从它在创世之完美状态的映象中会认识到它。"（同上，第 111 页）否定神学更容易使人意识到上帝之无限性和不可把握，更令人神往。

238

同体和国家生活而被创造的群体，理性只能引导一个人的行为，而一个共体必须有一个领导。他援引所罗门的话说："没有执政官，人民就如散沙。"（《箴》11：14）[1] 而一个人的统治只要公正便是最好的。国王之于人民，犹如牧人之于牧群，而"众多牧人毁坏了我的葡萄园"（《耶》12：11）。[2] 他认为国王在他的国家犹如灵魂在躯体里和上帝在世界上那么重要[3]。他像朱子一样主张贤人治国，君主应是贤明者。但朱子提倡为君者自律，而他则更重视外在的制约，这制约来自两个方面：其一是人民的监督，他说："既然人民有权确定国王，那么，他们也就有充分权利罢黜所拥立的国王或者限制他的权力，如果他粗暴地滥用王权的话。"[4] 他认为罢黜国王并非不忠。其二是上帝的末日审判和永罚在等待着暴君，他告诫国王说，国王的一切权力来自上帝，国王是上帝的仆人，国王和君主们的报酬在天国的永福中达到最高度。[5] 尽管这两种制约方式都没有太大的实际意义，但在当时政教尚未完全分离的体制下毕竟也是对君主的警告。

---

[1] Thomas von Aquin，《君主统治论》（*Über die Herrschaft der Fürsten*，Reclam，Stuttgart 1994），第 7 页。

[2] 同上，第 12 页。

[3] 同上，第 47 页。

[4] 同上，第 24 页。

[5] 同上，第 34 页。

四

　　据说进行跨文化的比较是很有风险的，可是，我还是硬着头皮写完了这篇文章。因为我不想也没有能力"通过比较思维来扣问和开掘传统资源……好从那里获取最本原的思想强力，以便挣脱束缚我们已久的运思程序，冲入更开阔更自由的精神视域"，因为朱子和托马斯的著作大都有幸被保存了下来，几个世纪以来"叩问和开掘"他们的思想资源之作可谓汗牛充栋，可其"最本原的思想强力"却仍然是见仁见智。至于挣脱旧的"运思程序"，这只能是相互勉力共同努力的目标，因为人们积习太深，往往自以为挣脱了，在别人看来却仍然囿于旧程序之中。以这么一篇短文试图去比较两位分别在东西方思想史上占有崇高地位的思想家，我肯定是没有"丰富化"而是"简化"了他们的思想，不过，我有自知之明，"身在险中"[1]，知此险之严重，为文时谨慎小心，但愿在转述他们的命题时没有走样。我一直思索的问题是，朱子的思考始终着眼于此世，他之（并非基于信仰）设定一个超验的精神本体，是为了解释我们内在的和外在的经验世界，加强我们在此世的紧张状态，致力于创建一个和谐有序的世界；托马斯基于信仰肯定我们这个经验世界的事实，并以此证明有一个超验的精神本体的存在。他认定，和谐有序的经验世界必然是以不变的超验的纯然的和谐有

---

　　[1] 以上引文见刘东：《比较的风险》，载《读书》，2001（1），第134—141页。我之引用该文只是作为我发此议论的由头，对之并无臧否之意。

序为前提的，他从此岸世界之完美多样，推断造成这种完美多样的第一原因——上帝。在朱子是由世界万物和人伦日常推定本体，目的仍在加强此世的紧张，而在托马斯基于信仰以经验世界证明超验本体——上帝之实有，目的在加强信仰。何以从后者反而衍生出了后来的韦伯所称的发展现代资本主义的"新教精神"（这里姑且对韦伯理论上的缺漏和他对儒家思想的种种误解不作讨论），而前者的理论却并没有引向"探索自然"从而发展出现代科学和技术呢?[1] 从这个疑问我想到李约瑟的两段话，他在研究了莱布尼茨在创立他的新学说的过程中经在华耶稣会士的中介而接触到新儒家的情况[2] 以后指出："如果说欧洲不再以整合的努力来克服欧洲人在神学活力论（theological vitalism）与机械唯物主义（mechanical materialism）之间的矛盾的话，这应归功于从中国的有机自然论（organic naturalism）所受到的深刻而重大的启发。中国的这种理论在公元前三世纪的道家哲人的学说中已经得到精彩表述，在十二世纪的宋儒思想家们的著作中成为体系。"他说："近代自然科学的巨大成功

---

[1] 对此余英时先生曾有所思考，见他的《士与中国文化》，同前，第489页以下。但他所作的评说似于过于简略。

[2] 莱布尼茨与在华耶稣会士讨论中国文化开始于1689年在罗马与从中国返罗马述职的闵明我（Claudio Filippo Grimaldi）的相遇，此后，他与许多耶稣会士保持通信关系。1697年他以《中国新消息》（Novissima Sinica）为题全文或摘要发表了耶稣会士写给他的一些信件，在该书1699年的第二版中，他增补上白晋（Joachim Bovet）写的《康熙皇帝传略》。1707年他与刚从中国回到德国的耶稣会士齐马（Nicolas Agostino Cima）会晤并讨论了在欧洲介绍中国文化成就的可能性问题。他死前两年，即在1714年写成《单子论》。这本小册子集中表述了他的哲学思想，李约瑟所称的他的新学说，想必就是单子论。十多年前笔者曾写过《莱布尼茨与朱熹》一文，对朱子的理气论和莱氏的单子论作了比较，见《第五届国际莱布尼茨讨论会报告集》（Vorträge. V.Internationaler Leibniz-Kongress，Hannover，14—19. Nov. 1988），S.1048—1057。

之所以可能，是由于提出了一个机械性宇宙的假说（assumption of a mechanical universe），这当然是必要的，但是，只有当因知识的增长而需要接受一种更具有机械性的哲学——既是自然的，也是原子唯物主义的哲学——的时候，这个时代才有可能到来，这便是达尔文、弗雷泽、巴斯德、弗洛伊德、斯佩曼、普朗克和爱因斯坦的时代。如果要理出一条为之开辟道路的哲学家构成的承传之线——从怀特海追溯到恩格斯和黑格尔，从黑格尔到莱布尼茨——那么，这灵感之所由也许根本不是欧洲人。大多数现代'欧洲人的'自然科学之理论基础也许更应归功于像庄周、周敦颐和朱熹这样一些人，对这一点世人迄今还没有充分认识到。"[1] 当然，人们对李约瑟这一推断可以赞成也可以反对，但人们却无法回避他所提出的问题。我期待着有识之士对这一问题的研究成果，这将有助于解决我上面提出的疑问。

（原载香港《基督教文化评论》第十六期，2002 年春）

---

[1] Joseph Needham，《中国科学技术史》(*Science and Civilisation in China*，Vol.2, Cambridge University Press，1979)，p. 505。

翻译

——一个方法上和理念上的探索过程

《圣经》和基督教神学经典作家们某些重要作品的汉译文是经过几代翻译家们的努力完成的。它们虽然说不上在风格和表述上完全与原文相合，而又行文流畅，但毕竟包含着基督教神学的基本概念，在一定程度上为后来的翻译工作省去大量工作。但为我们奠定广泛的基础者，在我们看来却是自十九世纪末叶以来开始的西方哲学、政治、经济、历史以及文学经典作品的翻译。这场大规模的西方概念和理念的"迻译"，不仅为我们准备了理解和翻译德语基督教神学作品的知识，而且也提供了方法论上的可能途径，至少对并非神学家的我是如此。

至于基督教神学术语，它们——这里指基督教神学所独有的术语——正如其他人文学科的术语一样是不多的。而且，许多神学术语经世俗化逐渐进入其他人文学科，在社会生活中普及开来。所以，我认为，"迻译"基督教神学理念和术语时的困难，或者如我们的讨论中所说的具体的挑战和问题，毋宁说是产生于某一作者的神学作品的语言表述方式。例如，这可能是语言晦涩费解、文句冗长的作品；这可能是语言如行云流水、富于节奏的作品；这也可能是以嘲讽口吻、论战的激情而同时又是诗一般的语言写成的作品。将所有这些在风格和表述方式上不同的神学作品译成汉语，要求译者不仅具有机敏理智和对神学理念的深刻理解，而且还应有体察种种语言色调之语言的、美学的敏感和细腻的直觉。所有这些都有赖译者在有关学科方面的可靠知识和外语与母语的修养。但这并不说明我轻视术语的"迻译"。在汉语中为神学术语寻求恰当的译词，正确地翻译历史事件和人名、地名，确定和统一由此产生的汉语名称，这属技术问题，经由有关机构和译者之间的意见交换与协调，这是容易解决的。

我觉得翻译是一个从方法上和理念上进行探索的过程。人们首先应着手为原文中的概念找出和确定恰当的汉译词，接着必须考虑如何忠实地反映待翻译的东西的整个内涵。在这个过程中，我经常想到德国作家图霍尔斯基（Kurt Tucholsky, 1880—1935）在论及翻译时讲过的一句话：尽可能逐字（翻译），必要时灵活。他强调尽可能逐字翻译，而将灵活翻译只看成是"应急情况"。请容许我以自己的经验直言，这尤其适用哲学—神学作品，甚至一般人文学科理论著述的翻译。因为这类作品，不论是新的理论论题，还是理论反思抑或理论思辨，大都表述精确而严谨。因此，人们也必须精确而严谨地，即忠实于原文地翻译它们，而只在"应急"时自由行事。对此我想补充一点：译者在工作时应始终忠实于自己的角色——一个具有双重品格的角色：他一方面是一个读者，一个中国读者，另一方面又是译者。他绝不可超越他作为译者的权限，以作者自居，想当然地行事。在这里强调译者之中国读者的角色，不仅因为译者一如翻译理论所说是出发语言文本的接受者和归宿语言文本的发送者——而且更是出于下述考虑，汉译文必须是真正的，为中国读者所能理解和接受的汉语文本，否则翻译就未达到它的目的。

"理念和术语的迻译"——我们会议论题中令人注目的一个提法——在西方文化（在我们的语境中以基督教为载体）与中国文化这样的两种完全异质的文化相遇时从一开始便既有成功，也有失误，这正如我们在明代（1368—1644）末年以来的中西思想交流史上所看到的那样。人们没有理由片面地，甚至以不屑的口吻谈论其失误，如一本书中所写的："传统中国关于国家、社会以及个人伦理道德学说太复杂而且丰富，这些历史资源可以随时随地被翻出来，自圆其说地解释着那些其实并不相同的西洋思想，来自儒家学说的词语也随时可以出口成章，似是而非地翻译那些其实并不一样的西洋思想。"作为例证的"哲学"译为"理学"，以"修、齐、治"指称亚里士多德的伦理学，而以"致知"指称西洋书籍。[1]人们可以看到，这里所列举的汉语译词并非完全不正确，而且，此书的作者先生所称的从中国的"历史资源"中翻拣出这些词语并将之用来为西

---

[1] 葛兆光：《七至十九世纪中国的知识、思想与信仰》，上海：复旦大学出版社，2000年，第450页。

方概念确定汉语译词者恰恰并非对西方一无所知的中国学者，而是受过良好教育的欧洲耶稣会传教士。较之他们更早的罗明坚（Michel Ruggieri，1543—1604）和利玛窦（Matteo Ricci，1552—1610）在翻译儒家经典时，同样将手伸进西方的"历史资源"，以便翻拣出与中国概念相当的东西。罗明坚这位第一个登上中国土地的耶稣会士，在他的儒家《四书》的译文中将"大学"的"明德"译为 lumen naturae（自然之光）[1]；而利玛窦则径直称儒家学说为"道德学说"[2]。不难看出，罗明坚给"明德"涂上了自然神学色彩，而利玛窦的指称显然并未完全涵盖儒家学说。而且，他将中国经籍中带有"上帝"、"帝"的段落摘出收入他的《天主实义》[3] 的一个段落，使"上帝"等同于 Deus。这里姑且不提《中国哲人孔子》一书，在这部儒家经典的第一个拉丁文译文中也有类似例证，因时间关系不再列举。所有这些不是恰恰证明，两个异质文化的每一方在它们第一次相遇时都曾试图从自己的"历史资源"里寻找相当的或者类似的概念，以便把握和指称对方的概念吗？艾儒略（Juliano Aleni，1582—1649）和他的同事们作为西方文化的代表很懂得从中国文化的"历史资源"中取出相当的概念指称为它们所代表的文化的概念，使中国人能够接受这些概念。在罗明坚和利玛

---

[1] Kund Lundbaek，《儒家经典在欧洲的首次翻译》（The First Translation from a Confucian Classic in Europe），载《中国天主教史研究》（China Mission Studies（1500—1800），Bulletin I，1977），第 2—11 页。

[2] Matteo Ricci，《利玛窦中国札记》（De Christiana Expeditione apud Sinas；Augsburg 1615），第 29 页。

[3] 利玛窦，《天主实义》，上卷，第三篇。

窦情况则相反。由于耶稣会士和他们的中国同事们的开创性的准备工作，后来的译者和我们才可能有一个比较的参照系，进而构成一系列内容上更具有等值性的概念和指称。现在，源于基督教的词语在中国人中还没有达到佛教在中国社会生活中所达到的普及程度。但其原因不全在翻译家，这是基督教自身的问题，而这里不是讨论这一问题的场合。

（本文原为 2001 年 12 月中旬在柏林举行的 "翻译与吸纳——大公神学和汉语神学" 学术讨论会上的德文发言稿，中文稿载《翻译与吸纳——大公神学与汉语翻译》，香港道风书社 2004 年）

附录：
关于中国哲学和二进位数体系的两封信

G.W. 莱布尼茨 著　朱雁冰 译

译者前言

　　毕生孜孜不倦地追求真理的莱布尼茨与他以前和多数同时代的思想家显著的不同之点在于，他不是把自己探索真理的范围囿于欧洲，而是扩展到当时他所认识的整个世界。他在临终前两年，即 1714 年 8 月 26 日致尼古拉·戴·雷蒙（Nicolas de Remont）的信中说："倘若我有时间，我将把我的学说与古人和其他有才干的人物的学说加以比较。真理传播之广泛远远超出人们的想象。"[1] 他认为，任何民族都有可能达到真理。故然，莱布尼茨这里所说的真理，主要是指对神和神的启示的认识。也就是说，他从自然神学出发，认为任何民族都可以通过理性达到对神和神的启示的认识。但是正是这一信念使他关心异族文化。他之所以在众多的异族文化中特别对中国文化表现出强烈兴趣，这有客观的、也有主观的原因。

　　十五和十六世纪之交，葡萄牙人到达印度洋地区并在果

---

　　[1] C.J.Gerhardt (Hrsg)，*Die philosophischen Schriften von Leibniz*（《莱布尼茨哲学论文集》），Berlin 1875 ff，Bd. III，S.603 ff.

阿建立据点，十六世纪中叶到达中国东南沿海一带。随之，西方其他国家的殖民势力和大批天主教传教士东来。1534年，天主教果阿主教区成立，大批教士被派到菲律宾、印尼、日本等地活动。于是，有关中国这个具有高度文明的国度的报导陆续传到欧洲。1583年，教皇格雷戈尔十三世（Gregor XIII，1572—1585年在位）委托奥古斯丁会士门多萨（J. G. de Mendoza）"根据已知的关于中华帝国的情况"编写一部历史。1585年，门多萨的应制之作用西班牙文写成，以《大中华帝国史》（*Historia de las cosas mas notables，ritosy costumbres，del gran reyno de la China*）为题在罗马出版。在当时西方殖民者向欧洲大陆东西两个方向的扩张活动和人们渴望了解外部世界的背景下，它很快便成为畅销书。在十六世纪结束的时候，它被译成七种欧洲语言，总计有四十六种版本。然而，真正引起欧洲知识界对中国文化产生广泛兴趣的，则是进入十七世纪以后耶稣会来华教士根据自己的实地观察或者第一手中文文献所写的一系列著作，其中最重要的为利玛窦和金尼阁的《基督教远征中国史》（*De Christiana Expeditione apud sinas*，Augsburg 1615），曾德昭的《大中华帝国志》（*Relation della grand monarchia della chine*，Rom 1642），卫匡国的《鞑靼战争史》（*De bello tartarico historia*，Antwerp 1654）、《中国新地图集》（*Novus Atlas Sinensis*，Amsterdam 1655）和《中国上古史》（*Sinicae historicae decas prima*，München 1658）。最后，作为耶稣会士关于中国文化的冠冕之作的则是柏应理等人的《中国哲人孔子》(*Confucius Sinarum Plillosoplus*，Paris 1687)，它收有儒家经典的拉丁文译文并系统介绍了中国精神领域的各个方面。可以说，在当时的欧洲形成了一个"中国热"。一些从未到过中国的学者也开始研究中国并写出作品，其中最有影响的是基尔歇（A. Kircher，1602—1680）的《中华图志》(*China monumentis qua sacris qua profanes…illustrate*，Amsterdam 1667)。这部当时被认为是关于中国的百科全书式的著作实际上只是根据曾德昭、卫匡国等人的著作和其他在华耶稣会士的书信所提供的材料编写而成的。在这样一个背景下，像莱布尼茨这样一位相信世界是一个和谐的整体并探索着真理的普遍性的思想家是不可能置身于这个"中国热"之外的。早在1669年，他在一篇未完的书稿中曾说："不论中国人的医疗规定是多么可笑、荒唐，但远远胜过我们。"[1]1679年6月，他在给埃尔斯霍茨的信中表达了他对穆勒（Andreas Müller，1630—1694）计划编写而最终未完成的《中文之钥》(*Clavis Sinicae*)的深厚兴趣。1689年，莱布尼茨在罗马结识回欧述职的耶稣会中国教团神甫闵明我，后者向他详细介绍了康熙皇帝的文治武功，尤其他倡导科学的种种事迹，这给莱布尼茨留下了深刻

---

[1] 见他的 "Grundriss eines Bedenkens von Aufrichtung einer Societat in Teutschland Zum Aufnehmen der Künste und Wissenschaften"（《关于在德国建立一个包括艺术与科学的团体的设想的概要》），载 Harnach, *Geschichte der Königlichen Preußischen Akademie der Wissenschaften Zu Bertin*，Bd.I，1. Hälfte（《柏林普鲁士皇家科学院史》，卷一上），S 80，Anm。

印象。从此他便与许多耶稣会士建立联系并且开始认真研究中国。1697年，莱布尼茨把几位在华耶稣会士的短文和书信结集出版，这便是著名的《中国最新消息》（*Novissima Sinica*）。在该书的第二版（1699），莱布尼茨应白晋的请求又收进后者的所撰《康熙皇帝传》，在书的内封附有康熙四十一岁时的画像。莱布尼茨在他为这本书写的长篇序文中有一段经常为人们所引用的话："我认为，命运特意决定让当今人类最高的文化和最高的技术文明集中于我们大陆的两端，即集中于欧洲和中国（人们如此称谓这个国家），后者犹如东方的欧洲装饰着大地的另一端。最高天意的目的也许在于，一方面让最文明（同时又相距最遥远）的民族互相伸出臂膀，另一方面则把居于两者之间的所有的人逐渐纳入合乎理性的生活之中。"[1] 就当时中国和欧洲各自发展的水平看，莱布尼茨这段话是颇为公道的，既没有美化，也没有贬低任何一方。他并没有像后来的伏尔泰和魁奈那样把中国当成理想国。从此莱布尼茨一直注意着中国的发展和来自中国的一切信息。

然而，单单客观上涌入欧洲的关于中国的信息还不足以使莱布尼茨如此专注于中国研究。我们可以借用莱布尼茨的话说，"命运特意决定"让他当时热衷于二进位数的研究。他的研究并非局限于数学本身，而是试图证明二进位数的形而上学内涵，从而提示"创世的过程"：泰初只有一，这个一就是上帝，

---

[1] G. W.Leibniz, *Novissima Sinica*, hrsg und kommentiert von H. Nesselrath und H.Reinbothe, Köln 1979, S.9.

上帝从无创造出万事万物。这就是他在 1697 年 10 月 2 日致鲁道夫·奥古斯特公爵的新年贺信中所称的"创世的秘密"。在此之前，1696 年 12 月 20 日，他在给闵明我的信中详细描述了他的二进位数学。[1] 1701 年 2 月 15 日，莱布尼茨致信在北京的白晋解释他的二进位数体系和其中所包含的"创世过程"。他特别强调它作为"创世示意图"（Imago creationis）对于中国传布基督教的价值。1701 年 11 月 4 日，白晋复信莱布尼茨说，《易经》中的六十四卦图不是别的，正是用二进位数列构成的创世展示图，只是过去没有为人所认识罢了。白晋认为这是他的一个"发现"。随信附寄了一幅六十四卦环形和方阵形合图。由于白晋的"发现"，莱布尼茨认为他的二进位数体系在《易经》的六十四卦中得到认同。对此，日本学者五来欣造在他的《儒家对德国政治思想的影响》（东京，1929）一书中评论说，莱布尼茨的"二进位数学和《易经》象征东西方文明相会的两只手"。[2] 不管莱布尼茨和白晋从自然神学出发对于六十四卦图有着多少误解，这种认同至少坚定了莱布尼茨的信念，即相信真理普遍地存在于各民族之中，从而更加激起了他研究中国文化的热情，这种热情一直到他辞世都没有熄灭，它支持着他在临终前一年写出了他的关于中国哲学的不朽论文。

---

[1] 这里对关于二进位数学的信，参阅 Rita Widmaier, *Europa in China——Leibniz, Briefwechsel mit Joachim Bouvet*（《欧洲在中国——莱布尼茨与白晋的通信》）, in *Leibniz, Tradition und Aktualitat. Vorträge-V. Internationalan Leibniz- Kongress*, Hannover 1988, S. 1017—1024.

[2] 转引自 E. J. Aiton 和 Eikon Shimo, "Gorei' study of Leibniz and the I King Hexagramms"（《五来欣造关于莱布尼茨与易经六十四卦图的研究》）, 载 *Annals of science*, 81(1981), P. 76 ff.

《论中国哲学》一文的产生有一个较长的过程。莱布尼茨苦于语言障碍无法直接阅读中国文献，这大概也是他急切盼望《中文之钥》出版的原因，因为该书编者曾大言不惭地宣称，任何人藉助此书都可在短时间内掌握中文。[1]《中国哲人孔子》一书所介绍的《大学》、《中庸》和《论语》的道德修养和政治伦理内容也许不太投合这位长于抽象思辨的思想家的口味，他很少就此书发表言论。又是"命运特意决定"让尼古拉·戴·雷蒙于1714年10月12日致信莱布尼茨[2]，信中说，他读过耶稣会士龙华民关于中国哲学的论文，他很想知道莱布尼茨对这篇文章的看法。随后，他寄给莱布尼茨一部1701年在巴黎出版的关于中国宗教和基督教传播问题的文集。1715年4月，雷蒙再次致函莱布尼茨，重复了他的请求并提到莱布尼茨为《中国最新消息》所写的前言。他说，他为莱布尼茨在前言中没有对中国学者们的体系作深入讨论而深表遗憾，他非常希望听到莱布尼茨关于这方面的见解。1716年1月3日，莱布尼茨在给博塞斯（Des Bosses）的信中说："我刚好为巴黎的一位朋友用法文写一篇关于中国人的自然神学的文章，我在文章中讨论了中国人关于神、鬼神和灵魂的学说。"他在1716年1月17日致雷蒙的信中告诉他："我绝对没有忘记中国人的事，我已经写成整整

　　[1] 穆勒的新书预告，载：Tentzel, *Monatliche Unterredungen einiger gutter Freunde von allerhand Büchern und anderen annehmlichen Geschichten*（《几个好友关于各类图书和其他轶闻趣事的每月讨论》），8(Leipig, Thorn)1697, S. 981—986。
　　[2] 关于《论中国哲学》一文的莱布尼茨与雷蒙等人的来往信件的内容见 R. Loosen, *Leibniz und China, Zur Vorgeschichte der Abhandlung über die chinesische Philosophie*（《莱布尼茨与中国——〈论中国哲学〉成文纪事》），In *Antaios* 8, 2 (1966), S. 134—143。

一篇文章，讨论他们关于神、鬼神和灵魂的观念。"从这些往来信件看，莱布尼茨完成的文章包括了我们今天所看到的整篇论文的前三章的内容。他在写这些信件时正在考虑写作新的一章，即我们今天所看到的第四章：伏羲符号和二进位数体系。雷蒙于 1716 年 3 月 15 日致信莱布尼茨说，他为盼望读到已完成的文章而寝食不安。莱布尼茨于当月 29 日回信说："我必须从容一些，以便全部完成我那篇关于中国人的自然神学的论文。"莱布尼茨于 1716 年 11 月 14 日逝世，在他合上眼睛之前，他终于完成了这篇论文。但是，人们在原稿上发现，第四章的末尾没有加句号。这也许说明这位巨人意犹未尽。不过，这已经足以使我们了解莱布尼茨对中国哲学的一些问题的基本看法了。

在这篇论文中，莱布尼茨立论所依据的材料来自上面提到的那部论文集中的两篇文章：龙华民的《关于中国人的宗教的几个问题》（Traite sur quelques Points de la Religion de la Chinois）和方济各会士栗安当（Antoine de Sainte-Marie，1601—1669）的《关于中国传教活动中的几个重要问题》（Traite sur quelques Points importants de la Mission de la Chine）。这两篇文章根据明代胡广奉成祖之命编辑，于永乐十三年（1415）刊布的宋儒理学文集《性理大全》介绍了中国哲学的基本概念理、太极、气以及用这些概念所解释的世界生成说。另外，也解释了《中庸》和宋儒关于上帝、鬼神、灵魂等的观念。两文，尤其龙文大量引用《性理大全》中的段落，援引最多的是第二十六卷"理气一"、第二十八卷"鬼神"，其次是第一卷"太极图"（包括周敦颐的《太极图说》和朱熹的《太极图说解》）。这几卷收选的主要是朱熹的著作，因此龙文引用的朱熹的言论也最多。龙华民和栗安当引用宋儒著作的目的在于证明中国人的学说中没有纯精神性的实体，中国哲学中的理、太极与气一样，都是物质性的。甚至中国古代经典中的上帝、天、鬼神等观念由于宋儒用理和气这两个概念来解释，也都是物质性的。莱布尼茨在他的论文中，花了大量篇幅驳斥他们的观点，证明理、太极的精神属性，他把气则理解为原初物质。

实际上，莱布尼茨早在收到雷蒙寄给他的论文集之前就已经知道这两篇文章了。1709 年 8 月间，他在给博塞斯（Des Bosses）的信中说，他偶然在几期法国学术杂志上发现了几篇对于龙华民和栗安当的文章的评论。接着，他简单地谈了他对这些书评的看法，他批评了龙华民和栗安当的见解，对中国哲学的一些概念发表了自己的看法。这封信已经包涵了我们今天所读到的这篇论文的一些基本思想。在这封信中，莱布尼茨还解释了他称之为伏羲符号的八卦图形。1716 年 3 月 7 日，莱布尼茨的论文即将完稿的时候，博塞斯写信给莱布尼茨说："我怀着极大兴趣期待着您那篇讨论您从中发现天才之光的中国自然神学的文章；您一定将详细解释您对伏羲哲学的看法。"可见，这篇论文至迟在 1709 年就开始酝酿了。至于他对于他借以揭示"创世的秘密"的二进位数体系与《易经》的六十四卦两者之间相近性的比较则更早，这最初见于他在 1703 年发表在巴黎《科学院通报》(*Memoires de l'Academie des Sciences*)上的一篇文章：《二进位算术的解释及其赋予中国古老的伏羲符号的理性内涵》("Explication de arithmetique binaire…et sur ce quelle donne le sens des ancienes chinoises de Fohy")。[1] 莱布尼茨从《易经》中由阴阳两个符号的不同组合所构成的六十四卦看到了与他由 1 和 0 的组合所构成的二进位数体系的近似点，所以他在他的一些书信和文章中一再谈及这个问题。同样，莱布尼茨之所以没有对《中国哲人孔子》一书发表详细的见解而对宋儒理学进行深入讨论，这也有着深刻的思想背景：他从宋儒的学说中发现了与自己的基本哲学观——单子论——的共同点。"单子的序列和它们的前定和谐，近似宋儒的理，即理表现于每一形式和组织中的无数个体。"[2] 莱布尼茨从龙华民和栗安当对于宋儒的曲折介绍中立即看出朱熹的作为最高本体存在的理和他的作为世界"原初中心"的神之间，朱熹的超验的理体系和他的"前定和谐"说之间，朱熹的决定事物本质的理和他的"在自己的感知中"以"自己的方法反映

---

[1] 此文收入 G.J.Gerhardt (Hrsg), *Leibnizens mathematische Schriften*（《莱布尼茨数学论文集》），Berlin / Halle 1848 ff. Bd. VII, S.223 ff.

[2] Joseph Needham, *Science and Civilisation in China*, Cambridge 1979, Vol.2, p. 499。另外，关于莱布尼茨和宋儒的比较请参阅拙文 "Leibniz und Zhuxi", in *Leibniz Tradition und Aktualität- V. Internationaler Leibniz-Kongress*. Vorträge, Hannover 1988, S. 1048—1057, 中文稿原载《四川外语学院学报》，1989 年第一期第 80—89 页。

着整个宇宙"[1]的单子之间所存在着的近似点。可以说，龙、栗两文为莱布尼茨进一步阐发他于 1714 年完稿的《单子论》、为他把自己的学说"同古人和其他有才干的人物的学说加以比较"提供了机会和材料。这使这位宣扬诸教宽容和人类和谐的理想的伟大思想家再次证明了他的坚定不移的信念："真理传播之广泛远远超出人们的想象。"他的理想正是建立在这种信念之上的。

这篇论文原来没有标题，不过，莱布尼茨在原稿的前几张上加有"philos. des Chinois"（中国人的哲学）字样，从第九张开始写着"ph'ie chinoise"（中国的哲学）。所以，德译者加上"论中国哲学"这个标题是符合莱布尼茨的本意的。1742年，科托尔特（Christian Kortholt）将它编入四卷本《莱布尼茨书信集》（*Leibnitii Epistolae ad diversos*，Leipzig 1734—1742）的第二卷。1768 年，杜同（L. Dutens）又把它收进他编的《莱布尼茨全集》（*Leibnitii Opera omnia*，Genf 1768）。莱布尼茨 1697 年 10 月 2 日致鲁道夫·奥古斯特公爵的新年贺信发表于 1720 年，科勒（Heinrich Kohler）给它加上《创世的秘密》这样一个恰如其分的标题收进他编的《莱布尼茨哲学短文集》（*Des Freiherrn von Leibniz Kleinere philosophische Schriften*，Jena 1920）。勒纳特·洛森和弗朗茨·冯内森（Renate

---

[1] G. W.Leibniz, *Monadologie*（《单子论》）, übers. und hrsg. von H.Glockner, Reclam, Stuttgart 1986, S. 56. 此文中译文见拙译莱布尼茨《神义论》附录，香港道风出版社，2003 年初版；北京：生活·读书·新知三联书店，2007 年修订版。

Loosen und Franz Vonessen）根据《论中国哲学》的法文原稿仔细校勘了各种版本的错误，将全文译成德文，并与根据德文原稿校订的《创世的秘密》合在一起以《论二进位数体系和中国哲学的两封信》为题于 1968 年重新出版。《论中国哲学》的德译文与法文原文对照排出，便于读者比较。在正文之前，这两位德译者撰有前言和"莱布尼茨和二进位数体系"与"莱布尼茨和中国哲学"两篇文章。正文之后是附录，记述了对莱布尼茨这篇文章的校勘经过和版本等方面的情况以及他们对正文所作的详细注释。这里呈献给读者的中译文所根据的便是 1968 年新版文本。只是在排列上将《论中国哲学》放在了前面，而将《创世的秘密》一文放在后面。标题也作了相应改动。这不仅因为前者更加重要，而且前文的第四章，即最后一章与后文所讨论的是同一个问题，两者相接似乎也顺理成章，尽管后者成文早于前者。德译者所加的注释有校勘版本等技术方面的，也有介绍背景材料的。中译者只译出了后一类注释并注明"德译者注"。另外，中译者又加了一些属于背景介绍方面的注释。对于莱布尼茨文中所引用的《性理大全》中的段落，中译者根据明代博古斋周桂迁藏版本一一查出、摘录同其他注释一起附于正文之后。

关于莱布尼茨与中国的关系的研究，自从德国汉学家福兰阁于 1928 年发表《莱布尼茨与中国》一文以来，已逐渐为人们所重视，每隔几年便有一两篇有关这个题目的论文出现。但总的说来，尚属发掘材料、判定事实的范围。对于莱布尼茨和中国哲学思想的关系的研究以及从欧洲和中国两大文化圈的背景下对这种关系加以深入分析，似乎尚处在开始阶段。语言上的障碍和对对方文化思想背景了解不深，这两个问题对中外学者而言也许是共同的。中译者希望在扫除语言障碍方面尽微薄之力。但愿所提供的背景材料能对有识者的深入研究有所帮助。

朱雁冰

1989 年 11 月于重庆

2013 年 9 月 9 日修订

论中国哲学

——致尼古拉·戴·雷蒙的信

尊敬的先生:

一、中国人的神观念

（一）我饶有兴味地读完您寄来的关于中国哲学的书籍[1]。我倾向于认为，中国的作者们，尤其是古代作者们给人们留有对之进行理性解释的余地。就是说，人们应当没有困难，对他们的著作给予富有理性的解释，尽管几个现代人持有异议。何况，即便基督徒也并非永远有义务恪守经院哲学家、律法诠释学家和其他圣经诠释家们对教父们的著作和古律法所作的解释呢。对中国而言更是如此，因为作为学者的首脑和法律的活的

---

[1] 指 Nicola Longobardi, *Traite sur quelques points de la religion des Chinois* （龙华民:《关于中国宗教的几个问题》）, Paris 1701 和 Antoine de Sainte-Marie, *Traite sur quelques points importants de la mission dela Chine* （栗安当:《关于中国传教活动中的几个重要问题》）, Paris 1701。龙华民（1559—1654），意大利人，耶稣会中国教团负责人。栗安当（1602—1669），西班牙人，天主教方济各会士，多年在中国传教。

化身的君主[1]，显然是容许对于古人的学说作出符合理性的解释的。这样一来，龙华民，中国传教团奠基人利玛窦的继任者，藉以攻击他前任的迎合性的[2]解释的最主要论据，即认为（他当时曾以此掀起一场激烈争论）清朝官吏对此并不当真——今天是站不住脚了，因为这一论据面对着这位君主及其宫廷的许多聪明人的权威显得苍白无力。对于一个如此崇高的权威，人们一定不可错过利用的机会。这正好可以谨慎地、为人觉察不到地修正那些偏离真理，而且又是偏离他们自己古老学说的那些人的谬误。显然，人们不应事先就因困难便畏缩不前；这表明，卫匡国神甫[3]和所有持他那种见解的人做得很对，他们按照利玛窦神甫和其他重要人物的意见行事，不顾耶稣会神甫阳玛诺[4]和龙华民以及方济各会士栗安当的反对，不顾大大小小清朝官吏的歧视，坚持他们的解释。他们对古人著作的解释有充分的代表性，仅此一点就足够了，因为现代中国人的看法显然是动摇不定的。而且，倘若人们仔细看一下，这些解释甚至在文献本身也找得到最有力的依据。我在本文讨论的仅限于学说方面，不是研究礼仪（或者祭祀）方面的问题，后者是需要

---

[1] 指康熙皇帝（1654—1722），他一直支持耶稣会在中国的活动。

[2] accommodierend 派生自名词 Akkommodation，后者来自拉丁文 accommodatio，意为适应、适合、迎合。在神学上指以传统的宗教语言和学说表达自己的信念；在传教中指布道、礼仪和教会事物适合当地文化的观念和思想。莱布尼茨所说的 akkommodierende Erklärungen，便是指利玛窦对基督教义的适合中国文化观念和思想的解释。

[3] 卫匡国（Martino Martini，1614—1661）意大利人。1643 年来华，1661 年病逝杭州。他的著作《中国上古史》、《中国新地图集》和《鞑靼战争史》在欧洲影响很大。

[4] 阳玛诺（Emanuel Diaz, Jr.，1574—1659），葡萄牙人，他第一个向欧洲报道了 1625 年在西安发现《大秦景教流行中国碑》的消息。

更加广泛的讨论的。

（二）首先，人们可能怀疑，中国人是否承认或者一度承认过精神实体。经过长时间的考虑，我认为这是可以肯定的，尽管他们也许未曾认识到，这一实体是跟物质相分离，因而是完全独立的。不过，如果仅就被创造的神灵[1]而言，在这一点上也是没有困难的；至少我也倾向于这种信念：天使是有躯体的；这也是不少古代教父们的意见。而且，我甚至认为，具有理性的灵魂绝不会完全脱离开某一种躯体。[2]当然，也可能有几个中国人倾向于认为，人们必须给神[3]以实体，此实体即世界，把神看作是世界的灵魂并将他跟物质联系起来。其实，希腊和亚洲的古代哲人也是这种看法。即使现在表明，中国最古的著作家们甚至把气的——物质的——产生归之于理[4]，即初始原理（德文 Urprinzip，法文 Premierprincipe），那也没有理由指责他们，只需对它作出解释就行了。这样便更加容易使上述观点的支持者们确信，神是 Intelligentia supramunduna[5]，他高于物质。所以，为深入讨论中国人是否承认存在着精神实体这

---

[1] 本节以及下文所出现的德文 Geister 或法文 Esprits 一词，分别是 Geist 和 Esprit 的复数形式。Geist 或 Esprit 作精神、思想解释时，无复数形式；只有在作人、精灵、神灵、鬼怪解释时才有复数形式。莱布尼茨在本文中用的复数形式，但从上下文看，却包含了上述两个义项的内容。因为他从基督教神学出发，把鬼神、神灵理解为人的灵魂之类的精神性实体。而以程朱为代表的宋儒则把鬼怪、神灵看作是"造化之功"，鬼神已失去人格化含义，成为描述世界的哲学范畴。本文根据上下文分别译为神灵、鬼神或精神。

[2] 莱布尼茨在他的 Theodizee（《神义论》），I，S.90 对这一点有详细的论述。

[3] 基督教所信奉的 Deus（拉丁文）、Gott（德文），习惯上被译为"上帝"，本文一律译为"神"；上帝一词出自中国甲骨文以及《书经》、《诗经》等儒家经典，耶稣会传教士利玛窦用它附会 Deus。在莱布尼茨著作中，上帝（shangti）指中国古人信奉的至上神，Deus 或 Gott 指基督教信奉的神，他把两者区别了开来。

[4] 莱布尼茨在本文中将宋儒的理和气两个范畴都采用音译的表达方式。

[5] 拉丁文，意为超尘世的理智。

一问题，首先必须仔细研究他们的理，即秩序（德文 Ordnung，法文 Regle），因为它是其余事物的第一推动者和原因，据我看，它相当于我们的神灵（德文 Gottheit，法文 Divinite）。这样一来，便不可能设想一个纯粹被动、粗陋和完全淡漠，因而像单纯的物质那样不具任何形态的东西会具有这样一些特性。例如，蜡的形式并非蜡所固有，而是来自塑造它成形者。[1] 同样，中国人赋予自然力、河流和山脉的神性要么是神在其中显示的力量，或者——像某些人所设想的那样——是具有行动的力量和某些认知能力的特殊精神实体，尽管中国人认为它们具有轻盈的非常近似气的躯体，犹如古代诗人和教父们对神灵和天使的看法那样。在这一点上，中国人和某些基督徒之间存在着一个相似之处，后者认为某些天使管理着自然力和其他巨大的实体。很明显，这种看法是错误的，然而这种错误却动摇不了基督教义。在经院哲学家那个时代，那些相信某些具有理性的东西管理着天空的一层层苍穹的亚里士多德的信徒们并未受到批判。如果中国人只是认为他们的祖先和伟大人物跟那些神灵在一起，他们就很接近我们主的名言：获得永生者将像神的天使一样。[2]所以，人们应考虑到，给予神灵和天使以躯体者不见得因此而

---

[1] 德译者注：此一比喻原为一个附加的边注。莱布尼茨显然是指一种为我们所熟悉的出自神秘主义著作中的思想。如格斯堡写道："灵魂是按照神的样子塑造和形成的。"（F.Pfeiffer，*Deutsche Mystiker* [《德国神秘主义者》]，I，323）这种比喻也见于爱克哈特大师（Meister Eckhart，*Predigten*[《布道集》]，F. Pfeiffer 编，II,170）。因此，没有理由像 D.F.Lach 那样，把这个地方加以修改（见他的 "Leibniz and China"，*Journal of the History of Ideas* VI，1945，S.450），他把 "de la Cire"（"蜡的"）误读为 "du Ciel"（"来自天"），把全句译成："Law, for example, comes not from heaven, but from those who make it."（"比如，法并非来自天，而是来自制定它的人。"）

[2]《新约全书·马太福音》22·30。

否认被创造的精神实体；因为他们承认这些有躯体的神灵像人一样也有富于理性的灵魂——诚然其灵魂比人的灵魂更加完美，正如其躯体也更加完美一样。因此，龙华民神甫以及他所引证的萨巴提尼神甫不应该因中国人仿佛给他们的神灵以躯体而断言，他们不承认精神实体。

（三）中国是一个大国，其幅员不逊于文明的欧洲，其居民和优良的政治制度甚至还超过欧洲。中国也有一种在一些方面值得惊叹的公共道德，它从属于一种哲学学说，或者更正确地说，它从属于一种自然神学（德文 Natürliche Theologie，法文 Theologie naturelle），后者因其古老而受到尊重；约在三千年前，即在希腊哲学产生以前很久，它就已经奠立并且成为权威，尽管希腊哲学——除了我们的圣经——是中国以外的世界拥有著作的最早的哲学。因此，如果我们一些跟中国人相比尚属后来者、几乎还没有摆脱野蛮状态的人，对一个如此古老的学说进行批判，其根据仅仅因为它初看起来似乎跟我们所熟悉的经院哲学概念不一致，那我们可谓非常无知和狂妄的了。此外，这个学说即便不经过重大变革也是完全不可能消灭的。所以，恰当的办法只能是考察一下，可否给予它一种符合理性的含义。我非常希望，我们能有比较广泛的佐证材料和许多讨论事物起源的中国古书的精确节译本；当然，我更希望有人把它们全部翻译出来。既然还没有达到这一步，那暂时也只好就现有的材料加以判断了。继第一个到达中国的利玛窦神甫之后担任中国传教团领导的龙华民神甫多年生活在中国，直到以近九十岁的高龄去世。他在一部短短的、尚未全部出版的著作中，从中国古典文献里节录了一系列的段落，其本意是为了对此加以批驳。这一事实有力地消除了他美饰它们的任何嫌疑。因此，我认为我为了给予中国最有影响的学说以理性的解释，而从这些节录中所援引的东西是完全可靠的，是没有故意作溢美表述的嫌疑的。对这些引文，我将在必要时借用跟龙华民神甫持一致见解的栗安当神甫的附议言论加以补充。

（四）中国人的初始原理叫作理，其含义为"理性"（德文 die Vernunft，法文 Raison）或者整个自然的终极理由（德文 der Urgrund，法文 Fondemento）、理性和无所不包的实体（德文 Vernunft und allumfassende Substanz，法文 Raison et substance tres universelle）。没有比理更加伟大者、更加美好者。这一伟大和包容万有的原因是纯洁的、自在的、精微的、无体无形的，它只能经过理智才能被理解。从作为理的理衍生出五种美德：仁（德文 Ehrfurcht，法文 Piete），义（德文 Gerechtigkeit，法文 Justice），礼（德文 Frömmigkeit，法文 Religion），智（德文 Weisheit，法文 Prudence）和信（德文 Glaube，法文 Foy）。

（四 a）长期居留中国并同样著文反对中国人的学说的栗安当神甫，在他关于中国传教团的几个重要问题的论文中说，中国人的理是驾驭事物的法则，是引领事物的智力；它是天地赖以构成的法则和普遍秩序，是被创造的万物的本根、泉源和原理。他提到，日本人曾对传教士说，万事万物从理的权威和力量，如同从其自己的本根一样衍生出来；另外，据栗安当神甫引证的耶稣会士鲁泽纳记述沙勿略[1]神甫到达日本的情形的书中说，理已足够了，世界无须格外再要一个神。同样，按照中国人的观点，理是千百年来天以均衡的运动运转的唯一原因；它使大地坚实，赋予各种各类以产生其同种同类的力量。这种力量绝不是事物固有的，也不依附于它们，而是存在和寓于此理之中。这种力量统治着一切；它在一切之中，作为天地之绝对主宰驾驭和产生一切。栗安当神甫补充说：他们的《性理大全》卷二十六第八页中文原文就是这么说的。[2]

[根据所有这一切，人们为什么不可以说，"理"是我们说的神，即存在、甚至事物之可能性的最后或者——如果人们愿意这么说——第一理由，寓于事物中的所有善的泉源，阿那克萨戈拉和其他古代希腊人和罗马人分别称之为 nous 和 mens [3]的原初理性（德文 Urvernunft，法文 Premiere intelligence）]？

------

[1] 沙勿略（1506—1552），西班牙人，是耶稣会最早一批会士之一。1540 年受葡萄牙国王约翰三世（Joao III，1521—1557 年在位）和教皇保罗三世（Paulus III，1534—1549 年在位）的派遣东来传教。

[2] 德文原文为 Große Philosophie King-Li，法文原文为 Leur philosophie King-Li，指明代永乐年间，胡广等人奉成祖命编撰的《性理大全》，全书共七十卷，收有宋儒一百二十家的著作。它是龙华民、栗安当评论中国宗教和哲学问题的基本依据。莱布尼茨讨论中国哲学的论文，如他本人所说，所根据的则是他们著作中引用的该书的材料。栗安当把"性理"讹译为 King-Li，莱布尼茨纠正了他的误译，音译为 Sing-Li，更接近原音。莱布尼茨有时又称它为 Große philosophie，Chinesische Philosophie 或 Summe der Philosophie。下文中出现这些名称的地方，一律直接译为《性理大全》。此处所称卷二十六，第八页中的话是朱熹的弟子陈淳（1158—1233）讲的。原文为："若太极云者，乃是就理论。天之所以万古常运，地之所以万古常存，人们之所以万古生生不息，不是各各自ీ地，都是理在其中为之主宰，就自然如此。就其为天地万物主宰处论，恁地浑沦极至，故以太极名之。盖总天地万物之理到此凑合更无去处，及散而为天地、为人、为物，又皆一一停匀无少亏欠，所以谓之太极。"（《性理大全》卷二十六：理气一，总论，第八页。这里以及下文出自《性理大气》的引文，均根据博古斋周桂廷藏版本。）

[3] 阿那克萨戈拉（Anaxagoras，约前 500—前 428），希腊哲学家。他认为 nous（本义为心灵，转义为理性）是万物的最后动因，它能认知一切事物，是运动的源泉；宇宙各种天体都是由它推动的，过去、现在和将来的一切东西都是由它安排的。mens 拉丁文，意为理智。

（五）龙华民神甫在他论文的第十四章中把中国人说明初始原理的限定词罗列在一起。他们称它为——转换为我们的概念——存在、实体、本质。按照他们的意见，这种实体是无限的、永恒的、非创造出来的、不灭的、无始无终的。它不仅是天地和其余具体事物的自然原理，也是美德、风尚和其他精神事物的道德原理，看不见的，在其存在之中是极度完善的；它甚至具有所有的完美品格。

（六）中国人也称这一实体为 Unite sommaire（他这么说），即无限的一或至高的一[1]；因为正如一是所有数字的原理而本身不包含什么那样，在实体中，在宇宙的本质中也有个一，它是至高的一，即就其本质而言是不可分的，它是世界所存在和可能存在着的所有本质的原理。然而，同时它又是合一或者可能想象的最完美的众多，因为在这个原理的本质中包含着万物初始的基本形式。其实，我们也说，思想、第一原因、一切基本形式的原始图像都寓于神之中。这指的是一回事。我们说，神是 Unum ommia，Unum continens omnia，omnia comprehensa in uno，sed Unum formuliter，omnia eminenter，[2] 这也就把至高的一和最完美的众多联系了起来。

（七）在同一段中，龙华民神甫接着说，中国称理为“巨

---

[1]“无限的一”、“至高的一”，这里显然指的是“太一”。但是下文对它的解释似乎综合了道家和儒家的说法。在道家，“太一”是道的别名，《庄子·天下》称老子之学“主之以太一”。《吕氏春秋·大乐》称：“道也者，至精也，不可为形，不可为名。强为之，谓之太一。”《孔子家语·礼运》说：“夫礼必本于太一，分而为天地，转而为阴阳，变而为四时，死而为鬼神。”
[2] 拉丁文，意为：所有的一，一包含所有，所有包括在一之中，但一是塑形者，所有是显现者。

大的空虚"或广袤，即无限的包容力，因为在这一无所不包的本质中包容着所有个别事物的本质。可是他们也称理为"最高度的充盈"，因为它填充万物、无隙不入；它扩散于宇宙的里里外外。这些命题，神甫说，在《中庸》第二十至二十五章有详尽的论述。[1] 这跟我们解释神的无限性用的是同一种方式：他无所不在，一切都在他之中。同样，莱修斯神甫也说过，神是事物之所在，抽气筒的发明者盖里克先生曾设想，空间是神的。[2] 为了给予空间一个符合理性的含义，人们不可把它看成是一个其各部分并列的实体，而是必须把它理解为事物的秩序，

---

[1]"巨大的空虚"似为"太虚"的意译，"最高度的充盈"，则很难令人断定它的中文称谓。在龙华民所说的《中庸》第二十至第二十五章中并没有提到这些概念。但是，（五）、（六）和本节龙华民转述的内容与《中庸》第二十至第二十七章关于"诚"的讨论倒是大体相合的。"诚者，天之道也"（20），"诚者，物之始终，不诚无物"（25），"大哉圣人之道，洋洋乎，发育万物，峻极于天"（27）。关于"诚"的特点，《中庸》26 说："故至诚无息。不息则久，久则征。征则悠远，悠远则博厚，博厚则高明。博厚，所以载物也。高明，所以覆物也。悠久，所以成物也。"又说："博厚配地，高明配天，悠久无疆。"不过，龙华民指的是宇宙本体，《中庸》讨论的是道德本体问题。

[2] 莱修斯（Lessius），生平不详。盖里克（Otto von Guerieke, 1606—1686），德国物理学家。关于此两人的观点德译者有详细注释，兹录译如下：将神和空间等同起来，一般被认为是牛顿的观点。它自然不是盖里克首先提出的，远比人们估计得为早。盖里克著名的研究文章"Experimenta nova（ut voantur）magdeburgica de vacuo spatio"（《关于空间的所谓马格德堡新试验》，1672 年出版于阿姆斯特丹），虽然立论基础是前述莱修斯的观点，但最终还是从后者的立场向前跨了一小步；不过，正如曼凯（Mahnke）在该书的注释中所说："空间思辨与几何神秘主义的密切关系……对于巴洛克时代绝大多数自然哲学家而言，都可以得到证明的。"（注 55）当然，这种学说在当时并非从天而降，它是巴洛克时代从犹太神秘主义所接受下来的一个成果。关于 Makom（所在）这个神名的秘密——犹太诠释家们一直到近代都在研究这个问题 [参阅 Martin Buber, WW（《著作全集》），Bd.III, 242]——我谨感谢弗莱堡的 Godberg 候补教授先生，他向我指出了最早的出处：根据 Mechilta 对于《出埃及记》的考证，埃利撒拉比（Elazar von Modaim, 卒于公元 135 年）就已赋予这个名字以此种含义了。后来有人设想，这个词是以一种哲学假说为基础的——如阿米（R. Ammi, 生活于公元 300 年前后）说："神是世界的所在，但他的世界并非他的所在。"——此说为斯特拉克—比勒贝克（Strack-Billerbeck, 参见他的"Komm. Z. IV. T aus Talmud und Midrasch", II, 309）所坚决否定，它的根据也许是出自对于哲学的某些定义。参阅 George Foot Mooe, *Judaism in the first centuries of the Christian era*（《基督教时代公元一世纪的犹太教》），Cambridge 1927—30, I371ff.——另外可比较近代自然哲学的空间概念；如在哥白尼著作中，天体之第一和最高者，即恒星天体，被称为"universi locus"（"宇宙之所在"，见 *De revolutionibus orbium caelestium*（《天体运行论》），I10=WW Bd.II, 1949, p. 25）。

因为这些事物同时存在，同时又是从它们所时时刻刻共同依附的神的无限中产生的。因此，事物之间的秩序来自它们共同的本源。

（八）另外，中国人也称他们的理为"球体或圆"[1]。我认为，这跟我们的说法是一致的：神是一个球体或圆，其圆心无所不在，其圆周则无限。[2] 他们还称理为事物的"本性"；我以为，这一点也符合我们的学说：神是 natura naturans [3]，本性是智慧的，它为了一个目的创造一切，不毫无理由地做任何事情。最后，中国人赋予理以"真和善"的本质，如像我们的思辨哲学说明最高本质时那样。既然中国人的理就是本质，那它显然便具有真和善。龙华民神甫补充说，作者（我想他是指的《中庸》的作者孔子）从其他更古老的作者的著作中引用了十八处，以证明他的见解。

（八 a）最后，龙华民神甫说，中国人赋予理以一切完美品格，以致不可能存在任何更加完美的东西。它是无上威权，是完备的法，是无限的纯。它是绝对精神性的和完全不可见的；

---

[1] 龙华民之所以得出这一论断，也许根据的是周敦颐（1017—1073）的太极图，此图和他的《太极图说》以及朱熹的《太极图说解》共同构成《性理大全》的第一卷。太极图中在标志着无极而太极的地方画的是一个圆。另外，朱熹在《太极图说解》中说："太极图只是一个实理，一以贯之。太极图一图便是一画，只是撒开了引长一画。"

[2] 德译者注：这个定义在下面（〈二二〉）再次被使用。关于它在莱布尼茨著作中的特殊含义，请参阅 D.Mahnke，*Unendliche Sphäre und Allmittel-Punkt*（《无限圆和无处不在的圆心》），Halle 1937，S.16ff。Mahnke 从类似本节的一些段落正确地推断说，致雷蒙的这封信，这篇"几乎被遗忘的专题文章"还远远没有为莱布尼茨研究者所充分使用；至少它"对于理解莱布尼茨宇宙观具有不可估量的意义"（D.Mahnke，*Die Rationalisierung der Mystik bei Leibniz und Kant* [《在莱布尼茨和康德思想中神秘主义之合理化》][I].In *Blätter für deutsche Philosophie*，XIII/1939，S.l ff.）。

[3] 拉丁文，意为：本性之本性。

简而言之，它完美得无以复加。这就是全部内容。

（九）根据所有这一切，难道人们不可以说，中国人的理正是我们在神的名义之下敬奉的那个绝对实体吗？然而，龙华民神甫却反对这一推论。让我们看看他的理由是否充分："我想，"（他说），"有人可能会认为，理即我们的神，因为人们赋予它只有神才当之无愧的特性和完美品格。人们不应为这种暗藏毒液的虚假言辞所迷惑。只要人们寻根究底便会发现，理不是别的，而是我们说的原初物质，其证明就是他们的下述看法：一方面，中国人承认理具有崇高的完美品格，另一方面又说它具有巨大缺陷，正如我们的哲学家论及原初物质时那样。"我逐字逐句地援引了龙华民神甫的话并将对它仔细加以考察。我觉得，这善良的神甫背离真正的神的观念太远了。

（一〇）首先，我对神甫的论点作一个总的回答：倘若中国人的确如此忘乎所以，以至其说法看起来前后矛盾，人们也不应由此断言，中国人的理毋宁说是原初物质而不是神。至少人们应首先将两种看法加以对照比较，考察一下哪一种看法更加可能成立，是否还存在着第三种看法。同时，必须研究一下，中国人是否真的没有给理以更多神的特征和更少原初物质的特征，以及两种意见的第一种意见是否跟他们的其他学说的关系更加密切。就我本人而言，我担心，善良的龙华民神甫由于他对中国人的学说持有偏见，自己被各种各样的没有信仰的官吏们的言辞给弄糊涂了，这些官吏故意嘲笑那些试图用他们祖先的学说论证自然宗教的神、命运和其他一些问题的人。对于这类人的显然是牵强附会的解释，人们不可轻信，正如对一个欧洲无神论者的解释所应持的态度一样，后者费尽心机故意地从所罗门和其他圣经作者们的章节中断章取义以便证明，人在此生之后不存在赏罚问题。假设万一发生无神论在欧洲占上风并成为最博学者们的基本立场这种不幸情况，如像阿威罗伊主义[1]昔日曾在意大利哲学家中取得的所谓胜利那样，那么由中国圣人们派到欧洲来的传教士有理由研究我们的古代典籍并进而以此对抗这些博学者们的意见，对其讥讽报之以讥讽。

（一）栗安当神甫认为，中国人完全是自相矛盾的，他们一方面将只能属于神所创造的美好、崇高的事物归之于理、太极和"上帝"，另一方面却又否认它具有任何意识。假如情况确实如此，人们为什么不坚持中国人关于理的好的说法以反对和批驳他们坏的和跟好的说法相对立的说教呢？对于他们而言，理或太极是完整的一，是完美和纯洁无瑕的善，是至朴至善的存在，是天地的形式原理，是至高的真理和至强的坚固者，它完全寓于自身却又不闭锁于自身之内，它为了传播自己而创造万事万物：它是正义、美德和爱的源泉。万物的创造就是它的科学。完美无缺是它的本质和天性。不管在外部世界还是自身之内，它都包容着理性的全部道路和法则，它经由这一理性在万物各自存在的时间内支配着它们，同时却又永不停

---

[1] 阿威罗伊主义（Averroismus），西方称为 Averroes 的阿拉伯哲人伊本·鲁西德（lbn Ruschd, 1126—1198）所创立的学说。认为世界和全人类所共有的理性是永存的，个别理性只是暂时跟个别转瞬即逝的灵魂相结合。

息地行动着、产生着。因此应该说，理、太极或"上帝"是一个预见一切，知道一切并能够做到一切的具有智慧的实体；中国人自己内部不可能如此完全一致地把如此崇高的事物归之于他们所认为的没有能力、没有生命、没有感知、没有洞察力和智慧的实体。神甫对此问题的答复是，即便异教的哲学家也提出了一些自相矛盾的主张。然而，我却认为，一当在 terminis terminantibus [1] 中明显地存在着矛盾时，便可把这些矛盾归因于各种不同的学派，而不要归因于同一个学派；而且，对于每一学派都必须力求平等对待。

（一二）现在，让我们详细加以讨论。我并不认为，中国人会从原始物质推导出行为、秩序和形式的本源，他们会像经院哲学家所表述的那样把这种原始物质理解为某种纯被动的东西，没有秩序，也没有形体。我看他们还没有愚蠢和糊涂到如此地步，经院哲学家所理解的原始物质除了存在，除了对于被动原理的接受性 [或能力] 以外没有任何完美品格。这就是说，它只有接受所有形体、运动和形式的天性，但却不能是它们的来源；非常明显，主动原理及其为了以某种方式发挥作用而控制着的感知力并非来自原初物质。所以我认为把本应称作理性或秩序的中国人的理解释为原始物质是不可容许的。

（一三）在经院哲学时代，有个名叫大卫·冯·狄南特的人，他认为神是事物的原始物质。也许可以说斯宾诺莎也持有类似

---

[1] 拉丁文，意为：在确定概念中。

274

观点，他公开声言，创造物只是神的变体。不过，这些作者们所指的原始物质并非纯被动的，而是包含着主动原则的。[1] 可能有几个中国人也有类似看法；然而，人们不可因此而断然认为他们所有的学派都是如此。今天，我们当中仍然有人间或说，灵魂是神的一部分，divinae particula aurae [2]。但对这些命题须得作宽容的解释。神不包含部分。假如有人说，灵魂是神的流出物，我们也不可由此设想，灵魂是从神分离出来而又必须回归到神那里去的一部分，像一滴水流入大洋那样。因为这便会意味着神是可分的了；事实上灵魂是神的直接创造。有几位哲学家，如尤利乌斯·斯卡利格 [3] 声称，形式不是物质而是原因的流出物；这种看法后来得到特拉杜其安派 [4] 的附和支持。可是，我们不能把灵魂来源于神的学说解释为神分为各个部分。这就是说，灵魂只能生于无。同样，假如有某个中国哲学家说，事物是理的流出物，人们也不可存先入之见，指责他把理视为事物的物质因。

---

[1] 德译者注：根据经院哲学中占统治地位的说法，神是创造物的形式因、作用因和目的因；大卫却从创造"出于无"的观点出发，把神同时也看成是物质因，参阅大阿尔伯特的重要引文。显然，莱布尼茨知道对一位"异说提出者"所提出的粗暴批驳："qui stultissime posuit, deum esse materiam primam"（Thomas v. Aquino, *Summa Theologiae*, I/3, art.8），由此可以清楚地看出，他的宽容精神也惠及这类早已"了结的"异端邪说。
　　译者注：大阿尔伯特（Albert Magnus，约 1200—1280），德国经院哲学家，著作涉及神学、哲学和自然科学。他是阿奎那的老师。德译者注中所引阿奎那的话意为："他荒谬地主张，神是第一物质。"
[2] 拉丁文，语出贺拉斯的《讽刺诗集》，见 A.Kliessling 编注本：*Satiren*, II.2.79. 意为："神的气的一部分"。这种说法是斯多亚派唯物主义者的看法，他们认为人的灵魂是神的气的一部分。
[3] 斯卡利格（Julius Scaliger，1484—1558），意大利人文主义者。
[4] 特拉杜其安派，德文为 Traduzianismus，来自拉丁文 traducere，原意为转移、引领。这一学派认为，儿女的灵魂来自父母的灵魂，它在古希腊和罗马时代以及中世纪都有代表人物。莱布尼茨本人亦趋同此说。

（一四）我认为，可以从这一层意义上理解龙华民神甫所引用的朱子书中的段落，即《性理大全》第二十八卷中的那段话。作者的话很有分寸，他说，鬼神不是气，而是气之力。孔子在向他的一个学生解释鬼神只是气时，也是在这层意义上把鬼神理解为具有灵性的气的；而且他是根据这个学生的接受能力讲这番话的，因为后者几乎没有能力理解精神实体的本质。[1]此外，希腊文的和拉丁文的 spiritus 的含义也是气，即一种细微的具有渗透性的物质；实际上，非物质的创造实体是为它所覆盖着的。这位作者接着又简洁地补充说（卷二十八，第十三页），"鬼神被称为理"。[2] 由此我断定，这个词（按指理——译者）必定有双重含义，有时用其严格含义指至高至上者，有时指每一个别的精灵；因为从语源上看，这个概念也许是理性或秩序的意思。按照龙华民的译文，中国作者继续说："鬼神具有

---

[1] 跟莱布尼茨的解释恰恰相反，朱熹说过："鬼神只是气。屈伸往来者，气也。"但当有人问："鬼神便只是此气否？"他又说："又是运气里面神灵相似。"（《朱子语类》，北京：中华书局，1983年，卷二，第34页）不过，莱布尼茨所说朱子解释鬼神为"气之力"，并非毫无根据。《中庸》14：子曰："鬼神之为德，其盛矣乎。"朱熹注曰："程子曰：'鬼神，天地之功用，而造化之迹也。'张子曰：'鬼神者，二气之良能也。'愚谓，以二气言，则鬼指阴之灵也，神者，阳之灵也。以一气言，则至而伸者为神，反而归者为鬼。其实一物而已。"莱布尼茨所称孔子向他的学生解释鬼神（或精神）为气云云，想必亦出自朱熹的这段注释：孔子本人是从未对学生作过此类解释的。从总体上看，程、张、朱等人对鬼神的解释是一致的，都来源于王充（公元27—约97），后者说："阴气逆物而归，故谓之鬼；阳气导物而生，故谓之神。"（《论衡·论死》）他们都否认人格化的鬼神的存在，认为鬼神只是气运动和变化的两种形式。从这层意义上看，莱布尼茨把朱熹的鬼神定义理解为"气之力"，是可以成立的。莱布尼茨所使用的 Geister 一词涵盖了朱熹哲学中两个完全不同的概念：作为逻辑本体存在的（精神性的）理和化生万物、表现为阴阳两种运动变化形式的（物质性的）气。从逻辑上讲，这造成了概念的混乱，但就朱熹关于鬼神的讨论而言，这种涵盖却可谓歪打正着。朱熹说："气之精英者为神。金木水火土非神，所以为金木水火者是神。在人则为理，所以为仁义礼智信者是也。"（《朱子语类》卷二，第9页）在这里，神一方面为气之精英者；另一方面神又跟理并列。前者是金木水火土这些物质的根据，后者则是人的仁义礼智信这些道德概念的根据。

[2] 经查《性理大全》卷二十八，第13页，并没有莱布尼茨所引句子。

同样的理，即理是实体和万事万物之包容着一切的本质。"我想，他这句话的意思是指理在某种意义上讲是事物的精髓、中坚、力和真实的本质，因为他特别把气中之理跟气的物质区别了开来。这里的理并非指原初的精神实体，而是普遍的精神实体或隐泰莱希（德文 Entelechie，法文 l'Entelechie）[1]，即那种像灵魂一样具有主动性和感知力或者有秩序的活动的东西。中国作者补充说，事物之间的差别无非是事物所具有的物质的精细、大小的不同而已。这显然不是说理或鬼神，而是指为鬼神赋予灵性的事物是物质的，因此其中较细、广延较大者便更为完美。人们立即发现，中国作者没有足够周密地研究此一论断的根据和探索寓于有体机当中的鬼神之间的差别的原因，我们许多哲学家也是如此，这是由于他们对于"前定和谐"（德文 prästabilierte Harmonie，法文 l'harmonie preetablie）缺乏了解的缘故；但至少他并没有说错。他的用意绝对不是把理或者鬼神（更不是把绝对的理或第一理）物质化。他的用意远远不在这里，因为他恰恰把气和给气以活力的鬼神区别了开来。同样，他也不认为理是构成事物的物质；相反，他似乎暗示，个别的理是巨大的理的流出物，其完美程度取决于从属于它的有机体。所以，事物的区别是跟物质的粗细和广延性相适应的，正如理

---

[1] 隐泰莱希，Entelechie 的译音，来自希腊文，原指有机体赖以发展的内在形式原则。按照亚里士多德的解释，凡具有生命力的物质的第一"隐泰莱希"便是灵魂。莱布尼茨称单子为隐泰莱希，因为单子独立发展并以其独立性和个体完美性在某种程度上显示了微观宇宙。参阅他的 *Monadologie*，18 和 19 两节；在本文中，莱布尼茨把朱熹的理比作隐泰莱希。这说明他是从他的单子论的观点出发来解释朱熹的理学体系的。

也是跟事物本身相适应一样。在这一点上，他并没有讲什么不真实的东西。

（一五）龙华民神甫在转述了中国古典作者明确解释理为所有完美性的本源的段落之后，却没有提供对它可以从经院哲学家们的无形原始物质这一含义上进行解释的原文段落。然而，他却认为可以通过理性的思考把它揭示出来；但是，没有含义确切的原文引文，要清楚地说明这种结论是困难的。下面是他举出的在我看来是很不充分的论据：第一，他解释说，理无法通过自身存在，它需要藉助于最初被创造出来的气——我不知道，中国人是否明确地谈到了这一点；也许他们的意思是，理如若自然地在事物中起作用，便不能单纯靠自身起作用，因为它是藉助于原始物质——这可能就是上面提到的最初被创造出来的气了——产生事物的。所以，这毋宁说更加证明，理恰恰不是原始物质。

（一六）第二条理由是，就其本身而言，中国人的理是没有灵魂、没有生命、没有主见和智慧的。神甫在另一个地方又举出支持他的理由的一些情况。他说，按照中国学者的意见，包容一切的原因是既无生命，无认知能力，也无任何权威的；他们在谈到理在其中表现得最清楚的"天"这一概念时，也是这种说法。龙华民神甫援引了《书经》（中国最著名的著作之一）第一卷第三十三页，其中说，世界至高之天无视觉、无听

278

觉、无恨、无爱[1]，他又援引《性理大全》第二十六卷第十六页，其中有句话是，天地没有理性、没有意志、没有主见。[2]为了说明同一个意思，栗安当神甫根据利玛窦神甫的文章引用了孔子《论语》第十五章，其中孔子把理解释为道（即秩序），其中说，它（按指道——译者）无力认识人，但人却能够认识道。[3] 对这段话应该有精确的翻译以便确定孔子在这里说的是初始原理，还是抽象地讨论法则或秩序。其实，我们也有类似的说法，如说法律不认人，意思是在法律面前不存在个人的威严。

（一六 a）对此，我的看法是，中国经典作者在否认理或初始原理的生命、认知和权威时，无疑是 ανϑϱωποπαϑῶς，[4] 即按照人所习惯的方式和方法，亦即按这些特征在生物身上的表现——来理解和解释它们的。他们大概把生命理解为有机体的活动，把认知理解为可通过思考和经验获得的知识，把权威理解为君主或者一级政府用恐吓和希望统治其臣民的权力。

（一六 b）然而，他们赋予理以至高至上的完美性，从而赋予它比上述特征更加崇高的东西；相比之下，人的生命、认

---

[1] 原文为："天聪明，自我民聪明。天明畏，自我民明畏。"（《书经·皋陶谟》）蔡沈注曰："天之聪明，非有视听也，因民之视听，以为聪明。天之明畏，非有好恶也，以民之好恶，以为明畏。"

[2] 这段话的原文是，问："天地之心亦灵否，还是漠然无为？"（朱子）曰："天地之心不可道是不灵，但不如人恁地思虑。伊川曰：'天地无心而咸化，圣人有心而无为。'"（《性理大全》，卷二十六，第166页）

[3] 原文为："人能弘道，非道弘人。"（《论语·卫灵公》29）朱熹注曰："人外无道，道外无人。然人心有觉，而道体无为。故人能大其道，道不能大其人也。"栗安当的译述已失去原义。但他以此证明，理或道是没有感知的，却同朱熹所注"道体无为"暗合。

[4] 希腊文，意为：按照人之常情。

知和权威只是它的影子和苍白无力的模仿而已。这种情况近似于几个神秘主义者，如伪狄奥尼修·阿里奥帕吉特[1]，他们尽管否认上帝的存在，ens 或者 ωo [2]，同时却又坚持，他是 ὑπερουσία，是 super-ens。[3] 我就是这样来理解那些中国人的话的。按照栗安当神甫的说法，他们解释说，理是支配事物的法则，是引导事物的智慧，但是它自身没有智慧，而是经由一种自然力规定发挥其作用的，从而使人相信，它是有智慧的。这就是说，它超越智慧。用我们的说法这个概念的意思是，人们为了正确地行动，必须探索和思考，而初始原理便是正确无误的品格本身。至于天地，那位论及于此的作者也许认为，它们是缺乏知觉的，这跟我们的设想一样，尽管它们是受知觉、理性或秩序支配的。

（一七）第三条理由是，理起作用仅仅出于偶然，最初创造的气并非根据理的意愿或决定，而是以自然的方式并且是偶然地产生的。同样，不安定的气也是以自然方式和偶然地产生热的；同样，世界、天地的创造也纯粹是偶然地、以完全自然的方式进行的，没有经过命运，没有听命于任何旨意；同样，天地只遵循其本性中内在的必然性，如火之燃烧、石之坠落。神甫接着转述说，理是天的自然秩序，万事万物皆依其轻重、大

---

[1] 伪狄奥尼修·阿里奥帕吉特（Dionysios Pseudo-Areopagita，生活于五世纪），一位叙利亚无名作者，在狄奥尼修·阿里奥帕吉特的名义下发表了一系列文章，调和新柏拉图主义和基督教义，使之融为一体。

[2] ens 拉丁文；ωo 希腊文，两者都意为："存在"。

[3] 前为希腊文，后为拉丁文，两者都意为：超越存在。

小和特点的不同而受到理的活动的支配；但是并非通过智慧和思考，而只是通过它的自然本性和自然秩序。神甫继续转述说，世界上的事物的治理和秩序都同样是自然而又必然地出自此理，这是由于全部天体的相互联系和个别生物的天性的缘故，即由于我们称之为命运的东西的缘故。[1] 这位神甫说："我曾问过一个颇有威望的人，一位学生众多的学校的领导，此人对于三派（即儒士、僧人或偶像崇拜者以及在欧洲被称作魔法师的道士）的学说都有非同寻常的了解。我问他上天之王（上帝、天主）是否有生命和智慧，他是否知道人的善行和恶迹，他是否为此对人进行赏罚。这位学者的回答很值得注意。他说，上天之王没有这些知识（德文 Kenntnisse，法文 connaissances），但是他的行为表明他似乎有这种知识。这同《书经》第一卷、第三十五页的说法是一致的，即天无视觉、无听觉、无爱、无恨，天进行所有这些活动，是藉助于理与之联系起来的……[人民] [2]。"

（一八）对中国人的所有这些说法都可以给予理性的解释。他们关于天的言论正如我们对于动物的说法，动物按照智慧进行活动，看起来它们仿佛有智慧，可事实上它们并没有，因为支配它们的是最高的秩序或理性，即中国人叫作理的东西。如果他们说，最初创造出来的气或者物质自然地而非根据某种意

---

[1] 这段间接引文似为朱熹下面一段话的引申："天地无心处，且如四时行，万物生，天地何容心？至于圣人，则顺理而已，复何为哉？"（《性理大全》卷二十六，第 17a 页）

[2] 参阅第 279 页注 [1]，这里"人民"一词，是 *G.G.Leibnitii Opera omnia*（《莱布尼茨全集》，Genf 1768）的编者 L.Dutens 补充的。

志行为产生于理，他们大概是认为，神出于必然性创造了物质。不过，如果人们从最高理性所加给最富有理性者的合宜性来解释，还可以赋予他们的话以更清楚的内涵。他们把这种情况称为必然，也许只是用词不当，因为必然的含义就是已经决定的和不可避免的——在欧洲有些人也是这样用这个词；他们排除了受意志支配的行为，因为他们把意志理解为经由思考和决心确定的行为，即人们开始怀有疑虑，后来方才决心从事的行为。然而这跟神是不相容的，所以，为了不致跟中国人的古老学说发生冲突，我们似乎可以说，理以其本性的完美性得以在众多的可能性中选取其最合宜者，它以此方式产生出气，即物质，气所具有的天性是：能够使其余一切事物皆自动地从中产生出来；这像笛卡尔先生所说的：现在的世界体系是由于为数不多的首先创造的前提条件的存在而产生的。所以，中国人让事物通过其自然动力和前定秩序产生出来，这应受到赞扬，而不是指责。不过，要说什么"偶然"，那在这里是根本不恰当的，在中国人的书本上对此似乎根本没有加以论证。

（一九）龙华民神甫的第四个反对的理由是一个错误的假设。他说，理是所有产生和消亡的引发者，同时它或采用或摈弃不同的特征或偶然的形式。但在他所转述的段落中没有哪个地方是这样来谈理、秩序或最高理性的。最多只是说到理赖以在其中产生原初的隐泰莱希或者赖以在其中产生作为鬼神之构成原则的实体性行动力量的气——物质。

（二〇）第五个指责性理由同样只是针对一个错误的或者说

错误理解的前提，即按照中国人的观点，世界上万事万物都必然是物质的，不存在真正精神性的实体。作为论据，神甫举出了他们的《性理大全》的第二十六和第三十四卷。[1] 他想得很周到，给我们从中引用了几段。其实，即便没有这些引文我也相信（如前所说），中国人除了产生物质的理以外，是不承认分离出来的非物质性实体的。我认为，他们的这种看法是对的。事物的秩序本身便使所有个别的精神总是跟实体联系在一起，灵魂即使在人死后也没有脱离所有有机物质以及所有有形之气的。

（二一）龙华民神甫特别引以为根据的是中国人的一个公理，此公理为：所有事物是一体的。[2] 对此，他在第七章中作了详细论述而且经常重复引用。栗安当神甫也谈到这一点。后者转述的另一个地方表明，它不仅具有上述的物质性品格，《性理大全》在第二十六卷第八页指出，支配和生产力量不在事物之中，也不取决于事物，而是存在和寓于超越、支配和产生万

---

[1]《性理大全》中关于理气相依的论述，在卷二十六有代表性者为陈淳的话，他说："未有天地万物，先有是理。然此理不是悬空在那里。才有天地万物之理，便有天地万物之气。才有天地万物之气，则此理便全在天地万物之中。周子所谓太极动而生阳，静而生阴，是有这动之理，便能动而生阴，才动而生阳则是理便已具于阳动之中。有这静之理，便有静而生阴，才静而生阴则是理便已具于阴静之中。然则才有理便有气，才有气理便全在这气里面，那相接处全无些子缝罅，如何分得孰为先孰为后？所谓动静无端，阴阳无始。若分别得先后便偏在一边，非浑沦极至之物。"（第86—90页）卷三十四载有朱熹的两段话："形而上者，谓之道；形而下者，谓之器。形而上者，指理而言；形而下者，指事物而言。事事物物皆有其理，事物可见，而其理难知。"（第226页）"天下之理，至虚之中有至实者存，至无之中有至有者存。夫理者寓宇至有之中而不可目击而指数也。然而举天下之事莫不有理。"（第230页）不过朱熹和他的弟子陈淳的看法是有区别的。在前者，理尚称为超越于事物的独立的精神实体；在后者则理和气已全然不可分了。

[2] 此公理似出自周敦颐的《通书·理性命》，原文为："是万为一，一实万分。"

物的理之中。[1] 巴门尼德和麦里梭[2] 也是这么说的；当然，亚里士多德所赋予他们那些说法的内涵显然有别于作为柏拉图派的巴门尼德的本意的。斯宾诺莎把一切都归结于唯一一种实体，认为所有事物只是它的变形而已。我觉得，很难说明中国人对这一命题的理解。不过，我认为没有理由不相信他们具有应有的理智。所有事物，就被动地加在它们身上的东西而言，都来自同一种原始物质，后者只是通过运动所给予它的形式而显示出自己的特点罢了。而且只有这样，所有事物才获得主动，才有隐泰莱希，即才有灵魂或者精神，成为唯一的理、唯一的原初精神的一部分，即成为给予它们以全部完美性的神的一部分；物质本身仅仅是此一第一原因的产物。于是，所有一切都从中产生出来，犹如从一个中心辐射开来一样。但是，由此却不能得出结论，认为事物的差别——像只承认物质、形体和运动的伊壁鸠鲁派和其他唯物论者所说的那样——只存在于偶然的特性之中。的确可以说，这破坏了非物质性的实体，破坏了隐泰莱希、灵魂和精神。

（二二）"所有一切是一"的著名命题必然是跟另一命题"一是所有一切"[3] 相对应的。我们在上文描写理的特点时已经谈到过。尽管最终一个作用尚可属于原因，但这一命题的含义

———————————

[1] 参见第 268 页注 [2]。

[2] 巴门尼德（Parmenides，约前 540—前 470）希腊哲人。他提出："存在是一，是连续的，不可分的。"麦里梭（Melissos，生活于公元前五世纪），希腊哲人。他从正面认证"存在是一"这个命题。

[3] "一是所有一切"可被认为是周敦颐的"一实万分"命题的翻译，参阅第 283 页注 [2]。

是，神在最高程度上是所有一切——并非仅仅就形式而言，仿佛他只是所有事物的堆积似的。同样，所有的事物是一，也不是仅仅从形式上看，好像它们互相合而为一或者这个巨大的一是它们的原料，而是由于它们是从它流出来的，其方式是，后者（原因）无处不深深寓于前者（作用）之中并表现为前者的完美性，而这种完美性是后者按照前者的容纳能力而赋予它们的。从这一层意义上人们可以说："Jovis omnia plena"[1]；意思是，他充满一切，他在一切事物之中，同样，一切也在他之中。他既是中心，同时又是空间，因为，如上所述，他是一个其圆心无所不在的圆。中国人的这个"所有一切是一"的命题的这一层含义尤其是不容置疑的，因为按照上文转述的龙华民神甫的说法，他们赋予理以不可分的完美的统一性。它既然不可分，也就不会有部分了。

（二三）也许有人会认为，理虽然实际上不等于我们的哲学家所指的原始物质，但它可以被看成是原始形式，亦即宇宙灵魂，按照几位古代哲学家以及阿威罗伊派的学说（从某种意义上说甚至斯宾诺莎亦属此列），个别灵魂只是它的变形而已，这正如衍生物质是原始物质的变形那样。所以，人们所指的仅为个别灵魂的东西实际上是宇宙灵魂本身，它只是在不同的有机体中起作用罢了。——这种观点是站不住脚的，因为每个人都是他自己的自我或者个性。个别物质可能由原始物质的变形

---

[1] 拉丁文，意为：朱庇特充满一切。

中产生，因为这种物质含有部分。然而，原始形式，即 actus purus [1]，却不含有部分；所以，衍生形式并非来自原始形式，而是由原始形式创造出来的。我并不否认，个别中国人在这一点上可能混淆不清；但至少从他们古代作者的文章中还无法证明这一点。龙华民神甫，这位为了熟悉跟我们神学相对立的文章内容而向许多中国官员请教过的人，如发现这类文章一定会举出来的，因此我认为，为了不致跟中国经典作者们发生矛盾，人们可以说，存在着不同的精神：人的精神和跟理区别开来的精神实体[2]，尽管这精神实体是来自"理"。

二、中国人关于初始原理、物质和鬼神的学说

（二四）在我们对理作了足够详尽的讨论以后，让我们来探讨它的产生物。我们的讨论将遵循着龙华民神甫从中国人的文献中为我们选出的材料的顺序进行下去。从理产生出气，即原初之气、首先创造出来的或开头创造出来的气。这种原初的气，他称为气；它是理的工具。鬼神的活动就其本源方面而言属于理，而就其工具方面而言则属于气，如果仅仅就其形式而言，

[1] 拉丁文，意为：纯然的活力。
[2] 所谓精神实体指一切非物质性的存在。莱布尼茨在《单子论》中把这种精神实体分为隐泰莱希、灵魂、精神、神。神不仅创造了世界万物也创造了其他精神实体。他把理与神并列，因此这里所说有别于理的精神实体指相当于除神以外的隐泰莱希、灵魂和精神，他认为中国人所说的灵魂、鬼神便属此列。

它属于鬼神本身。这种气，即原初的气事实上大概相当于作为初始原理的工具的物质，初始原理像匠人使用工具一样，运动着物质从而产生着事物。这种被称为空气的气，可能就是我们叫作"以太"的东西，因为物质最初都完完全全是流体的、没有任何凝结和固体性，没有断裂和造成部分的界限；总之，它是人们所能想象的最细微的实体。

（二四 a）这种气是理的产物；龙华民神甫强调说明了这一点。他说，原初之气作为自然的结果是从理中产生的，理本身没有活动，但一当它产生气（即原初之气）以后便开始活动起来。我们真为这位好心的神甫因不慎而陷入的矛盾感到惊异。既然理产生气，人们怎么可以说，理本身没有气就没有活动呢？不活动又怎能产生呢？如果说，气只是工具，那么人们难道不可以断言，这力量或者第一作用因就寓于理之中吗？中国哲学的这一论断，即认为原初物质是为初始原理的活动，即初始形式、actus purus，亦即神的活动所创造的，这比古希腊人的哲学更接近基督教神学；希腊人把物质看成是一种跟神相对立的原理，神并不产生这原理，而只是赋予它以形式。看来中国人似乎认为，理从一开始就产生并且一直产生着气，因此前者和后者都是永恒的。但这一错误并不令人感到奇怪，因为他们不知道神的启示，而正是这启示才可能教我们以宇宙起源的知识。最终，圣托马斯和其他伟大的学者都说明，这种知识单靠理性的力量是揭示不出来的。诚然，古代中国人强调说，气永不消失。但他们并没有确切说明，它从来就没有开始之时；而且有一些人认为，由于中国人的国家开始于基督教创始人生活的时代，他们可能已经获得了创世之说的某些信息。[1]

（二五）看来在理和气之后该讨论太极了。龙华民神甫说得还欠详尽，使人无法对此有个清楚的概念。人们也许可以假定，太极就其对气的关系而言，不是别的就是理：Spiritus domini qui ferebatur super aquas [2]，这里的最高精神可被看作理，水则被视为第一流体、首先创造出来的气体、气或者原始物质。所以，理和太极并不是不同的东西，而是同一个东西，只是在不同的称谓之下加以观察罢了。神甫说，理成为一个无边无际的球体（这无疑含有比喻的意味），人们称它为太极；这就是说，理以这种形式达到了最高程度的完美和圆满，因为这时它才活动起来，运用它的力量以产生事物并赋予它们以完美的品格，其中便存在着前定的秩序，后来的一切都是藉助于此一秩序通过事物本身的内在倾向性产生出来的；这就是说，神从这时开始只需把他那种持续不断的参与力加诸自然就行了。我觉得，如果神甫把气跟太极混为一谈并且说太极是最初创造出来的气，那他就陷于困境，无法自圆其说了。

（二五 a）也许有些中国人设想，从理，即原始形式，和气，即原始物质，产生出一种原始化合体，即其灵魂为理，其物质为气的一种实体；这种实体——我们也许可以如此猜测——便

---

[1] 利玛窦和卫匡国都持这种观点。见 Ricci-Trigault, *De Christiana Expeditiona apud Sinas*, Augsburg 1615, S.99（何高济等译：《利玛窦中国札记》，北京：中华书局，1983，第 105、106 页）; Martini, *Novus Atlas Sinensis*, Amsterdam 1655, S.8。

[2] 拉丁文，意为：超越于水之上的主宰精神。

是他们对于太极这个称谓的理解。这就是把整个世界看成是一个生命体，一个宇宙生命，一个最高精神，一个最伟大的人格——斯多亚派也是这样描述世界的；在这个巨大的、无所不包的生命体的部分中存在着个别的生命体，正如我们说的，细微生命的组合便构成更大的生命实体。不过，只要无法证明中国古代作者持有这种错误见解，人们便不应把它强加给他们；假如他们把物质理解为神的创造，我们尤其没有理由这么做了。从他们的这种理解可以得出结论：神不可能同物质一起构成一个实体；这就是说，世界不可能是有灵魂的人格。相反，上帝倒是 intelligentia supramundana [1]，而且既然物质是他发挥出的作用，它就无法跟他等同了。即便龙华民神甫说，太极包含理和气，即原初的气，人们也可理解为，仿佛太极是由它们组合成的；而应是太极包含着它们，就像一个推理包含着前提一样，因为太极是作用于气的理，所以它也便以气为前提了。

（二六）有人也把理所具有的特点赋予太极。他们说，所有精神均来自太极；一个现代的官员解释说，上帝是太极之子。然而，人们根据古人的著作也许可以认为，既然把上帝理解为宇宙的至高至上者（即天，下文我将谈到）的主宰，那么他跟理或太极便是一回事。另外又说，神灵即同一个理或太极，不过，它们只是跟不同的事物发生关系，如天、地、山脉——这跟那位官员的说法就不一致了；因为如果上帝，即天神为太极

---

[1] 拉丁文，意为：超越世界的理智。

之子，那他跟太极便不可能是同一的了。按我的思路来看，在这里太极和理是同等的，这就够了。然后，我们将看一看，该怎样来评说上帝。龙华民给他的书的第十三章加了下述标题：中国人给予支配事物能力的所有的神或鬼神都可归结为唯一一个神，即理或太极。我在这里不准备考察这一种说法，这将便于我们的讨论；但是，我必须说清楚，理和太极在这里是被当成同一个东西的。在上述一章中，理被称为 mentis ratio et totius naturae regula directrix [1]，而太极被称为 sinus naturae continens in se virtualiter omnia possibilia [2]。神甫对于理恰恰也是这么说的，因此他肯定地说，理和太极之间的差别纯属形式上的，也就是说，理仅仅说明一种本质自身，而太极在说明一种本质时注意到了它作为其本源和根据的具体事物。为此，他引用《性理大全》第二十六卷第八页的话，这里说，原因不停地活动着，因为支配和引导原因的理和太极寓于其中。[3] 在同书第一卷第三十一页说，理（理性）在世界上的事物中起主导作用，因此事物才完美无缺[4]；在第三十六卷第九页上写着太极是说明世界始终的原因，如一个世界结束，那么根据被称作太岁的循环

---

[1] 拉丁文，意为：思维的理性和整个自然遵循的规则。
[2] 拉丁文，意为：自身包含着全部可能美德的自然的胸怀。
[3] 参阅第 268 页注 [2]。
[4] 原文似为："天道流行，发育万物。其所以为造化者，阴阳五行而已。而其所谓阴阳五行者，又必是理而后有是气。及其生物，则又因是气之聚而后有是形。故人物之生必得是理，然后可以为健顺仁义礼智之性。必得是气，然后有以为魂魄五脏百体之身。周子所谓二五之精，妙合而凝，正谓是也。"（《性理大全》卷一，第 37 页 b）
又，似为："五行之生、四时之行、万物之产一太极而已矣。"（同上，第 31 页 b）

顺序，太极便生出一个新的世界来；而它本身是没有终结的。[1]
这证明太极并非世界本身。简而言之，中国人认为没有比理和太极更加完美、更加崇高的东西了。他们还说，所有事物即同一个太极。我认为，不可以将这段话理解为，事物是太极，因为它们的独立存在和完美性是太极的逸出物。不过，如果人们设想一下，我们也往往称灵魂为神的一小部分，那么，对于中国人也可以同一方式谈同一问题，也就无须奇怪了。对《性理大全》第二十六卷第一页亦应作如此理解，这里说，理是一，但却有许多部分[2]；因为严格地说，一个由部分构成的东西并非真正是一，而只是外在称谓所产生的效果，如一堆沙、一支军队。初始原理不可能有各个部分，上文所引用过的其他段落已足以说明这一点。

（二七）在栗安当神甫转述的几个地方，中国人似乎构成一个词——理－太极，它按照孔子（在他的四书之一《中庸》中）的说法含义为基本真理、法则、所有事物的始终。孔子的书上还说，没有任何东西不是从此一最高真理现实地、真正地获得其存在的，因而所有事物的本质中直至其细微部分找不到哪怕

---

[1]《性理大全》卷三十六第 9 页没有关于这方面的段落。似乎是卷二十六第 9 页的误写，试比较："天地之前浑沌太始混元之如此者，太极为之也。闭物之后人销、物尽，天地又合为浑沌者，亦太极为之也。太极常常如此、始终一般、无增无减、无分无合。故以未判已判言，太极者，不知道之言也。"（《性理大全》卷二十六，第 9 页 a、b）

[2] 原文为朱熹的话，他说："伊川说得好：理一分殊。合天地万物而言只是一个理，及在人则又各自有一个理。"（《性理大全》卷二十六，第 1—2 页；另见《朱子语类》卷一，中华书局版，第 2 页）

一个欠完美的原子。[1] 这大概（神甫补充说）跟我们的《创世纪》上的一段话相符：上帝注视着他所创造的一切，发现一切都好。[2] 然而他（按即栗安当——译者）仍然吹毛求疵，正如他对于拉克坦茨[3] 关于跟初始原理有关的考虑的批评所表明的那样。这位作者（按即拉克坦茨——译者）援引了古代诗人和哲人的话以后断定，这些人的看法尽管还很不精确，但却是一致的并且在自然、天、理性、精神、命运、神授法则等名义下说明了天意，这一切最终都是指我们所称的神。[4] 栗安当神甫对此回答说，中国人只承认一种由细小部分构成的物质原理。我认为，在这一点上善良的神甫错了，原因是他怀有奇怪的偏见，这偏见并非来自古代经典著作，而是来自他跟几个不信神的现代人的谈话，这种人在中国像在其他地方一样装出一副自由思想家的样子，以显示他们凌驾于人民之上的、其实是很不真实的优越感。

（二八）除了理和太极以外，中国人最赞颂的就是"上帝"，即上天之王，或者更正确地说，统治着天的神灵。当利玛窦神甫到达中国并居留一段时间以后，他认为，人们可以把上

---

[1] 莱布尼茨在这里转述的栗安当所引中国儒家经典的内容似为对《中庸》第25和28章中一些文句的改写，原文为："诚者，物之始终。不诚无物。"(25)"故至诚无息。"栗安当在他的间接引文中，把诚改成了理－太极，实际上《中庸》中没出现这一概念。不过，朱熹在注释中以理训诚。他在"诚者，物之始终，不诚无物"一段下注曰："天下之物皆是理之所为。故必得是理，然后有是物。所得之理既尽，则是物亦尽而无有矣。"显然，栗安当把本文和注释杂糅在一起了。

[2]《旧约·创世记》1。

[3] 拉克坦茨（Laktanz 或 Lactantius，殁于 317 年），拉丁教会作家，被称为"基督教的西塞罗"。

[4] 参阅 Lactantius，*Divinae institutions*（《神的教导》），I.5，S.21。

帝——他也被称为天主，即天上的主人——理解为天地之主，简言之即我们的神。事实上，在中国，人们一般都把后者理解为基督徒所敬拜的神。龙华民神甫、栗安当神甫和另外一些人不同意神被称为上帝，相反却同意人们把他叫做天主。然而如果考虑一下两个词的本来含义，即上天之王和天上的主人，它们对中国人而言，几乎是同一个意思。严重的问题是，中国人把上帝看成是永恒的实体呢，还是仅仅视为创造物。龙华民神甫承认，最古老的文献说（至少是仿佛这么说），有一个叫作上帝的最高的王住在天上的宫阙里并从那里治理着世界，他奖励善者惩罚恶者。这位神甫（在同一页）反对说，古代的诠释家把所有这一切特性赋予天或者赋予叫作理的无所不包的实体或本质。[1]——但是，这种反对意见不仅根本无害于那些给我们的神以上帝之名的人；相反，对他们是极其有利的。因为理是永恒的，它具有所有可能存在的完美品格；一句话，人们可以——如上所述——把它看成我们的神。因为，既然上帝和理是同一的，那么人们完全有理由把上帝这一名称给予我们的神。利玛窦神甫的下述看法完全正确：中国古代哲学家承认和敬奉一个名叫上帝，即上天之王的至高无上者以及听其差遣的下属神灵，仅就这一点而言，他们已经认识到了真正的神。[2][3]

---

[1] 朱熹在解释"惟皇上帝，降衷于下民"（《书经·汤诰》）一句时说："帝是理为主。"（《朱子语类》卷一，北京：中华书局，1983，第5页）

[2] 参阅第288页注[1]。

[3] 这里所转述的引文似为《中庸》20所说："诚者，天之道也。"朱熹注曰："诚者，真实无妄之谓，天理之本然也。"龙华民再次把本文中的"诚"和朱熹注中的"天理"混为一谈。参阅第292页注[2]。

（二九）中国人关于天、天的神灵、天的秩序还讲了许多崇高和美好的话，而这些话本来只能完全是对真神而言的。譬如说，天的秩序是本身令人觉察不到的至善之所在。理也被称作"天的自然秩序"，因为万事万物按其轻重和大小并与其性质相适应而受到理的活动的制约。天的这种秩序被称作天道；据栗安当神甫说，孔子在《中庸》的有关地方解释说，天道跟理是同一个东西，后者即天在其行程和自然活动中所显示出来的规定秩序。龙华民神甫也说，无所不包的实体或原初实体就其在天上所具有的特质而言叫作理（秩序或理性）；理是某种天上的东西，因为初始原理尽管也寓于世界万物之中，其所在却在天上，天是宇宙中最优越的部分，在这里初始原理的作用表现得最清楚。《论语》第二卷第五章谈到"理"时说，这个原理有无与伦比的本质，没有什么能跟它相比。接着，又以同样的话赞颂天。[1] 最理智的做法莫过于把所有这些说法不要归之于物质的天，而是归之于天神或天之王。对栗安当神甫的话也应如此理解，他说，根据学者们的说法中国至极至高的神是天。

（三〇）据栗安当神甫说，一位中国学者谈到上帝时是这么说的：潜心研究天地和所有事物的本性的古代哲人认识到，它们都是完美的，正如有能力把它们全部包容于自身之内的理一样。他们还认识到，万事万物不论其大小皆具有同样的本性和

---

[1] 这里所称《论语》章节有误，应是《论语·八佾》3·13，其中说："获罪于天，无所祷也。"朱熹注："天即理也，其尊无对。"像栗安当一样，龙华民也把本文和朱注混为一谈了。

同样的实质，由此我们得出结论，上帝这个主宰或神寓于每个事物之中，他是真正跟它一体的。因此，我们向人们宣讲并告诫他们，远离恶行，否则上帝的完美品格会因此而受到亵渎和玷污；告诫他们，遵守正义的法律，否则最高的理性和最高的正义会因此而遭到践踏；不要伤害事物，否则上帝这位主宰和万物之灵会因此而受到凌辱。——这段引文清楚地说明，原作者把上帝看成是包容一切，至善至美的实体，而且从本质上讲，是将它跟理等同的。这段话的关键就在这里；当然，这位想把上帝升高为事物灵魂的（显然是现代的）中国学者的用词表明，他似乎不同意上帝的这种本质。

（三一）古代中国的智者认为，在敬神仪式中人民需要有激起自己的想象力的东西，不要妨碍人民去敬拜上帝，即天神，更不要强迫他们敬拜理或太极。但是他们对上帝这个名称的理解不是别的，而是其力量主要在天上得到显示的理或太极。其实希伯来人有时，比如在麦加贝书中[1]，也把应属于神的东西归之于天并把神视为天的主人；恰恰由于这个缘故，他们被罗马人称为 Caelcolae [2]，qui/Nil praeter nubes，et coeli numen adorant。[3] 甚至那位当着雅典人对苏格拉底表示仇恨并试图加

---

[1] 参阅《旧约·麦加贝书上》和《麦加贝书下》的 7.11 和 9.12 诸节。
[2] Caelcolae 拉丁文，意为：天上居民或敬拜天神者。据说，人们之所以称犹太人敬天，是因为先知约拿曾对人说："我是希伯来人，我敬拜主，这位天上的神。"（《旧约·约拿书》1）
[3] 这句拉丁文诗出自罗马讽刺诗人尤维纳利斯（Decimus Junius Juvenalis，约60—约140）的《讽刺诗集》第 14 和第 97 首。意为：他们除了云和天上的神明什么都不敬拜。

以嘲笑的阿里斯托芬[1]在《云》中告诉人们，苏格拉底轻蔑神明并向天或云祷告，而这两者对无知的人而言是没有任何区别的。栗安当神甫也是从这一层意义上推断说，中国古今哲人在至高至上之王上帝的名义下敬拜的是可目睹的天，且把它作为人民所不可能理解的、超越的和不可见的理的力量的代表，并为之举行祭奠。——但是，不应说，上帝或者中国人主要敬拜的对象是物质的天本身，更正确地说，上帝即理，这是就后者掌领天而言的。栗安当神甫隔了几句话以后对此所下的论断是完全正确的：由此得出结论，中国人以及（无疑受到中国人影响的）日本人所认识到的神无非是初始原理（他毫无根据地称作"物质性的"初始原理），他们就其天王的特性而称他为至高至上之王，即上帝。他继续说，天是他的宫阙，他在天上掌握和治理一切，扩散他的影响。中国人为这个可见的天（毋宁说是天上的王）行祭祀，却暗自默祷着理，他们鉴于对此无法理解的人民的无知和愚昧而不说出理的名称。我们称为人内心中存在着的理性之光者，他们便称天的要求和法律。我们把遵守公正的法律时的感受叫作天然的内心满足，我们把违背它时的感受叫作恐惧，这些对他们而言（我补充一句，对我们亦如此）则是来源于上帝、即真神的灵感。对天犯罪叫作违背理性行事；向天乞求宽恕叫作从善和以言行真诚悔改并对此理性法律表示应有的顺从。——我本人认为，这一切说法都完美无缺

---

[1] 阿里斯托芬（Aristophanes，约前446—前385）希腊喜剧诗人。《云》是他的喜剧之一。

并值得赞赏，这跟自然神学是一致的，我决不认为其中有什么恶意；我认为，人们只有存心强词夺理和断章取义才会发现必须对之提出异议的地方。因为在这些将深深铭记于我们心中的自然法加以更新的学说中存在着完全纯净的基督教义，所缺者仅仅是为使我们的本性向善而必须有的启示和恩宠而已。

（三二）当中国古代圣人把统治天的神灵视为真神并把他看成是理本身，即秩序或最高理性的时候，他们比他们自己所意识到的更加接近真理。天文学家的发现告诉我们，天空是我们所认识的整个宇宙，我们的地球只是他的从属星体之一，人们可以说，有多少恒星和主要星体便有多少世界体系。因此，天的主宰同时也是宇宙的主宰。中国人知道所有这一切却又不知其所以然，那可能是由于他们的一部分知识是祖先流传下来而为他们所吸收的缘故。

（三三）让我们考察一下龙华民神甫对这个问题的态度。他说，按照有学问的中国人的看法，上帝即天本身，或者更正确地说，上帝是天的力量和权威。——然而，上帝为物质的天一说是完全靠不住的。至于天的力量和权威，其含义无非是指整个宇宙的力量和权威，因为天包容着人们所知道的一切。同样，这也并不意味着，把上帝想象为我所弄不明白的天的某种特殊灵魂，因为天的广延是无限大的。合乎道理的说法也许是，把这样一个灵魂给予每个体系或者甚至每个星体，正像中国人把它给予地球一样。对于天神或天的秩序的所有赞美之辞不可能是针对某种特殊灵魂的；这只能是为理而发的。假如程朱[1]，一位古典作家，说过，上帝无非是天[2]，那么我们可以认为，这种说法是不确切的或者是转义的；我们在指天主时，也往往说天的呀。人们不妨设想，这位作者把天理解为人格，其灵魂是理，其躯体是天的物质；在这种情况下，他对天的看法倒是跟斯多亚派对世界的看法一样。如果要达到对这段话的足够精确的理解，我们最好假定作者是从引申意义上讲这番话的，正如在欧洲人们谈到天时习惯上也指神的人格那样。

（三四）关于文王，中国人说，他终生以谦卑自励，放弃王位之尊，回归自我，敬拜他的主和至高至上之王上帝。[3] 他们还提到一位名叫夏氏的皇帝，说他诚惶诚恐敬畏上帝，自责自己的恶行；他经常说的话是，敬畏之心使他不敢违背法律和公正。[4] 另外，有记载说，在古代皇帝亲自耕种为至高至上之王和主宰上帝提供祭品的田地；孔子在回答中国一位国王必须首先敬灶神抑或家神这个问题时说：获罪于天，即上天主宰，必须祈求他宽恕。[5] 这表明孔子像柏拉图一样相信唯一的神，但

---

[1] 按即程颢和朱熹，这里被当成为一个人的姓名。

[2] 程颢虽未明确说过，但朱熹曾说："天即理也。"参阅第 295 页注 [1]，又说："帝是理为主。"当有人问："天地之心，天地之理。理是道理，心是主宰的意思？"朱熹回答说："心固是主宰的意，然所谓主宰者，即是理也。不是心外别有个理，理外别有个心。"（《朱子语类》卷一，北京：中华书局，1983 年，第 4、5 页）可见，在朱熹看来，天、理、帝这些描述世界万物产生和本质的本源的形而上概念，其含义是相通的。

[3] 关于所谓文王之德的记述，见《诗经·大雅·文王》和《书经·武成》。

[4] 这段引文似为对《书经·汤誓》中一段话的误解，原文是："夏氏有罪，予畏上帝，不敢不正。"这是汤在吊伐的誓言中说的。夏氏即桀。这里错误地把这段话当成了自责之词。

[5] 原文是："获罪于天、无所祷也。"（《论语·八佾》3·13）正文中的解释是错误的。这里是说，获罪于天，祷告也是没有用处的。

也像他一样迎合众人的偏见。

（三四 a）龙华民也叙述了他跟一位中国学者的谈话，在谈话中，后者把上天之王，即上帝，跟天、理、太极、元气（作者对此未作任何解释），把天神（即精神实体）跟天命（一种来自天的力量）和天理[1]（即大地的力量）等同起来。这位学者解释说，文人所认识的上帝跟和尚敬奉的佛和道士敬奉的玉皇是同一个仙或神。另一个人称，我们的心（即在我们身上活动着的东西）跟上帝和天主无异；中国人说，心为人的主宰并协调着全部躯体的和精神的活动。这使人认识到，这些人根据"一切都是一"的原则所说出来的话，有时是多么含混不清、多么语无伦次。因此，人们往往不可能去抓他们的话柄。为了清楚地讨论他们的学说，最可靠的办法是，多注意他们体系的理性与和谐，少计较他们的表面语句。

（三五）龙华民神甫继续写道，中国官员曾向他肯定地说，上帝或者天主，即上天之王或天的主人，只是太极的产物，像其他创造物一样，他也要消失的，而太极本身却是永存的；即上天之王或天神将跟天一起沦亡。龙华民神甫说，如果我们的神或天主真的跟上帝是同一的，也就成为有限的东西了。——然而，这善良的神甫却没有举出足以证明这种说法的任何古人著作中的段落。相反，似乎古人倒是要把上帝视为理而加以敬

---

[1] 原文为 Tian-Lin，明显是个书写错误。权且译作"天理"（Tien-Li），但天理并非括号内所解释的地的力量。另据德译者查龙华民原著，括号内的解释为"Le mari de la Terre"（大地之配偶）而不是"Vertu de la Terre"（大地之力量）。

拜的。可见，这仅仅是现代学者们的一些想法，他们想以简单的物质特性替代所有精神实体——这近似笛卡尔派的看法，他们以此类特性替代动物灵魂。这也像几位古人，他们在柏拉图的《斐多篇》[1]中谈到灵魂时说，它不是别的，而是物质性结构的和谐性与相属性；或者说，它是躯体的结构。所有这一切只会导致宗教的解体，似乎宗教无非是一种政治性的虚构之物，以使人民俯首听命。一位中国学者（即我刚才援引其说的那个人，他从"一切都是一"这个被误解的命题出发，把不同事物混为一谈）就是这样对龙华民神甫说的。

（三六）这种无所不包的精神，就其本身来看称作理或秩序；如果把它设想为作用于创造物中的力量，可称作太极，即创造和维持事物的原因；另外，如果把它当成所有创造物中之最高贵者的，即天的主宰，可称作上帝，即上天之王，或天主，即天的主人；在考察了它的各个方面之后，我认为，我们必须转入对精神性实体，或者说个别的下属神灵的讨论了。后者被总称为天神，或简称为神，也叫鬼神。龙华民神甫解释说，中国人用神这个字指纯净的、上升的神灵，用鬼指不纯的、下沉的神灵。然而，这种解释似乎并没有为人所完全严格恪守；栗安当神甫转述了孔子下面的话："啊，那天上神灵——鬼神的无与伦比的力量和崇高的完美品格呀！还有比他们的力量更加伟大的力量吗？人们看不见他们，但他们所创造的东西证明了他

---

[1]《斐多篇》，斐多（Phaidon），古希腊哲学家，苏格拉底的得意门生。柏拉图以他的名字作为他讨论灵魂不死问题的对话集的标题。

们（的存在）。人们听不见他们（的声音），但他们不停地作出的奇迹足以代言。"[1] 接着，孔子教导说，我们没有能力理解，这些神灵是以怎样的方式跟我们紧密地联系在一起的。然而我们不论多么殷切地敬仰他们、侍奉他们、祭祀他们，都不会感到过分；因为虽然他们的活动神秘莫测和无迹可寻，他们的善行都是可见的、有效的和实实在在的。[2]

（三七）关于完完全全应属于经典性论断的一位作者和作品的这些明确清楚的词语，我觉得栗安当神甫所提及的那些传教士的见解是十分有道理的，他们将鬼神或精神性的实体比作我们的天使。神甫本人承认，中国人认为这些鬼神隶属于上帝（无所不包的和至高至上的天上神灵），神甫把它们比作伟大的神的仆从或者下属神。塞内加以及信奉摩尼教时的圣奥古斯丁都相信这些下属神的存在；后者在他的《忏悔录》中曾谈到这一点。上面提到的一些传教士的（我认为言之有理的）意见是，中国最早的哲人和他们之后的孔子在上帝和鬼神的名义下，认识到了真神和为他服务的天上的神灵；他们好像承认它们执掌守卫和保护人、城市、省区和国家的特殊职司。然而，他们并没有这么想象，仿佛这些鬼神是它们所护佑的事物的灵魂或者存在形式；如果要更确切地理解这种关系，不如将之比作舵手和船的关系。——可见，这些传教士以此指的是——用我们先辈学

---

[1] 这段不精确的引文出自《中庸》，原文为：子曰："鬼神之为德，其盛矣乎。视之而弗见，听之而弗闻，体物而不可遗。"

[2] 这段间接引文的原文似为："使天下之人齐明盛服，以承祭祀。洋洋乎，如在其上，如在其左右。"（《中庸》）

者的称谓说——保护神和救人于危难的圣徒。人们不能不承认，孔子和其他中国古人的话包含着的这种思想是 sensu maxime obvio et naturali [1]。这样一些非常接近我们宗教的伟大真理的词语，很有可能是通过基督教的先祖流传到中国人那里去的。

（三八）栗安当神甫对此只能举出一些尽管可称作经典的、但还十分年轻的诠释家们的话加以反对。人们称为《大学》的最古老文献的重要评注和上文多次提到的、人们称为《性理》的哲学总集——即栗安当神甫叫作《性理大全》的书[2]——据神甫说，是三百多年以前遵照皇室的命令编成的，所以人们可以把它们看作是现代的。[3] 如果就这些古老文体的真实含义加以评价，它们的权威性不会高于阿库尔修斯或者巴尔托鲁[4]，当然这是就后两者揭示出了古罗马法中的 "Edictum perpetuum" [5] 的重要性而言的；因为今天的理解往往是偏离了这些诠释者们的本意的。同样，阿拉伯人和经院哲学家们对亚里士多德的各种各样的评注也是这种情况，他们大大偏离了古希腊诠释家们给予他而为我们今天重新发现的杰出思想。我自认为是我指出了隐泰莱希的内涵，而经院哲学家们对此几乎一无所知。

[假设欧洲人透彻了解中国文献，他们一定会在其中发现许

---

[1] 拉丁文，意为：完全易于理解的和自然的。

[2] 按指《性理大全》。

[3] 这里对《大学》评注和《性理大全》的成书时间的说法有误。《性理大全》成书于明代永乐年间（1403—1424），至莱布尼茨写成此文，刚好三百年左右。《大学》原为《礼记》中的一篇，南宋淳熙年间（1174—1189），朱熹加以注释，与《论语》、《孟子》、《中庸》相配合，编成《四书章句集注》出版，至莱布尼茨时代已五百多年。

[4] 阿库尔修斯（Franciscus Accursius，1185—1263），意大利法学家。巴尔托鲁（Bartolus de Sassoferrato，1313/14—1357），意大利法学家。

[5] 拉丁文，意为普遍适用的法规，或习惯法。

多今天的中国人，甚至他们中间的学者所不知道的东西。譬如白晋神甫和我便发现了伏羲符号的真正含义，它包含着我的二进位算术，同时——我后来方才发现——它也包含着二分法逻辑的内容。这些都是近代的中国学者闻所未闻的。所以，我不明白，他们从这些图形组合出了哪些符号和象形文字；如果人们对它们的真实含义一无所知，一般是怎样做这件事的；基尔歇神甫[1]根本不懂埃及文字，他又是怎样做的。这表明，古代的中国人远远超过现代人，这不仅表现在信仰的虔诚以及真正的道德、伦理学和心地的正直方面，而且也表现在科学水平方面。]

（三九）可见，龙华民神甫和栗安当神甫给予近代的中国人的权威性，只是学派的偏见而已。他们按照（他们深陷于其中的）欧洲后经典学派的要求来评价中国人的后经典学派。这就是说，他们评价神谕和人的律法的文本就像古代作者们一样，是以诠释和评注为尺度的。[2]此外，这反映了在哲学家、法学家、伦理学家和神学家中间相当普遍的一种弊端，更不用说那些医学家了，后者还没有形成一个真正的学派，甚至连一种规

---

[1] 基尔歇（Athanasius Kircher 1602—1686），德国学者。这位从未到过中国的耶稣会士根据他的会友们所提供的材料编成的《中国图志》（*China Illustrata*，Amsterdam 1667）成为轰动一时的作品。他自己既不懂古埃及文，对汉文也一无所知，但却在他的《埃及解谜》（*Oedipus aegypticus*，Rom 1652—1654）一书中断言，中国文明源自埃及。

[2] 从此以下直到本节结束，全文都是后来增补的，从形式和内容上理解本段，须考虑到本文写成于作者垂暮之年这个事实。另外，可参考摘要刊登于 1694 年 7 月 16 日出版的 *Journal des Scavan* 第 566 页以下的莱布尼茨致该刊的信。鉴于此信提到对医学作必要改革一事，卢多维茨（第一卷第 394 页）给它加了一个标题："Lettre sur une maniere de perfectionner la Medicine"（"关于完善医学学科的方法的信"）。——德译者注此处指卢多维茨（Carl Günther Ludovici）所编 *Ausführlicher Entwurf einer vollständigen Historie des Leibnizischen Philosophie*（《一部完整的莱布尼茨哲学史的详细文稿》），两卷，Leibzig 1937。——中译者

范的语言都没有，却已经不把古人放在眼里并且公然表示不受任何约束，以致发展到肆无忌惮、一意孤行的地步。他们几乎没有什么站得住脚的东西——除了一点儿经验和观察结果，但是即使这点儿东西也大都是不大可靠的。看来，医学学科必须从根本上加以革新，这就是授权给几个出类拔萃的人物——这个学科是绝不缺少这种人的——建立相互间的联系。然后，这些人再建立一种为人所普遍接受的专业语言，把稳妥可靠的东西跟不可靠者区分开来，把可能的限度临时加以规定，为进一步拓展这门学科探寻一个可靠的途径。不过，这只是附带提一下而已。

（三九 a）在注疏家们不太可信的情况下，使我感到诧异的是，今天一些聪明的神学家尽管在抽象推论的神学中以及在道德科学中首先考虑的不是近代人的观念，而是古代教父的学说，但在评价中国人的神学时却薄古而厚今。对于龙华民神甫或栗安当神甫之类的人，人们无须因此而感到奇怪；因为两人在他们的文章中明显地反映出庸俗神学和哲学的门户之见。但是，我觉得，在那些在中国宗教领域内反对耶稣会士的神学学者当中，应当不乏一些能够对此作出完全不同评价的人。

（四〇）栗安当神甫顺便报道的某些事可能又会引起人们的怀疑：古代中国哲学家们的观念是否有足够的根据？但是，由于他对此几乎未加分析，因此我估计，问题本身没有经过足够的考察，或者没有十分清楚地表达出来。为了以尽可能真诚的态度进行讨论，对此，我不想缄默不语。神甫在转述了上面提到的引自孔子的文章中的一段完美的话以后断言，文章的下文表露出，作者在这个问题上的错误是多么严重。孔子说（据神甫称），鬼神跟事物实际上是合为一体和互相交融的，他们不会跟事物分离开来，除非他们自己完全遭到破坏。这种观点，神甫说，跟孔子的其余说教完全是一致的。这种说教指出，事物的天性和本质是理，太极是事物的初始原理和创造者，这位创造者作为上天之王自称为上帝（意为：至高至上之王），而作为其下属的、在各自领域之内推进着生灭过程的个体神灵的主宰自称为鬼神。物质和形式不破坏它们共同构成的一切便无法分离开来，同样，这些鬼神跟事物也是紧密地联系在一起的。除非毁灭，他们也无法离开那些事物。[1]

（四一）我对栗安当神甫的论述是逐字逐句予以转述的；现在我将进行讨论。预先声明：我倾向于认为，这不是孔子教导的原话，而是人们根据现代人的诠释强加给他的；因为这跟流传下来的本文不一致。除非有人想由此断言，孔子讲这些话，只是为了在宗教的外衣下蛊惑一般读者，而他的真实见解却是无神论的。如果人们有确凿证据证实这一点，当然可以提出这

---

　　[1] 本节转述的栗安当援引的孔子的话，实际上是栗安当对《中庸》记载孔子所说"体物而不可遗"的引申和发挥。他的根据是朱熹的注解，后者注曰："鬼神无形与声，然物之始终莫非阴阳合散之所为，是其为物之体，而物所不能遗也。"所谓"鬼神不会跟事物分离开来，除非他们（指鬼神）完全遭到破坏"。就是朱熹注中说的"物之始终莫非阴阳合散之所为"。早于他的张载说得更清楚："气聚显而成物为神，气散隐而变为鬼。"（《易说》）不论朱熹，还是张载所指的鬼神都没有人格性含义，只是气（阴阳）的运动形式。朱熹说："鬼神主乎气而言，只是形而下者。"（《朱子语类》卷六十三）栗安当的错误在于，他从传统的西方哲学观点出发，把鬼神当成"形而上"的精神实体，当成跟构成事物的材料（物质）相对立的形式，以致莱布尼茨也把鬼神当成事物的精神本体来加以论证了。

样的指责；但是，对此我迄今为止没有发现其他任何证据，看到的只是那些现代人在他们小圈子内传布、绝不敢公开在出版物中发表的评注。假设孔子对于鬼神果真持这种看法，那么他对它们的评价也不会高于我们对动物灵魂的评价；人们相信，灵魂是随动物一起消失的。倘若这一假设成立，那么他归之于这些鬼神和天上神灵的那些无与伦比的力量和崇高的完美性，那奇妙的行止和值得我们赞赏和敬仰的伟大善行又作何解释呢？

（四二）除此之外，孔子和古代人承认他们的鬼神和神灵专属于许多按上述含义根本不适于为其"体躯"的事物（如人、城市和省区）；难道可以设想，神灵把山脉或河流当成"体躯"，甚至四季之神灵把四季、冷热的神灵把冷热这些特性当成"体躯"吗？在这种观念中究竟有几分可信性呢？于是，人们要么不得不由此推断，古代中国人有意嘲弄众人，其目的只是为了迷惑他们，——然而，没有证据万不可对他们提出这种指责。要么认为，他们真的相信，下属的鬼神作为神的仆人主宰着各自领域内的事物；最后，人们甚至可以设想，他们在鬼神的名义下敬拜那遍布各处的神的力量，正如几位古希腊人和罗马人曾说过的，他们在许多神的含义下只顶礼膜拜那唯一的神。

（四三）此外，我总是心怀疑虑，担心栗安当神甫没有正确地理解孔子的话。他只是声称，仿佛孔子说过，鬼神除非被破坏便不可能跟他们所主宰的事物分离开来。相反，孔子的看法也许是，鬼神不可能离开他必须主宰的事物，除非此事物遭到破坏。至少我认为，龙华民神甫在转述《中庸》第十六章的内容时，是如此理解的。在这一章中，孔子在阐明鬼神是构成事物本质的部分之后补充说，鬼神不可能跟事物分离开来，除非这种分离导致这些事物（他不是说：这些鬼神）被破坏。还有一种可能是，当孔子把鬼神当成事物的部分时，他并不是指所有的鬼神。其原因我曾指出过了。也许"部分"这个概念在这里是广义而言，它的意思是指寓于一个事物之中，为其存在或者得以保持所不可缺少的一切。

（四四）近代人尽管标榜自己是孔子和古代中国人的信徒，却根本不承认精神实体，甚至不承认任何真正的实体的存在，只承认物质，然而，他们所想象的物质仅仅是运动、形式和偶然特点的变化。——我认为，按照这些近代人的意见，中国人天上的神灵以及他们加给事物的其他鬼神，不过是物质所具有的偶然性特性的称谓和累积；犹如经院哲学家所指的构成"偶然特性"（ens per accidens）的形式——石堆、沙丘之类。所以，这些形式无疑要低于动物灵魂，不论人们是像经院哲学家，还是像笛卡尔派那样来理解这类灵魂。虽说他们也是把它们看成偶然性特性的累积，但至少是更加有秩序的累积。既然天神、自然原因之神或者山脉之神（举几个例来说）没有器官，按照现代人的说法，他们自然也就没有能力感知，甚至可以说，没有一丝一毫的感知。因为，他们没有多少理由受到崇拜，假如要求人们敬奉他们，毋宁说是一种彻头彻尾的欺骗。

（四五）《书经》是一部古老的、受人尊重的著作，龙华民神甫甚至认为是最古的书籍之一。据这位神甫转述，这部书在第一卷第十一页说，中国人自帝国的奠基人尧和舜那个时代以来便敬拜鬼神，给四种鬼神贡奉四种献祭物。第一种献祭叫作"类"，祭天，完全是为天的神，即上帝而献的。第二种献祭叫作"禋"，祭六种第一原因之神，即四时、冷暖、日、月、星、水旱之神。第三种叫作"望"，祭山脉和江河之神。第四种叫作"徧"，是祭祀较低事物之神和著名政治家的。[1]龙华民神甫同时解释说，文中说明有各种各样的神，被叫作鬼或神，或并称作鬼神，他们主宰着山脉、河流和尘世间的其他事物。然而，诠释家们从中看到的却是产生某些功用的自然原因和那些事物的特性。

（四六）这些诠释家们假如不愿迎合像古代无知人民那类人的观念，即认为，朱庇特或者某一位空中精灵投掷闪电，某些藏身于山间和洞窟中的白胡子老头用罐子浇水成雨，而是相信，这些活动都是自然的、因物质特性而产生的，那么他们还是有道理的。但是，他们绝对没有理由断言，似乎古代学者要求礼拜这些粗陋的物质性事物，从而，他们现在可以更进一步把初始原理和天的，即——更正确地说——宇宙的主宰解释为

---

[1] 见《书经·舜典》，原文为："肆类于上帝，禋于六宗，望于山川，徧于群神。"应当指出，肆在这里不是数词而是副词，意为遂、于是。类、禋、望为祭祀名称，莱布尼茨在法文原文中用的是 sacrifice，德译者译为 das Opfer，两者的含义都是献祭品、牺牲，均为祭祀用物。本译文加以变通译为模糊的"献祭"。徧并非祭祀名称，其含义同遍、是周徧、遍及的意思。指望祭不仅对山川，而且也遍及群神。群神中便包括所谓著名的政治家在内；确切地说后者是指已故的古圣先贤之类的人。参见蔡沈（1167—1230）《书经集传》关于本节的注释。

单纯的粗陋特性的累积；须知，对自己的作为一无所知的个别事物的全部特性只可能来源于初始原理的智慧。——所以，我们不得不假设，要么中国古代圣人认为某些鬼神作为天地之最高主宰的仆人统治着较低级的事物；或者他们甚至想把个别事物的特性当成伟大的神来顶礼膜拜，也就是说，在这些事物的鬼神的名义下敬拜那伟大的神。这是由于他们基于下述信念的缘故：一切都是一，即一个唯一的伟大原理的力量表现为个别事物的所有完美特性，而季节之神、山脉之神、河流之神都是那位同时也主宰着天的同一个上帝。

（四七）这种观念是完全正确的。另一种观念，即认为自然事物、天体、自然力等都由鬼神主宰着，这也不是完全不可接受的。这动摇不了基督教信仰，对此我在上文已经说明。我认为，应向中国人指出并使之理解所有人都可以认识的那些原初真理，方法是，对于"整体可溯源于唯一的力量"这一原则给以富有理性的解释，向他们说明，无生命的创造物的全部特性并非证明其自身的智慧，而是证明事物创造者的智慧，这些特性只是初始原理置于其中的诸力量的一种自然后果——做到这一点也许并不困难。但是，要更进一步让他们明白下一点就难了，即藉助于我们这个时代所发现的真正哲学使他们明白，有生命的实体到处蔓延开来，然而只有在具有感知力的器官存在的地方才得以显现出来；这些有生命的实体像人一样，有着自己的灵魂或者精神；其中有无限数量低于，但同样有许多高于人的灵魂或者精神；高者被称为天使或神灵。在后者之中有几个由于更善于倾听和领会最高精神的旨意，因之便有更多的机会侍奉他；有贤德的人的灵魂便是跟他们联系在一起的，人们可以敬奉他们，不会因此而中断对于最高实体所应表示的敬奉。

（四八）按照上述分析，人们甚至可以在某几点上支持现代中国诠释家们的看法，例如他们把对天和对其他事物的主宰归结为自然的原因，而不是像无知的普通民众那样，从中寻找超自然的，甚至超形体的奇迹，犹如一种 Deus ex machina [1] 式的精灵。但是，人们必须就这些问题进一步启迪他们，教之以欧洲的新知识，藉助于这些知识，人们可以用数字方法对几个巨大的自然奇迹进行精神解释并揭示出宏观宇宙和微观宇宙的真正体系。同时，人们还必须按照理性的要求使他们明白，那些一丝不苟地在正确时刻发挥其功能、创造出许多奇妙事物的自然原因，如果没有那个最高实体的智慧和力量专门为此所设置和创造的机关的话，便会一事无成。此一最高实体——用他们的话来说——可以叫作理。

（四八 a）孔子之所以不愿对自然事物的神灵作任何解释，也许其原因在于，他尽管认为，人们可以把天、季节、山脉和其他非生命事物的神灵看作至高至上之神，看作上帝、太极、理而加以敬拜，但是他却认为民众没有能力超脱开对事物的直

---

[1] 拉丁文，意为：从机关中放出来的神。在古希腊、罗马戏剧中，当出现难解的戏剧情节时，从机关中放出一位神来解决难题，使情节顺利展开。一般认为这是剧作者无能的表现。

感观察，因而他宁可对此不置一词。与此相联系的是，根据龙华民神甫的转述，《论语》[1]中关于孔子的一个名叫子贡的学生的记载。在该书第三卷第三部分，他以一种似乎在抱怨老师的口吻说：直到他的垂暮之年我方才有可能听到他对我讲述人性和天的真实本质。[2]同样，这里也记载着孔子的话：治人的正确方式是，引导他们敬奉鬼神而又与之保持距离。这就是说，人民不应花过多时间去考察鬼神及其作为[3]。[《论语》在同一卷的第六章记载，孔子对他的学生之一季路的问题，何谓死，直截了当地回答说：不知道生是什么的人，怎么可能知道（死是什么）。][4]在第四卷第六页记载，有四种东西，其中包括神，是孔子完全闭口不谈的。评注家们解释了其中的原因：有各种不同的事物，他们说，是难以理解的，也就是说，是不宜对所有的人论及的。[5]在名叫《家语》的一本书中记载说，孔子为了一劳永逸地避开不停地向他请教鬼神、有理性的灵魂和死后情况问题的学生的纠缠，他决定告诉他们一条普遍适用的规则，其内容是，人们可以任意思考和讨论六个方位之内的一切问题（也许有必要告诉我们，六个方位指的是什么；但看来至少是指，所有可见的东西或者可见世界的一部分）。但是，至于其他事物——他希

---

[1] 莱布尼茨误写为"Lunxin"，这个错误来自龙华民的著作。

[2] 原文见《论语·公冶长》："子贡曰：'夫子之文章，可得而闻也；夫子之言性与天道，不可得而闻也。'"莱布尼茨所引译文和本文的差别是很清楚的。

[3] 原文见《论语·雍也》6·22："务民之义，敬鬼神而远之，可谓知矣。"这句话的基本含义如朱熹注所说："专用力于人道之所宜，而不惑于鬼神之不可知。"莱布尼茨所引译文稍离原义。

[4] 原文见《论语·先进》11·12："未知生，焉知死。"

[5] 这里指《论语·述而》7·21："子不语怪、力、乱、神。"所称评注家言，似朱熹注："鬼神，造化之迹，虽非不正，然非穷理之至，有未易明者，故不轻以语人也。"

望——人们不必触动它们，无须议论或者深究。[1]

（四九）从这些记述，龙华民神甫得出结论说，学者教派（按指儒家——译者）有一种专为教师掌握的秘密知识。但是，由此还绝不可能得出这种论断；因为孔子本人也可能不知道他不愿深究的东西。从所有迹象看，在今天的中国不存在这类秘密教派，除非人们把伪善者群看成这样一种教派。退一步讲，即便有这样一种教派，我们在这里也只能以这些人敢于在公开出版的书籍中所发表的见解为依据；因为到处都有一些嘲讽自己的教义的人。按照龙华民神甫的说法，既然大多数有教养的人都相信有生命的神灵，即人们必须祭祀的神灵，而上层学者只承认司生灭的神灵（但这些神灵只具有简单的物质特性），使我感到奇怪的是，这位神甫却坚持，传教士首先必须考虑这些上层学者的意见。我认为恰恰相反，他们应该把这些人看成异端，而以被普遍接受的公开学说为依据。

（五〇）从孔子对于上述一些问题所采取的保持缄默的态度，神甫似乎进一步得出了结论：孔子本人没有任何信仰。他一再重复他的意见说，古代中国人跟现代人完全一样，都是些无神论者——他的原话如此。他继续声称，上面所描述的孔子的教育方法败坏了中国学者的思想，蒙蔽了他们的精神，因为

---

[1]《家语》中没有关于这方面的言论；《庄子·齐物论》载有类似说法："六合之外，圣人存而不论；六合之内，圣人论而不议，春秋经世先王之志，圣人议而不辩。""六合"，即莱布尼茨引文中的"六个方位"。不过，这里所称圣人是指道家的圣人，而非孔子。另外，"六合"在历法中、在阴阳家中又有不同含义。参见《辞海》（上海辞书出版社）"六合"条。德译者认为，这是龙华民造成的引文出处的错误。

它引导他们只思考看得见、摸得着的事物，以致使他们染上了无神论这个所有恶行中之最甚者。我承认，孔子的缄默态度和教育方法对此确实起了作用，假如他进一步加以解释就更好了。然而，现代人似乎滑得更远，这是孔子的方法所无法解释的：按照他的方法人们可以说，他远远不是要否认鬼神和宗教，而只是要求人们不要讨论这类问题，而应为能够认识上帝和鬼神的存在与作用、敬拜他们并过一种合乎道德要求的生活而感到心满意足，这样便可取悦于他们，而又无须为他们的存在冥思苦想，也不必深究他们活动的原委和方式。在任何时代都有一些基督教作家，他们从基督教的角度，提出完全同样的意见，而他们却并未怀任何恶意。因此，我认为，人们为反对古代中国人而提出的东西只不过是毫无根据的推测而已。

（五一）中国人关于鬼神的普遍为人所承认的、占主导地位的学说似乎在龙华民神甫本人转述的摘自《性理大全》的一个段落中说得相当明白。在第二十八卷第二页，朱子提问："鬼神是由气形成的吗？"他的回答是，看来，他们毋宁说是气的"力量、能和主动性"，而不是气本身。[1]在第十三页，他从明亮和正直、产生好作用的善良鬼神区分出太阳、月亮、白昼和黑夜中的鬼神等等；但他补充说，其中也有阴暗和扭曲的鬼神。然后，他还举出第三种鬼神，按照一般的看法，这最后一种是回答人们

---

[1] 原文为：问："鬼神便只是此气否？"曰："又是这气里面神灵相似。"（《性理大全》卷二十八，第2页）答问者为朱熹。可以看到，转述内容与原文稍有出入。在该卷第2页，朱熹又说："神，伸也。鬼，屈也。如风雨雷电初发时，神也。及至风止、雨过、雷住、电息，则鬼也。"又说："鬼神不过阴阳消长而已。"总的看来，这与莱布尼茨所转述的内容的精神基本上是一致的。

对之提出的问题和听取祈祷的。[1] 在第三十八页，他对鬼神的存在提出如下证明：设若没有鬼神，古人于斋戒之后就不会对他们提出请求了。更有过之者是：人们甚至还举行祭祀——皇帝祭天地，王侯（即上层贵族）祭高山大川，乡绅行五祀等。[2]

（五二）这位作者继续问道：既然人们祭天、祭地、祭山脉河流，既然人们为之宰牲献祭，既然人们为之焚绢和以酒酹地，那么所有这一切仅仅是为了表现心地之正？还是相反，是由于

---

[1] 这段间接引语似出自下列两段：用之问："'游魂为变'，圣愚皆一否？"曰："然"。倜问："'天神地祇人鬼'，地何以曰'祇'？"曰："'祇'字只是'示'子。盖天垂三辰以著象。地以显山川草木以示人，故曰'地示'。"用之云："人之祷山川，是以我之有感彼之无。子孙之祭祖先，是以我之有感他之无。"曰："神祇之气常屈伸而不已，人鬼之气则消散而无余矣。其消极亦有久速之异。人有不伏其死者，所以既死而此气不散，为妖为怪。"（《性理大全》卷二十八，第 13 页；另参阅《朱子语类》卷一，中华书局，第 39 页）

朱子曰："自天地言之，只是一个气；自一身言之，我之气即祖先之气，亦只是一个气，所以才感必应。"问："何故天曰神，地曰祇，人曰鬼？"曰："此又别。气之清明者为神，如日月星辰之类是也，此变化不可测。祇本'示'字，以有迹之可示，山河草木是也，比天象又差著。至人则死为鬼。"（《性理大全》卷二十八，第 35a 页；另参阅《朱子语类》卷一，中华书局，第 47 页）。译者按：倜，沈倜，字杜仲；用之，刘砺，字用之。两人均为朱熹的学生。

[2] 原文为：朱子曰："鬼迷若是无时，古人不如是求。'七日戒，三日斋'或'求诸阳'、'求诸阴'，须是见得有。如天子祭天地，定是有个天，诸侯祭境内名山大川，定是有个名山、大川；大夫祭五祀，定是有个门、行、户、灶、中（译者按：土神）。今庙宇有灵底，亦是山川之气会聚处。"（《性理大全》）卷二十八，第 386 页，第 389 页；另参阅《朱子语类》卷一，中华书局，第 51 页。

德译者注：这个证明绝非毫无意义，甚至也并不幼稚（"天真"）。它是合理而又偏执的，是一个原则上（思想上）有根据的无信仰者心目中的证明。对存在之第一和可能想象的最自然的肯定最终在于经验；所有想藉助于理性理由，即理智地证明存在的企图原则上看都是徒劳的，不论是证明神，还是一块卵石的存在。凡是感官所无法感知的东西都是不可证明的；它只能是可信的或者不可信的。"所以，我一直不是去推断存在，而是从存在出发去推断，我是正在活动于可以感知的实实在在的世界之中呢，还是沉浮于思想的世界之中。"（克尔凯郭尔语，见 Kierkegaard, *Philosophische Brocken*[《哲学片段》], 3. Kap. übers. H. Diem 1959, S.51f.）在这一点上，朱熹的认证基本上跟安瑟伦从本体上证明神的存在的方法是相通的，就其彻底性和揭示存在的力量而言，甚至还优于后者；因为存在不是运用概念"揭示"，而是"在触摸（感知、理解）中给予我们的。安瑟伦的认证方法吸取了不属于他的土地上所生长的果实的营养；他已经超越了把神的肯定和神的观念跟"正统性"，即盲目信仰的固执性区别和分离开来的界限。

按：安瑟伦（Anselm von Canterbury, 1033/34—1109），经院哲学家和神学家。他的名言是，"我信仰是为了认识"（Credo, ut intelligam），主张理性尽可能合理地说明信仰内容并使之系统化。——中译者。

存在着一股前来接受献祭的风（一位神灵）？既然我们相信，没有什么东西来接受我们的献祭，我们为什么要献祭呢？那高高在上，使我们产生敬畏之心，使人们畏惧并为之行祭的东西是什么？假如我们断言，它会乘着一辆巨大的云车降下，那也是一种欺人之谈。[1]——这位作者大概想在渎神者的无信仰和民众的粗俗观念之间持中间态度。他要求人们应承认和尊敬鬼神，但不希望，鬼神像人们的想象力所描绘的那样存在着。

（五三）接着，朱子在第三十九页谈到天神，即上天之王，他叫作神，因为天空的气伸延于各处。[2]龙华民神甫由此推论说，中国人相信，天上不存在有生命和思想的神灵，只有气及其力量或者影响。这位善良的神甫在这里所看到的全是他自己的偏见。中国作者不仅承认鬼神具有力量或者活动力，而且也给它们以认知力，因为它们令人畏惧和敬重。至于气本身，即那细微的物体，他只看成是鬼神的交通工具。[3]

（五四）这位作者要求人们，必须注意人们所祭祀的神灵和行祭祀者之间的关系或者联系。由这种关系可以解释，为什么皇帝必须祭祀上天之王，即天之主宰，自己并被称为天子，即

---

[1] 原文为：问："祭天地山川，而且牲币酒醴者，只是表吾心之诚耶？抑真有气来格也？"曰："若道无物来享时，自家祭甚底？肃然在上，令人奉承敬畏，是甚物？若道真有云车拥从而来，又妄诞。"（《性理大全》卷二十八，第386页；另请参阅《朱子语类》卷一，中华书局，第51页）

[2] 原文为：问天神地示之义。曰："天气常伸，谓之神；地道常默以示人，谓之示。"（同上）

[3] 朱熹在讨论理气关系时曾说："太极犹人，动静犹马。马所以载人，人所以乘马。"（《朱子语类》卷九十四，中华书局，第2376页）这里的"太极"即理，动静即气的运动或者运动着的气。莱布尼茨的理解偏离朱熹的本义较远。

天的儿子；为什么王侯祭祀五种生命的保护神[1]，为什么人们在大学厅堂内为孔子献祭。这位作者说，这种关系也是解释每个人必须祭祀自己的祖先的理由[2]：他想以此说明，鬼神是按照理性法则行动并保佑向他们求助的人的。然而，龙华民神甫却由此得出结论，认为鬼神只不过是气和物质。但作者告诉人们的却恰恰相反。

（五四 a）在《性理大全》中，我还发现一段饶有风趣的批驳偶像崇拜者的议论，这是龙华民神甫自己转述的。在第二十八卷第三十七页，学者程子[3]解释了孔子的《中庸》，他说，向兀立于庙堂中的木制或泥塑偶像祈雨，同时却不理会山脉和河流，即那些其蒸气酿成雨水的东西，这证明是一种极大的无知。他明明白白告诉人们，祭祀必须在理性中得到解释并注意事物之间的情况和联系；只有这样，祭祀才能够为鬼神，甚至为上帝这位宇宙之神，或者——在我看来——为理，即主宰着一切的最高理性所接受。[4] 这位善良的神甫对我们讨论的作者的思想没有多么深入

---

[1] 这里指五祀，参阅注第 315 页注 [1]。

[2] 原文为：朱子曰："如子祭祖先，以气类而求。以我之气感召，便是祖先之气，故想之如在，此感通之理也。"又曰："子之于祖先，固有显然不易之理。若祭其他，亦祭其所当祭。'祭如在，祭神如神在'。如天子则祭天，是其当祭，亦有气类，乌得而不来歆乎！诸侯祭社稷，故今祭社亦是从气类而祭，乌得而不来歆乎！今祭孔子必于学，其气类亦可想。"（《性理大全》卷二十八，第 39、40 页；《朱子语类》卷一，中华书局，第 52 页）。

[3] 原文将拉丁文拼法 Ching-Zu 误写为 Ching-Lu。

[4] 原文为：程子曰："俗人酷畏鬼神，久亦不复敬畏。"问："《易》言知鬼神情状，有情状否？"曰："有之。"又问："既有情状，必有鬼神矣。"曰："《易》说，鬼神便是造化也。"又问："如名山大川能兴云致雨，何也？"曰："气之蒸成耳。"又问："既有祭，则莫须有神否？"曰："只气便是神也。今人不知此理，才有水旱便去庙中祈祷，不知雨露是甚物，从何处出，复于庙中求邪！名山大川能兴云致雨，却都不说著，却只于山川外土木人身上讨雨露。土木人身上有雨露邪？！"（《性理大全》卷二十八，第 37页）莱布尼茨所转述的引文的后半部分，用的是间接引语句式，但从内容看是原文所没有的，似为莱布尼茨自己的评论。

的理解，他从中得出的结论只是，这位作者在河流和山脉中所看到的不是什么鬼神，而是没有知觉的物质性的空气。

（五四 b）孔子在《论语》中也谈到同一种思想（据栗安当神甫记述，见第二十九页）祭祀一个非你同类和非你同一品格或者跟你不相匹配的神，是一种露骨的和徒然的谄媚：因为正义和理性是反对的。[1] 按照张阁老的说法，只有皇帝才有权祭天地，国家的贵族祭山脉和河流，参与公共生活的男子可以祭鬼神，而普通人则祭祖先。[2]《性理大全》说：灵魂寻找同一品格并与之有最密切关系的鬼神。比如一个农夫向一个地位高的人的鬼神提出请求，他会立刻遭拒绝，鬼神不会为他做任何事。然而，如果一个人呼唤一个与其地位相当的鬼神，可以肯定他会使之感动并对他表示慈悲关切。[3] 栗安当神甫补充说，这就是孔子之所以只从学者获得献祭的原因，马丁内斯神甫 1656 年在罗马所作的解释，也是说明这个问题。后者说，庙或者——如人们习惯称的——孔夫子殿是只对学者开放的。栗

---

[1] 原文为："非其鬼而祭之，谄也。见义不为，无勇也。"（《论语·为政》24）。莱布尼茨转述的引文，把结构和意义相对独立的两句话变成了主从关系，而且后一句的译文偏离了原义。

[2] 张阁老，原文为拉丁文，译作 Chun Kalao。柏应理（Philippi Couplet，1622 或 1623—1659）在他的 *Confucius Sinarum Philosophus*（Paris1687）一书的《大学》、《中庸》和《论语》拉丁译文中经常引用这位张阁老的话作为对正文的解释。莱布尼茨这里所引张阁老的话见该书 S.21（F15，P.1 S.1）。据美国学者孟大卫（David Mungello）说，经耶稣会学者裴化行（Henri Bernard）考证，张阁老即张居正（1525—1582），柏应理所引张居正的话，出自后者的《四书直解》。参阅 D.Mungello, *Curious Land. Jesuit accommodation and The Origins of Sinology*, Stuttgart 1985, p. 286；另参阅 Henri Bernard-Maitre, *Sagesse Chinoisie et philosophiae Chretienne*, Paris & Leiden 1935, S.131.

[3] 原文似为：程子曰："魂气必求其类而依之。人与人既为类，骨肉又为一家之类。己与尸既以洁斋至诚相通，以此求神宜其享之。后世不知此，直以尊卑之势，逐不肯行尔。"（《性理大全》卷二十八，第 24 页）

安当——详细列举说，中国士兵敬奉一位名叫太公的著名统帅，医药家敬奉一位艾斯库拉普[1]式的人物，金银匠敬奉一位名叫苏皇的炼丹术士。

（五五）神甫还进一步谈到一些细节。据他说，中国人把治理世界的事归之于全能的上帝和所有其他鬼神；归之于上帝，因为他是以天为其宫阙的最高主宰；归之于鬼神，因为他们是上帝的仆人，每一个都掌领着委托给他的地方。一些鬼神居住在太阳、月亮、星宿、云雾、雷雹、风雨之中；另一些则隐身于土地、山岭、湖泊、河流、粮食、果实、森林和草丛里面；还有一些在人和动物群中；有的在房舍、宅门、井泉、厨房、炉灶和甚至最不洁净的地方；有的分别司战争、科学、医药、耕作、航运和各种手工业之事。每个中国人都有一个神灵作为自己的保护者，他向它祈祷，呼唤它并试图通过向它供奉祭品博得它的好感。他们对他们的祖先，像对家宅之神一样表示同样的敬意，对待其余的死者则像对待外来鬼神那样。他们把孔子和他最杰出的学生奉为掌领学校和科学的神灵。神甫评论说，中国人跟斯多亚派很相似，后者也认为神是物质性的并相信，他广延于整个宇宙，赋予它以生命并同其他下属神灵一起主宰着宇宙。但是，我在这里看不出有什么东西妨碍我们找到一个精神性的神，即那物质本身的创造者，这位创造者在粗陋的事物中显示他的智慧和力量，在他周围是相当于我们的天使和灵

---

[1] 艾斯库拉普（Askulap，Asklepios，Asculapius），希腊医学之神。

魂的具有理性的精神实体。人们可以说，民众自己——犹如人们在异教徒当中所看到的情况那样——无限而又不必要地增加了许多神灵；相反，智者有一位至上神也就满足了，他们谈到后者的仆人时也是泛指的，并没有为他们指定专门掌管的范围。

（五六）在本文开头我曾说过，我不愿考察中国人的祭祀礼仪有哪些是应予指责或者是可以为之辩解的，我只想探讨他们的学说。在我看来（总而言之），他们的智者首先要敬奉的是理，即那个到处可见的和活动着的最高理性，不管它是直接寓于那些其合乎理性的品格最终是与其本源相适应的物质性事物之中，还是间接地通过包括道德高尚的灵魂在内的、作为理的仆人的鬼神。另外，圣贤们想把人们的注意力转移到那些最高智慧以特殊方式在其身上显现出来的事物上，他们要求每个人按照法律秩序履行义务，尊敬最符合他的地位的东西：所以，皇帝敬天地；高贵者敬奉那些巨大的、影响食料生长的实体，如自然力、河流、山岭；学者敬奉伟大哲人和立法者的神灵；每个人都敬奉他们道德高尚的祖先的灵魂。栗安当神甫甚至援引了十分精彩的一段话用来解释读作"禘"和"尝"的两个字，其含义为祭祀祖先。下面是中国学者们的分析：每逢皇帝祭祀祖先的时候，他自己的精神必定会受到感染并且冥想着创造他的第一祖先的创世者，所以，他的祭祀是对两者的，犹如对其中的一个那样（我是这样认为，人们必须明白这一点，我不认为两者是同等相称的）。栗安当神甫补充说，这两个字的古老的解释说的是同一个意思；因为"禘"字是告诉人们，他们祭祀祖先时是把祭品献给祖先所由产生的、死亡又使祖先回归并与之合而为一的本源，但是此一优先于彼一的法则依然保持不变。这就是说，祖先的灵魂被认为跟鬼神一样，都隶属于那天地的主宰——最高的和无所不包的神灵。[1]

三、中国人的灵魂说

（五七）我们讨论了中国人关于那创造和治理世界，在理、太极和上帝的名义之下人所共知的初始原理的学说，然后又讨论了他的仆人，那些叫作神、天神[2]和鬼神的下属的神灵；现在，为了结束对他们的神学的考察，对于人的灵魂这个问题尚须加以讨论。灵魂一当脱离粗陋的躯体，便被叫作魂，更加流行的叫法是灵魂。栗安当神甫写作 Sing-Hun（新魂?），这想必是一个印刷错误；当然，我不敢十分肯定，因为神甫后来解释说，死者被叫作新鬼，大概意思是，他们离开了我们尘世的生活。虽然，中国人认为灵魂以某种方式属于鬼神之列并一起受到祭祀。不过，它仍然值得人们作一番专门考察，从而明白中国学者们关于它的本质和它在此生之后的情形的看法。

---

　　[1] 禘、尝，出自《中庸》19，朱熹注曰："禘，天子宗庙之大祭，追祭太祖之所自出于太庙，而以太祖配之也。尝，秋祭也。"这与《礼记·大传》的解释是一致的："礼，不王不禘。王者禘其祖所自出，以其祖配之。"这些可能是栗安当所转述的内容的根据。莱布尼茨由此所作的推论，染有明显的基督教色彩。
　　[2] 原文误写为 Tunschen，权且根据 §34a 提到的 Tien-shen，译作"天神"。

（五八）龙华民神甫承认，最古老的中国文献的一段原话告诉人们，人的灵魂——文献中叫作 Ling-Hun——，其生命超过躯体。《诗经》第六卷第一页也是指的这个意思：文王，中国古代的一位君主，在天上高居王位，在上帝，即上天之王、天主的旁边，时而腾升，时而下降。[1] 脱离开躯体的灵魂也被称为"游魂"，即四处游荡的灵魂，这个称谓的含义显然跟 animula vagula blandula [2] 完全相同。龙华民神甫提到一位基督教学者保禄博士时说[3]，这位博士尽管不敢肯定中国人是否具有关于真神的认识，但却认为，中国人知道——虽然是模糊地知道——人的灵魂的存在。这对于机敏的传教士而言，也许是一个开导他们、消除迷误的方便之门。让我们设法来开始纠正他们的模糊认识吧。

（五九）中国人声言，人的死亡只是它所由组成的诸部分的分离，这些部分一旦分离开来便回到它们从中产生的本源之所在。于是魂，即灵魂便升天，魄，即躯体则归之于地。这种说法也记载于《书经》第一卷第三十六页，上面是这样描述帝尧之死的：他升腾，又降下。评注解释说：他升腾，又降下，就是说，他死了；因为人一死，火与气之精（他的意思指有灵性的气，即灵魂）便升上天，躯体则归于地。[4] 从这位作者的话

---

[1] 原文见《诗·雅·文王》1："文王在上，于昭于天！……文王陟降，在帝左右。"
[2] 拉丁文，意为：讨好人的、四处游荡的灵魂。
[3] 即徐光启（1562—1633），他于明万历三十一年（1603）受洗入天主教，取教名保禄。
[4] 这段引文出自《书经·舜典》："二十有八载，帝乃殂落。"蔡沈注："殂落，死也。死者魂气归于天，故曰殂；体魄归于地，故曰落。"

来看，他仿佛读过《圣经》似的。同样，《性理大全》的作者在第二十八卷从第四十一页开始也讨论了同一个题目并记载下程子[1]的下述名言：当人凝聚成形来到世上之时，即是说，天地纲缊相合之时，那包容一切的本质没有来临（因为它总是在的）。人一死，即天地相分之时，那包容一切的本质也不去（因为它无时不在，无所不在）。但是，气，即天之精气回归于天，体躯部分，即地之精气归之于地。[2]

（六○）几位有学问的中国人仿佛把人也看成是天使的化身；他们首先是指那些非凡的人。一位弥额尔博士[3]，本人为基督教徒，但却热心于研究中国学说，他在解释十诫的引言中说，中国古代圣贤是神灵和天使的化身，他们一直连绵不绝。更有甚者，他在论及那些崇高的形象时竟然认为，上帝，即至上神，也在他们身上得到体现，如尧、舜、孔子等人。这无疑是一个错误；这样一种道成肉身只能是指耶稣基督。另外，他的全部的论说足以证明，他只是半个基督教徒。尽管他否认灵魂是暂时性的和要泯灭的东西，但他绝不认为这跟中国古老的学说有什么矛盾；因为一个肉体化的天使在生前已经存在，死后也将继续存在下去。

这种学说在很大程度上跟柏拉图和奥利金[4]的学说是一致

---

[1] 原文写作 Ching-zu。

[2] 原文为：程子曰：“合而生，非来也；尽而死，非往也。然而，精气归于天，形魄归于地，谓之往亦可矣。”（《性理大全》卷二十八，第 41 页）朱熹说：“气聚则生，气散则死。”（同上）。

[3] 即杨廷筠（1557—1627），他于 1611 年入天主教，取教名弥额尔。

[4] 奥利金（Origenes，约 185—254），埃及哲学家兼神学家，早期基督教希腊派教父的主要代表之一。

的。一位同基督教徒有交往的中国学者向龙华民神甫承认，对于这个问题，他跟弥额尔博士持类似的见解。

（六一）据栗安当神甫说，中国人坚持认为，孔子、诸国王和他们国家的古代哲人以及那些具有非凡贤德的杰出人士都是那同一位天神——上帝，后者在中华帝国范围之内多次化成肉身，就是说，正是在他们身上得到体现的。神甫解释这种说法时所持的观点正是奥古斯丁著作中所写的摩尼教徒、阿威罗伊派甚至斯宾诺莎所共有的观点，即认为，灵魂是神的一部分或者神的变形，死后不再作为个体继续存在。但是，按照这种解释，伟大人物并没有什么超越常人的地方；而且，既然天使在其中得以体现的那些人的灵魂死后继续存在，那么为什么那更加伟大的、无与伦比的人的灵魂反而没有更加充足的理由继续存在下去呢？何况至上神同他的灵魂与躯体是以特殊方式合为一体的呢？

（六二）在我看来，没有什么障碍，倒是有种种理由促使人们推断，中国人的经典学说的内涵是，人的灵魂是跟那些侍奉最高神灵的鬼神属于同一类，尽管其地位低于后者。龙华民神甫和栗安当神甫对此持有异议，这并不使我感到惊奇，因为持无神论和异教信仰的学者（在中国却允许这些人不受惩罚地——至少以口头方式——传布渎神思想）预先就向他们宣传了自己的那些奇怪思想，这种思想虽然可以在中国流行，但却直接违背古人的学说和三千年前古人在他们国家所确立的祭祀礼仪；他们所持异议的内容是，理，即最高理性或者最高神灵上帝——最高理性或最高秩序的实体——和所有为他服务的有智慧的鬼神纯系虚构；最高神灵，即无所不包的"存在理由"无非是原初物质或者物质性的气而已；人们要求人民或者公众敬奉的鬼神是这种气的微粒子；所有一切，不论是出于偶然性还是必然性，都是以物质的方式产生的，没有任何一种智慧、天命或者正义对此加以规定。所以，整个中国宗教只是一出喜剧。但是，就神和天使这个问题而言，这种指责不管从哪个方面看都是毫无根据的，对此我们刚才已经作了相当详细的分析，人们当会作出判断，同样，关于灵魂问题的情况也是如此。

（六三）据我看，这两位神甫从经典著作中，不管从古代的还是现代的著作中，举不出任何支持他们观点的段落；不仅关于神和天使的问题，而且关于灵魂的问题都是同样的情况。他们只提供了一些从外部加进正文的诠释，这些诠释曲解、甚至破坏了正文的本义，使正文变得荒谬可笑、矛盾百出和虚假伪善。我们在前面曾描述过，中国人认为，死亡把属于地上的东西从属于天上的东西分离出来，后者类似空气并具有火的本性，最后重新与天合为一体。龙华民神甫由此推论说，灵魂是某种纯物质性的东西，它消失于空气（或者以太）之中。不过，人们同样有理由断言，我们的天使仅仅是火，因为《圣经》谈到神时说：fecit ministros suos flammam ignis。[1] 所以，我们必须坚持这种看法：这些鬼神是精神性实体，尽管它们披着细微物体的外衣；即便古代的基督徒和不信教的蛮族通常也是如此看

---

[1] 拉丁文，意为："你让风做你的信使，让火做你的仆人。"（《旧约·诗篇》104：4）

鬼神、天使和恶魔的。灵魂回归于天，意思是说：它同扩散于四方的天上物质更加紧密相连，从而比躯体更加有能力遵从神的意志，这同跟它属于同一类的天使完全一样。古代中国人指的恰恰就是这个意思，他们的灵魂重新跟天和上帝相合了。

（六四）这两位神甫，或者说那些对他们施加自己影响的人，伪造中国人的命题"一切为一"[1]，就是说，一切共分这个一；他们想使我们相信，按照中国人的说法，所有一切仅仅是序列不同的物质，甚至连上帝也不例外。然而，正如我所指出的那样，理，即"理性"或者原初实体是物质的原因，所有一切都根据其自己的完美程度分享此一原因的完美性。[2] 另外，他们断言，灵魂之回归于上帝无非是它消散于气体状的物质之中；随着尘世躯体的消失，它也失去了任何知觉。看来，他们更可能像摩尼教徒和阿维罗伊派那样旨在说明，神以及理或上帝是宇宙灵魂，它作用于尘世的躯体创造出个体灵魂；一旦此躯体解体，它便使个体灵魂也随之消失。且不说此一或彼一意见是违背独立个体的本性和权利的，它跟龙华民神甫援引的中国作者的本文也是相矛盾的。作者十分清楚地把无所不包的本性以及上帝或者理同个别灵魂的本质区别了开来。无所不包的

---

[1] 这个命题并非伪造。"一切为一"是中国传统哲学讨论宇宙生成和本体与现象的关系问题的基本命题。它的表述方式不尽相同，如："道生一，一生二，二生三，三生万物"（《老子》）；"一也者，万物之本也，无敌之道也"（《淮南子·诠言》）；"惟圣人能属万物于一而系之元也"（董仲舒：《春秋繁露·重政》）；"合之斯为一，衍之斯为万"（邵雍：《观物外篇》）；"是万为一，一实万分"（周敦颐：《通书》）。周敦颐的表述也许是龙华民和栗安当的直接出处。

[2] 莱布尼茨在这里完全从他的单子论出发来描述宋儒的理学，参阅他的 *Discours de metaphysique*（《论形而上学》），S. 32 和 *Monadologie*（《单子论》），§ 48。

本性（他说）是既不来也不去的，而灵魂却是来去升降的。意思是说，它时而同一种粗陋的物质性躯体，时而又同一种高贵、精微的躯体合而为一。所以，他让人理解的本意是，它继续存在着，否则他就会重新为无所不包的本性所吸收。

（六四a）让我们看一看栗安当神甫对此发表的意见：关于人的灵魂，中国人有各种各样的谬误见解。一些人认为，灵魂不死而只是游荡，注生命于不同的人或者动物，在它们身上重新诞生。另一些人则推想，它们沉入阴间，但稍事停留后便又从中逃脱出来。第三种人把灵魂看成是不死的，他们断言，它们游荡于最偏远的深山之中，他们称这类灵魂为神仙，——而且，在这一名义之下修建了一些庙宇。最后，学者和受过良好教育的人相信，我们的灵魂是精微空气的细小粒子或者一种火热的天上的气，这种气是从它所由产生的天上之极其精微的物质里分离出来的，所以灵魂一旦离开躯体便重新上升，回到作为它的中心的、它所由产生的天上并与天重新合为一体。《性理大全》这部哲学总集第二十八卷关于躯体和灵魂的论文[1]的主旨是，空气状的灵魂的固有的和真正的本源在天上，它在死亡时重又逸出飘浮回去，以便与天重新成为一个实体；相反，躯体的本源是地，它在死亡时复归于地，以便使自己分解重新变成泥土。这一卷的作者生于较晚的时代，其权威性还没有达到古代人的高度。但是，我们绝不可以小觑他。我相信，这段话

---

[1]《性理大全》卷二十八的标题为"鬼神"，下分总论、论人和鬼神兼精神魂魄、论祭祀考祇、论祭祀神祇、论生死等五章。

的译文因译者的先入之见而受到一些曲解，如其中说，灵魂与天成为一个实体。正确的译法想必是，它与天合而为一。不过，即便这段话的原文真的如人们现在所翻译的那样，这类泛指的词语仍然可能表达出合于理性的内容。不妨说，既然所有天上的神灵都是由属于天的实体构成的；于是，那变成一种天上的神灵的灵魂从而也成为一种与天具有同一实体的东西。天在这里指在伟大的宇宙之王治下的整个的天上的等级序列，即 exercitus coelorum。[1] 这个天不单单在可见的天空之上；因为按照上文援引的中国人的观点，天的气（连同天上的神灵）是广布于四方的。因此，根据他们的观念没有必要把灵魂作如此理解：它仿佛是完完全全跟天分离开来似的。它在深山之中四处游荡，它腾升，又降下，它在上帝之侧等等，所有这一切只是形象的表述方法。

（六五）假如考虑到古老的中国学说所指出的，灵魂在此生之后必将受到赏罚，那么他们之相信灵魂不死一说更加是显而易见的了。[2] 当然，学者们确实既不谈天堂，也没有提到地狱；这正是那位中国基督徒弥额尔博士怀着遗憾的心情所承认的，但这位博士同时却赞赏佛的信徒，因为他们不仅相信天堂，也相信地

---

[1] 拉丁文，意为：天上的居民大军。

[2] 德译者注：在上一节，他已论及神的国度。现在，他转而讨论报应思想的问题，这个问题在这里起着特殊的、几乎可以说是关键性的作用。实际上，在中国人那里，更精确地说，在他们的自然神学中发现关于报应的知识，对于莱布尼茨建立一种神义理论的尝试是至关重要的（参阅§10，28）。可以说这里是他陷入"论证困境的地方"。参阅他的 *principes de la Nature et de la Grace fondes en Raison*（《自然与理性恩宠原则》），§15；*Monadologie*（《单子论》），§85 以下诸节（尤其§90）和 *Essais de Theodicee*（《神义论》），§67 和§73 以下诸节。

狱的存在。另外，如果有人对那些自认为极其开明的现代中国人谈论来世生活时，他们似乎要报之以嘲讽。但是，倘使他们考虑到，那个按照他们自己的看法是智慧和正义的泉源的最高实体对于鬼神及其产生的灵魂所发挥的影响的广泛性并不亚于一位智慧的国王在其王国之内对他的臣民的影响的时候，他们也许会停止他们的嘲讽了，何况国王并非根据自己的意愿创造他的臣民，臣民对于他来说是很难驾驭的，因为他们并不完全依赖他。所以，那位伟大的主统治下的鬼神王国的秩序不可能劣于人的王国。由此可以得出结论，在后者治下美德必然受到奖赏，过失必须受到惩罚，而这种赏罚在此生是难以充分做到的。

（六五 a）事实上，古代中国人曾就这一方面作过暗示。我们已经谈到过，他们让一位智慧的和道德高尚的皇帝立于上帝之侧，他们把伟大人物的灵魂看成是天使的化身。栗安当神甫援引了学者们的五部基本典籍之一的《诗经》中的段落，其中提到他们古代的几位国王时说，他们死后升天，以便为至上之王上帝执灯照路，帮助他（我认为应译为：站在他的旁边侍奉他）并落座于他的左右侧；在这同一本书中还写道，那些从地升天和从天降地的国王可以作为护佑神和保卫者保护和帮助国家。[古老的评注《孔子四书详解》说……] [1]

---

[1] 德译者注：无法认定，为什么这部为栗安当在第 26 页所引用、莱布尼茨从未提到过的关于孔子四书的评注的题目在这里突然出现。从（原稿）第 14V 张右下角说明张页顺序的提示"简洁表示"字样可以看出，至少在最后一个双页的第一面这个书名应是新的一节的开始。

（六六）古代中国人所开创的对祖先和伟大人物的祭祀活动的目的很可能是，表示生者的感激之情———一种为上天所重视和奖赏的美德———和鼓励人们去做值得后代称颂的事。然而，古代人所发表的言论的意思似乎是，道德高尚的祖先的鬼魂为光环所环绕并属于宇宙之王的宫廷，他们有权带给后代善恶。这至少可以说明，在他们的想象中，祖先是继续活着的。

（六六 a）这对于考察古代人表述意见的方式是富有启发作用的。栗安当神甫说，孔子在《中庸》一书的第十七章中称舜帝是祭祖的开创者。[1]据题名《通鉴》，即通史（属于经典著作）的王朝编年史记载，他是君主王朝建立以来的第五位国王。孔子对他赞颂备至；他把国家的福祉归结为这种祭祀（在上述一章和第七十八章）[2]并指出，在这一点上古代国王是后代的榜样。在这一章的结尾，他还说，一位完全理解敬拜天地的内涵之所在和明白祭祀祖先的真正原因的国王，可望得到有保障的福祉并且将可靠地在全国实现明智的管理，这是唾手可得的。[3]

（六七）中国学者虽然既不谈地狱，也没有提到炼狱，然而他们中的一些人可能或者至少以前相信过，那些在深山野林之中来来去去、四处游荡的灵魂经受着某种炼狱的洗涤。我们

---

[1]《中庸》17 记载的不是舜为祭祖开创者，而是舜的后代对他的祭祀。原文为：子曰："舜其大孝也与。德为圣人，尊为天子，富有四海之内。宗庙飨之，子孙保之。"
[2] 这是明显的错误，应为第十九章。
[3] 这段话原文为："明乎郊社之礼，禘尝之义，治国其如示诸掌乎。"（《中庸》19）

曾谈到过游魂。我并不想有意对于基督教和异教的观念作牵强的比较，但不妨说，在康斯坦茨主教圣康拉德传中也记载着某些近似的事，这篇传记已收入我编的文集第二卷发表[1]；其中谈到，他和他的朋友圣乌尔利希在莱茵河的瀑布旁边发现，受罚入地狱者的灵魂以鸟的形象生活在那里，他们为之祈祷使它们得到了解脱。按照几位中国学者——不论古代的还是现代的学者——的看法，上述情况也许可以作如下解释：那些理当遭到惩罚的灵魂变成了担任低级职司的鬼神，如守护宅门、厨房、炉灶，一直到他们受罚期满。我们对于这些学者们的理论了解得太少，无法就他们观念的详细内涵作深入的讨论。

四、伏羲符号和二进位数字体系

（六八）如果我们欧洲人对于中国文献有足够的了解，那么我们藉助于逻辑学、犀利的批判力、数学和我们的概念这种更加精确的表达方式很有可能会在产生于如此久远过去的中国典籍中，发现许多为今天的中国人，甚至也为古代典籍的近代诠释家们——不论有人把他们看得具有多么高的经典性——所不知道的东西。比如尊敬的白晋神甫和我便揭示了帝国的奠基

---

[1] 指 *Scriptores rerum Brunsivcensium*（《布伦瑞克城纪事》），Bd.2，Hannover 1710. 圣康拉德传记的标题为 *Vita S.Conrad；ex Guelfis Episcopi*，见该文集第 1—14 页。

人伏羲的符号所包含的本来意义。这些符号只是由整线和断线的组合构成的，被认为是中国最古老的、尽管无疑也是最简单的文字。这类符号共有六十四个图形，它们全部收集在一部叫《易经》或者"变易之书"的书里。伏羲之后过了许多世纪，文王皇帝及其子周公，他们之后又过了五个世纪，著名的孔子——他们都曾探索过书中的哲学奥秘。另有一些人甚至希望从中找出泥土占卜之类的荒谬的东西来。但是看来，这位伟大立法者所掌握的实际上恰恰是二进位数字体系，在他之后又过了几千年，这一体系被我重新发现。[1]

（六八 a）在这个数字体系中，只有两个符号：0 和 1，用它们可以写出所有的数。[后来我发现，这个体系还包含着二分法逻辑，假如在分开的诸项之间一直保持着精确的对立，这种二

---

[1] 德译者注：这一个论断实际上比人们最初所设想的更加能够成立。在《易经》和二进位制，以及和"二分法逻辑"之间，的确存在着惊人的相似之点。尉礼贤把《易经》当作占卜书介绍时，首先指出，最简单的占卜只是（限于）回答是和否，因此，接着他便谈到构成《易经》的符号的"正线和负线"（Richard Wilhelm, *I Ging-Das Buch der Wandlungen*. Düsseldorf-Köln, 2 Auflage, 1960, S. llf），这样，他实际上已经出人意料地接近本文的论断。然而，这一论断是不正确的，这本来无须专门加以讨论。但是，由于某种原因它却历久而不衰；大概通过沃尔夫追随者 J.Brucker 的哲学史（*Historia Critica Philosophiae*, 1766 f. Bd. IV/2, S.853 ff.）这条渠道，它甚至传给了狄德罗；本文（六八）、（六八 a）几乎一字不差地出现在大百科全书关于中国哲学的条目中（Diderot, *Oevres completes*, Bd.14, Paris 1876, S.122ff.）。关键的一段全文如下（我们引用的是狄德罗先生哲学著作的无名译者的通顺译文，见第一部分，Leipzig 1774, S.352）："这部《易经》……包括六十四种不同的图形，它们是由整线和断线的组合构成的。中国人希望在这些图形中发现关于自然和自然现象的深奥原因与占卜术秘密的直观形象的历史以及我所不知道的其他一些奇妙的知识；最后，莱布尼茨才揭开了谜底，他向整个的、如此机敏的中国人指出，伏羲的双线所包含的内容不是别的什么，而是关于一种用零和一的特殊运算方式的基本知识。不过，人们不可以因此便轻视中国人，因为往往非常可能发生这种情况：一个非常明智的民族为一项发现也许会徒然地工作整整几个世纪之久，但却把这个发现保留给了莱布尼茨一个人独立完成。"

分法逻辑是非常有用处的。] [1] 当我把这个体系描述给尊敬的白晋神甫时，他首先便把它看成是伏羲的笔画符号，因为后者跟前者完全相符 [前提是，每个数之前加上必要数量的零，以便使最小的数的线跟最大数的线完全相等]，假如我们用断线——代替 0 或者零，用整线——代替整数 1 的话。[2] 这个体系能够以最简单的方式进行变化，因为它只有两个成分。看来，伏羲似乎具有组合论的知识，我年轻时曾就此写过一篇短小的论文，事过很久以后，有人却违背我的意愿将它再次印刷出版。[3] 但是，在

---

[1] 德译者注：请比较（三八）后面删除的一段话，两者完全一致，几乎一字不差。"二分法逻辑"——跟分类法相反，它指连续不断地把一个整体分成两部分，每一部分再分成两部分，依次类推。这就是说部分的数量以二次幂的形式增加：1；2；4；8；16；⋯⋯或者 2^0；2^1；2^2；2^3；2^4；⋯⋯这完全符合二进位累进制，所以，二进位制只不过是以二次幂的形式书写数字。参阅莱布尼茨在（七〇）、（七一）对于二进位制写法的解释。于是，$25=16+8+1=2^4+2^3+2^0=1.2^4+1.2^3+0.2^1+1.2^0$，用二进位体系的写法则是 11001。

从莱布尼茨提到二分法逻辑一事可以推断，他指的是下述模式，它同时也符合所谓 arbor porhyriana（斑岩树）状的逻辑模型。

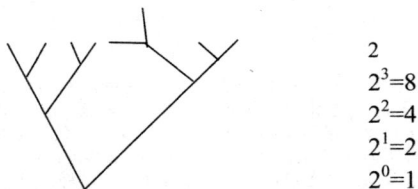

$$2$$
$$2^3=8$$
$$2^2=4$$
$$2^1=2$$
$$2^0=1$$

[2] 德译者注：饶有兴味的是，尉礼贤的引言中，太极一词——本来被译作 der Firstbalken（脊檩）——却被当作"《易经》的原始思想"加以介绍。太极是"脊檩，是线，随着这条本身为一的线，二也来到这个世界。与二产生的同时，确定了上下、左右、前后——总之是一个对立的世界"（15）。请比较"六合"这个概念的含义（§48a）。这一番描述明显地把"六合"跟所谓"六种自然现象"相提并论了，即指《易经》八卦中位置在中间的六卦。按照 A.Forke 的说法，这些符号是建立"一种自然哲学的第一次尝试"，它是由分别代表天和地的 1 和 8 这两个对立的原始符号互相混合形成的。这两个符号结成对子，从它的组合中产生出"六个自然现象——火与水，雷与风，山与泽"，这称得上是第一批世界本质，从它们的组合中又产生所有其他事物。与此相应的是中国人古代的原素说不是五个，而是六个原素，即所谓"六府"。中译者按：金木水火土谷在这里并非元素名称，而是指物料，府是指收藏或管理这些物料的地方或职司，而并非"元素"一词的替代名称。

[3] 莱布尼茨于 1666 年写成 *De arte compinatoria*，1690 年被非法重印。

这一种数论 [只要这种逻辑学……][1] 被完全遗忘以后，中国人后来再也没有发现这个体系的正确含义。我不知道，他们从伏羲符号又推演出了哪些符号和谜图；既然他们不知道它们的真正含义，他们一般又是怎样推演的；还有，那位善良的基尔歇神甫对埃及方尖碑的铭文一无所知，他是怎样进行推演、判断的。这一切都证明，古代中国人不仅在（为最完美的伦理学奠定基础的）宗教方面，而且也在科学方面远远超过现代中国人。

（六九）二进位制数字体系尽管在柏林综合论文集[2] 中曾给以解释，但仍然鲜为人知，而它之同伏羲符号相提并论仅仅出现于已故腾泽尔先生 1705 年所编的德文杂志上 [3]，所以，在这里对它加以解释，我想大概是再合适不过了，因为我们正在讨论的问题是，为古代中国人的学说辩解、正名并指出他们优于现代中

[1] 德译者注：这里指的只能是"二分法逻辑学"，这是第三次在删除的段落里提到它了。这个题目对作者显然是太重要了，以至他不想草草加以讨论；但它却又一再地出现于他的笔端。人们可以清楚地感觉到，他在原稿接近结尾处讨论二进位制技术方面的问题时所表露的那种急不可待的心情，由此不妨设想，二分法逻辑本应是第四章讨论的基本内容。（三八）中删除的关于伏羲符号的句子称，它"包含着我的二进位算术，同时——我后来才发现——它也包含二分法逻辑的内容"。这可能是对于准备在第四章讨论的——真正令人感到意外的——内容的关键性的伏笔。这一章绝不应是对一些古老理论的轻描淡写的归纳和重复，而是在于揭开二进位制的一个全新的方面。否则人们根本无法理解，作者为什么又不厌其烦地列出一个第四章。——难道可以设想，他没有更高的目标，而只是为了重复自己已说过的话吗？在本文注第 333 页注 [2] 曾暗示，莱布尼茨可能继续讨论的问题。人们应该理解的是，他没有时间整理一下自己的思想，因此没有写完这篇论文。

[2] 指 P. Dangicourt (1664—1727，法国数学家）的一篇文章，标题为：De periodis columnarum in serie numerorum pro-greessionis Arithmeticae dyadise expressorum (《表现于二进制算数级数累进序列的基本周期》）载：*Miscellanea Berolinensia* (《柏林文汇》）*I* (1710)，S.336—376。

[3] 滕泽尔（W. E. Tentzel)，*Curieuse Bibliotec* (《珍藏图书》)，Dresden 1705，S.80—112 登载有：W. E. Tentzel, *Erklärung der Arithmeticae binariae, welche vor 3000 Jahren bei den Chinesen im Gebrauch gewesen und bisher bei ihnen selbst verloren, neulich aber bei uns wieder gefunden worden* (《三千年前中国人曾应用，而后为他们自己遗失现在为我们重新发现的二进位算术之解析》)）。

国人之所在。在我开始之前，我只想再补充一点，柏林已故的修道院院长、生于格莱芬哈根的安德里亚斯·穆勒先生[1]，一位从未离开过故土的欧洲人，曾孜孜不倦地研究中国文字，注释和出版了阿拉伯作家阿布达拉·贝达维关于中国的讨论文章。这位阿拉伯作者在他的文章中说，伏羲发现了 peculiare scribendi genus, arithmeticam, contractus et rationaria [2]———一种对数字系统、约减和运算方式的特殊写法。他关于数字体系的论述证实了我的解释：这位古代哲学之王的符号来源于数。

（七〇）古罗马人使用的是一种半为五进位制，半为十进位制的算术；关于这一点，人们从赌博筹码上还能够看到一些痕迹。从阿基米得的"沙数"可以看出，在当时人们已经对十进位制有所了解。十进位制是从阿拉伯人那里传到我们这里来的，好像经由西班牙流传进来，最终经过著名的格尔伯特，即后来的教皇席尔维斯特二世[3]的介绍才更广泛地为人所知。我觉得，十进位制与我们有十个指头这个事实是有关系的。但是，由于这个数可任意选取，于是有几个人便建议使用十二进位制。与此相反，已故艾哈德·魏格尔先生则选用了一个较小的数4，用毕达哥拉斯的说法即四数（Tetraktys）。这就是说，在通常的十进位制中，我们用 0、1、2、3、4、5、6、7、8、9 来表达所

---

[1] 穆勒（Andreas Müller, 1630—1694），是欧洲最早致力于中国文化研究的人之一。曾试图编一本题名"Claris Sinica"（《中文之钥》）的书，据他说，藉助他这本书可以在短时间内掌握中文，阅读中文文献。这引起正在探索人类原始语言的包括莱布尼茨在内的欧洲学者们的注意。但直到他死，这本奇书都没有问世。

[2] 拉丁文，正文中已作解释。

[3] 席尔维斯特二世（Silvester II, 940—1003），999—1003 年任教皇，据说他将印度—阿拉伯数字引入欧洲。

有的数。例如321这个数用魏格尔写法表达的数是$3.4^2+2.4^1+1$，用我们所熟悉的写法就是48+8+1=57。

（七一）这使我产生一个想法，采用二进位制，即用0和1表示所有的数，方法如下：

0	0
1	1
10	2
11	3
100	4
101	5
110	6
111	7
1000	8
1001	9
1010	10
1011	11
1100	12
1101	13
1110	14
1111	15
10000	16
10001	17
10010	18
10011	19
10100	20
10101	21
10110	22
10111	23
11000	24
11001	25
11010	26
11011	27
11100	28
11101	29
11110	30
11111	31
100000	32
etc.	etc.

这些数字与我的设想完全相符，如：

111＝100+10+1＝

4+ 2+1＝7

11001＝10000+1000+1＝

16 + 8 +1＝25

这些数也可以通过不断地加1求得，例如：

```
        1
        1
       10
        1
       11
      ..1
      100
        1
      101
      ..1
      110
        1
      111
      ..1
     1000
```

圆点指人们通常在演算过程中脑子里记住的1。

1	1
10	2
100	
1000	
10000	16
100000	32
1000000	64
etc.	etc.

10 相当于 2
100 相当于 4
1000 相当于 8
余类推

按照上述方法，整个数字的排列如下：

（七一 a）上面的表列出了连续排列的自然数的写法。假如想继续写下去，也不必进行运算，只需注意到每一行数都呈周期性变化就可以了；而且，同一些周期一再重复，例如第一行（从上到下，右起第一行——译者）为 0、1、0、1 等；第二行为 0、0、1、1，0、0、1、1 等；第三行为 0、0、0、0、1、1、1、1、0、0、0、0，1、1、1、1 等；第四行为 0、0、0、0、0、0、0、0，1、1、1、1、1、1、1、1 等；其他各行的变化可类推，只是头脑里要记住，每行开头的空位是零。用这个方式可以依次写出各行的数，列出一个自然数表，而又无须作任何运算；我把这称为列数法（德文 Zählung，法文 la Numeration）。

（七二）现在来讨论加法。进行方法是，把诸数全列出，相加时作圆点记号，以通常方法使每行的数相加，其步骤如下：数出一行内的 1，比如说此数为 29，然后查表，知道这个数的写法为 11101，在这一行下写上 1，而在第二、三、四诸行作圆点记号。这些圆点告诉人们，最后在其所在的行内必须加上 1。

（七三）减法非常简单。乘法只是简单相加，不必使用毕达哥拉斯表，只需记住：0 乘 0 等于 0，0 乘 1 等于 0，1 乘 0 等于 0，1 乘 1 等于 1。

（七四）作除法远算时，无须烦琐地写出数，只要看一看除数是大于还是小于前面的余数就可以了。除数如大于余数，商的符号是 0，反之则是 1。除数必须从前面的余数中减去，以便得出新的余数。

（七五）这种对于某些运算程序的简化是一位很机敏的人根据这一数字体系提出来的[1]。主要优点是，这个体系非常有助于完善数的科学，因为一切都是周期性进行的。此外，还有一点非常值得注意：由自然数列自乘所得出的同一级的幂不论多高都不会大于构成其根的自然数。

---

[1] 指培里坎（W.J.Pelican）和他的论文 *Arithmeticus perfectus... seu Arithmetica dualis*（《算术的完美……或二进位算术》），Prag 1712。

创世的秘密

—— 致不伦瑞克 – 吕内堡 – 沃尔芬比特尔鲁道
夫·奥古斯特公爵的新年贺信

致不伦瑞克和吕内堡

鲁道夫·奥古斯特公爵大人

（由信使递呈）

仁慈的君主和大人，

最尊贵的公爵，

我希望，尊贵的殿下将垂恩明察，我既是遵照习俗，也是
出自我的拳拳之忱，在新年来临之际，谨致最良好的祝愿，衷
心祝愿您在新的一年以及未来的岁月中贵体保持健康，祝愿大
家的和您的国家万事顺遂。

此次为了不致完全流于纸上空谈，我谨奉上一幅就最近曾
有幸与您讨论过的那个问题所绘制的图案。它的外形如纪念币
或奖章；尽管我的设计尺寸很小，尚可根据需要加以修改，但
就东西本身而言，如承蒙殿下恩准，也许值得用白银铸就留给

后世赏玩。基督教信仰的要点之一，即在那些世界智者所最少了解的人以及异教徒中不易传布之点是，神的全能由无创造出所有事物。现在可以说，最适于想象、也最适于表述创世的莫过于本文所揭示的数的本源之说了，即数只用一和零或无来表述，大概在自然界和哲学中很难找到更好的表现这个秘密的图案了。因此，我在我设计的纪念章上写上：IMAGO CREATIONIS。[1]

然而，同样值得注意的是，从中不仅令人看到，神创造了一切，而且还说明，神是精心创造了这一切的，他所创造的一切是美好的，正如我们在图案上所亲眼看到的那样。因为在一般人观念中的数，就其书写符号（背面）或者标记而言给人的印象是既无秩序也没有某种连续性的；与此相反，在这幅图案上，由于注意到数的最深层的内在原因和初始状态，便表现出一种奇妙无比良好的秩序与和谐一致，其中展示出了整个过程的变换规则，人们按照这个规则可以随心所欲地写出一切数，不用运算，也不必藉助记忆。比如，人们可以在右侧第一行或最后一位，不间断地由上到下写 0、1，0、1，0、1，0、1 等；在第二行或第二位写 0、0，1、1，0、0，1、1 等；在第三行写 0、0、0、0，1、1、1、1，0、0、0、0，1、1、1、1 等；在第四行写 0、0、0、0、0、0、0、0，1、1、1、1、1、1、1、1，0、0、0、0、0、0、0、0，1、1、1、1、1、1、1、1 等，可以不停地写下去，而周

---

[1] 拉丁文，意为：创世图。

新年贺信中建议制作的列有二进制表的纪念章
（1737 年 C. G. 卢多维奇草绘）

期或者说变换周期却一直保持不变。这样一种和谐的秩序和完
美性，可在纪念章的计数到 16 或 17 为止的小小的数表上看到；
更大的表格比如计数到 32，是无法容下的。由此不难得出结论，
人们在神的作品中所看到的混乱无序只是表面现象而已；但是，
假如人们像用望远镜一样，从正确的焦点观察事物，那么它们
的对称性就显现出来了。这种情况一再激励着我们赞美和爱戴
一切善和美所由产生的至高的智慧、善良和完美。因此，我写
信给正在中国的耶稣会神甫闵明我[1]，他是该国钦天监监正。
我是在罗马与他结识的，他在返回中国途中曾从果阿写信给我。
我认为最好告诉他这样一种计数的设想，因为他曾亲自对我说
过，那个强大帝国的君主是一位热心的算术爱好者并且曾向闵
明我的前任南怀仁神甫[2]，学习过欧洲运算法。我希望，这一

---

[1] 闵明我（Claudio Filippo Grimaldi, 1638—1712），意大利人，1669 年来华。
1688 年为康熙皇帝任命为钦天监监正，当时他正在欧洲，1694 年返回中国后正式履职。
[2] 南怀仁（Ferdinand Verbiest, 1623—1688），比利时人，1659 年来华。最初在
陕西传教，后奉召进京参与修正历法。1669 年任钦天监监副，1674 年任监正，1688 年去世，
他的职务由闵明我接任。

340

幅揭示 [基督教] 创世秘密的图案会帮助他逐渐认识到基督教信仰的优越性。

《第二张（原稿）》为了便于解释纪念章的其余部分，我把主要的几个数，即 10 或 2，100 或 4，1000 或 8，10000 或 16 用 * 号标识出来；只要见到这种符号就可以从它所标识的数看出其他一些数的来由。比如，为什么 1101 与 13 相对应，下图便明白显示出来：

1	1
00	0
100	4
1000	8
1101	13

其余诸数亦如此。

我在纪念章数表两侧分别列上了一个加法例题和一个乘法例题，从中可以按照普通运算规则或者基本计算方法推知诸运算程序的根据；当然本意完全是为了把这种运算法用于观察和发现数中的秘密，而绝不是一般生活中的秘密。

不过，为了更生动地摹写创世情景，也为了使纪念章本身不仅有数字，而且也有点别的令人感到悦目的东西，我在上面设计了光明和阴暗，或者——按照常人的描写——[运行于] 水面之上的神的灵；阴暗在深处，神的灵则运行于水面之上，于是神说，要有光，光就出现了。[1] 这个主题用在这里非常合适，

---

[1]《旧约·创世记》1。

341

因为空虚的深处和荒凉的阴暗即零和无，而神的灵及其光则属于全能的一。

对于象征的词语或者 Motto dell' impresa [1] 我曾考虑了相当长时间，最后发现最相宜者莫过于加上一行诗：

OMNIBUS.EX.NIHILO.DUCENDIS.SUFFICIT.UNUM. [2]

由于这行诗十分清楚地指明了整个象征图案的意义之所在和它成为创世图的原因，所以我们可以把这行诗相应地分成两个部分，这既可以藉助于字母的差别，也可以从词与词之间留下的小小的空白表示出来。第二部分 SUFFICIT UNUM 很醒目，一望而知这是主要警句。像在类似情况下所要求的那样，它本身包含着唯一的 argutiam [3] 和深刻思想。因为这个 sufficit unum（一已足矣）虽然在这里本来说的是数和为数所暗喻的创世，但它还有进一层的含义，它解释了我们的学说，它本身含有我们生活的和基督教义的基本准则：唯一的善对我们而言已经足够了，如果我们好好坚持的话。在 omnious（一切）上方是 2、3、4、5 等诸数，Nihilo（无）上方是 0，[unum（1）上方是一]，这样每个人都会把诗句的解释引申到数表上去。

纪念章尚未提及的空白一面应放上什么，这完全看尊贵的殿下的意思。殿下看是半身像签名还是别的什么。在 RφA 中，R 和 A 之间的 φ 的含义是 1 从 0 中间穿过，其上方有一顶皇

[1] 拉丁文，意为：警语。
[2] 拉丁文，第一个句子 Omnibus ex nihilo ducendis 意为：一切来自无，第二个句子 Sufficit unum 意为：一是基础，或一已足矣。
[3] 拉丁文，意为：无穷意味。

冠。这也许没有什么不妥的地方，因为 Φ 暗示希腊文的 phi 或者 ph，它是殿下的姓名中所有的[1]，即由两个词构成的殿下名字中的第一个词的末尾。UNUM. AUTEM. NECESSARIUM.[2] 是基督自己对我们发出的指令，放在这里作为象征并非是不可取的；或者也可以加上其他得体的东西。

最后，由于在这个想象中蕴含着数的许多秘密，因此我希望，能够照此方式一直写到 16000，或者写到 16384，其写法应是：

100000000000000//16384，

这些数字还写不满一张字母表大小的篇幅或者一面书页。

[原稿边沿有下列一个表格（德译者）]

1	1
10	2
100	4
1000	8
10000	16
100000	32
1000000	64
10000000	128
100000000	256
1000000000	512
10000000000	1024
100000000000	2048
1000000000000	4096
10000000000000	8192
100000000000000	16384

---

[1] 鲁道夫·奥古斯特的拉丁文写法为 Rudolphus Augustus。
[2] 拉丁文，意为：一，但却是必不可少的。

书写很简便，因为人们可以循着一定顺序径自写出 0 和 1，像抄写文稿那么快，甚至更加快些。采用这种方式写出的数的长度不致超过一般写法的三到四倍。但是，正如我们所想象的那样，其中包含着许多对于乘法学有益的和奇迹般的东西。因其勤奋和用心而令人赞赏的汉堡计算协会如有人出于兴趣乐于为此花费神思，将会发现我可以保证能够发现的东西，它将给他们，也给德意志民族带来不少荣誉，因为这是在德国首先创造出来的。我认为，这种数字写法将带来奇迹般的方便，这些方便以后也会在普通运算中派上用场。关于这些问题下一次详谈。

至于纪念章，这种东西交给铁刻匠人是很容易制作出来的，因为它基本上是由数字和字母构成的。工匠们都有数字和字母的字模，可以打进未经淬火变硬的铁料上。我谨将这一切交由殿下定夺，终生愿作

殿下的臣仆

您最恭顺的仆人

戈特弗里特·威廉·莱布尼茨

1697 年 10 月 2 日于沃尔芬比特尔

后记

　　这本小书所收的几篇文章和附录莱布尼茨《关于中国哲学和二进位数体系的两封信》的中译文的完成和发表有过一条曲折的路，可以说，完全出乎我的意料。我原本爱读文学作品，自进大学修德语言文学专业，最爱读的是莱辛和海涅。1985 年 8 月去德国海涅就读过的哥廷根大学参加国际日耳曼学者联合会（IVG）会员大会，这小城，这小城里的旧校区和附近的哈尔茨山使我产生一种亲切感，因为我在海涅的作品里都熟悉了。大会结束后我选择的学术访问地点和机构是我心目中的另一个圣地——莱辛曾任馆长的沃尔芬比特尔的奥古斯特公爵图书馆（到达后我才知道，它的首任馆长是莱布尼茨）。我在那里逗留了两天，在主人的引导下仔细参观了图书馆的各个书库以及莱辛的旧居，爱读书的我一下子给吸引住了。后来与该馆学术负责人施帕恩（Sparn）先生会见，两人交谈十分投合。他说明，这家以收藏古书和古写本闻名于欧美学界的图书馆可为对中古时代作专题研究的学者提供奖学金。1986 年初，我向该馆提出申请，我的研究题目是：儒家思想在十八世纪末以前的德国的接受。申请很快得到批准，我在该馆定为"中国年"的1987年初到达。随着工作的展开，我关注的重点从结果转向过程：逐渐对在儒学西渐的过程中起过关键作用的耶稣会产生浓厚的兴趣。于是，便详细考察了耶稣会的历史和它的活动，尤其他在欧洲出版的关于中国的书，研读了在华耶稣会士首次译成拉丁文以《中国哲人孔子》（*Confucius Sinarum Philosophus*）为题在欧洲出版的儒家经典集，它包括《大学》、《中庸》和《论语》的前十章，即习惯上称的《上论》。我边读书边写作，陆续写成关于利玛窦和卫匡国的论文。前者初稿为德文，作为每月一次的在馆研究学者学术报告会的报告。我的报告被安排在1987年年底，即图书馆中国年结束之时。接着，我的兴趣转向对中国文化怀有特殊情感的莱布尼茨，研读他本人的一些著作和有关他的文献。我为这位西方最后一位博学学者（Unihistor）的博大胸怀深深感动，这位几乎在他那个时代的全部重要的知识领域都有所建树的伟大学者治学的目的"不仅是为了通过自己的思考和研究丰富重要的知识领域，而且首先是以自己持之以恒的努力和不懈的工作使人类在理性思考和道德修养方面更臻于完美"[1]。他做人治学的这一崇高目的使他不怀任何偏见地于1699年编辑发表了《中国新消息》一书，他在该书开篇一段几乎是怀着激情写道："命运的一个独特决断——我认为——

---

[1] G.W.Leibniz, *Norssinaa Sinica*（《中国新事》）德文本序言，第 VII 页。

使今天人类最高的文化和最高的技术文明集中于我们大陆的两端：欧洲和中国，后者如东方的一个欧洲装点着大地的另一端。也许至高无上的天意所遵循的目的便是，当最文明的（而同时又相距最遥远的）民族相互伸出臂膀的时候，会将存在于其中间的一切人纳入更富有理性的生活。[1]他在他死前两年，即1714年写成《论中国哲学》。我正是从《论中国哲学》和《单子论》发现了他与朱熹哲学思想的可比性。恰在此时我去汉诺威图书馆查阅资料并参观莱布尼茨文献室的手稿和实物（如他发明的手摇计算机），有幸结识馆长和文献室主任海涅卡普（A.Heinekamp）先生，他们作为大会组委会成员递给我第五届莱布尼茨国际学术讨论会的邀请信，我欣然接受。当时我正边读边译《单子论》，很快便写成《莱布尼茨与朱熹》一文寄去，会议在1988年11月中旬举行，而我必须在9月底以前回国，未能与会，论文被收入会议文集。在此以前我已完成他的《论中国哲学》和《关于二进位数体系的信》的译事。

回国后，关于利玛窦和卫匡国两文的发表颇具戏剧性。1989年秋经人引荐，两篇文稿由我当时尚在上海工作的长女交某教授，希望能在他主编的关于中国文化研究的不定期辑刊发表。我立即得到回复：被接纳，信中不乏谬奖之言。同时盛情邀请我参加1989年12月"儒家思想与未来社会"国际学术讨论会。我接受了邀请，很快写成《〈中国哲人孔子〉一书中的孔

---

[1] G.W.Leibniz, *Norssinaa Sinica*（《中国新事》）德文本序言，第VIII页。

子形象》，准时与会并宣读论文。会后在《复旦学报》1990年第1期关于讨论会的综述中有一段谈到我的论文，给当时只是个副教授的我加上德语系主任的头衔。《复旦学报·社会科学版》1990年第3期从提交给大会的论文中选出六篇先予发表，我的论文是其中之一。可以说给足了我面子。会议期间我被告知，我的关于利玛窦和卫匡国的两篇论文将陆续在《复旦学报》发表，1992年3月，即在我交稿两年半之后我被告知，文稿已不知下落。我感到震惊，但我未予理会，我存有复印件，对我损失不大，何况当时工作很忙不愿为已成事实无法挽回的事费神。而且尽管我明知今后不会再与此公交往，仍不愿伤害读书人之间的和气。过了几个月，我将此事告知当时在香港工作的刘小枫先生，他让我将文稿寄给他。我于1992年9月7日将文稿寄往香港，他又转寄台北辅仁大学神学院房志荣教授。《耶稣会士卫匡国与儒学西传》发表在《神学论集》第94号（1992年冬），《从西方关于儒家思想的最早传说到利玛窦的儒学评介》发表于《神学论集》第96号（1993年夏）。发稿如此之快，我深感惊讶，这与上面提到的情况形成强烈反差。容我将后来的事放到这里来说。2001年下半年我和夫人经香港去欧洲探亲访友并参加12月中旬在柏林举行的"基督教文化与中国文化的相遇：翻译与吸纳"国际学术讨论会。在这个会上与台北辅仁大学《神学论集》主编房志荣教授不期而遇，他说他将两文只相隔一期就接连发表是破例的。我躬身表示谢意。回国途经香港在汉语基督教文化研究所客居一周，其间偶遇上海那位教授的一个学生，他说先生正在台北访问，返程亦途经香港。我请他转达我对他的先生的问候。

1994 年 8 月间，我应邀去德国参加在汉诺威举行的第六届莱布尼茨国际讨论会。我如期到达，报到时一位先生走来跟我打招呼，问我是否朱先生，我赶忙称是，他自报姓名，两人握手后找了个地方坐下。他对我从一个日耳曼学者转为莱布尼茨研究者颇感兴趣，我简单作了介绍，交谈良久，甚是相契。后来得知，波泽（Hans Poser）先生当时是德国莱布尼茨学会会长，柏林科技大学哲学系主任。这一届由联合国教科文组织资助的会议的与会代表中只有三张黄面孔：一个日本人，两个中国人，另一个中国人是在波泽先生的系工作的李君，他询问的对象只有两个，非此即彼。我们同在一家饭店下榻，经常交谈。当他了解到我正在翻译莱布尼茨的《神义论》时，他立即将他尚为打印稿的论文《关于最好的世界中对恶的容许——论莱布尼茨的神义论证》取来赠我。（后来，我在为我《神义论》中译本写的《译者前言》的开篇第一段就引用了他对莱布尼茨神义论证的具有高度概括性的论断："以哲学的范畴深入信仰空间，从而有可能使哲学与神学的关系颠倒过来，这样的哲学不再是神学的奴婢，而是以信仰进行审判的理性。"）——他问我，近期有何打算，我说，我要将我在沃尔芬比特尔积累的资料写成文章；另外，此次来德途经北京时曾过访刚结识不久的弥维礼（Wilhelm K.Müller）博士，他在北京使馆区的德语学校教拉丁文，本人是虔诚的耶稣会士，因为我研究耶稣会的历史而对我怀有亲和感，这次北京相会两人长谈三个多小时。他建议我不妨研究一下托马斯·阿奎那的著作，他与朱熹亦有可比点。我想，他言之有理。波泽先生静静地听着，未表达他的看法。回国后我写成《耶稣会与明清之际中西文化交流》一文。1995 年春我获得多次资助我参加国际学术会议的德意志学术交流中心（DAAD）专给访问学者的奖学金。在我申请奖学金时我已与波泽先生联系好，请柏林科技大学哲学系和他本人分别作为我的工作单位和合作者，他欣然表示同意并着人为我安排住处。同年初波恩大学顾彬（Wolfgang Kubin）教授组织和主持的主题为"中国文化中的忧伤情怀"的一次学术讨论会邀我参加并提交论文。我抓紧时间用德文写成《苦与乐——在弘道重负之下的士》。这一年 6 月底我与我的夫人一起去德国，首先在波恩逗留一周参加会议，鉴于与会者大都是来自欧美各国的汉学家，会议语言是中文和英文，我只能宣读中文稿。会后去瑞士巴塞尔访问老友冯铁（Raoul David Findeisen），他为我提供了一个长长的关于托马斯·阿奎那的书目，这为我省去不少时间。并陪我们去处于阿尔卑斯山中的尼采的隐居地希尔斯玛丽亚过了一个周末，使我们有幸参观这个哲人的故居。最后去柏林，一直待到 11 月底。尽管我挂靠科技大学，可大部分时间是在柏林自由大学的图书馆查阅文献，因为它的人文学科的藏书更多。这里顺便提一下，我凭我的柏林居留证明可在多所大学图书馆办借书证，不交任何费用。而且还不须出示任何证明，在任何一所大学的阅览室查阅参考书和伏案阅读或写作。所以，自由大学迄今一直将我当成它在华的 Alumne（校友）与我保持联系。

关于朱熹与托马斯·阿奎那的论文，因一件接一件的译事而拖了很多年。最后痛下决心放下一切译事和杂务赶在我的母校南京大学百年校庆和我的恩师张威廉先生百岁华诞之前发表，献给教我做人和治学的恩师。

我在这里就本书所收论文的成文过程拉拉杂杂地写了这么多，这也许会让人生厌。我之所以要写这些过程，是为了记述我所接触的学界人士曾经给我以怎样的帮助。我们这一代的德国学界人士戏称学界为 Gelehrtenrepublik（直译：学者共和国），这是一个追求知识的共体，没有国界，没有种族差别。我此生有幸在这个共和国里遇上许多知音和乐于助人的同仁，他们给我提供机会，提出建议，无私地让我分享他们的研究成果，邀请或者推荐我参加国际性的学术会议（从 1985 年到 1996 年我退休之前共参加了十一次国际学术会议，2001 年 12 月柏林会议是我退休之后参加的唯一一次讨论会）。正是他们的帮助，他们提供的机会，他们的鼓励，我才写出这里收入的和其他不宜收入这本小书的论文。我永远对这里提到的和未提到的我所接触到的同仁心怀感激之情。

这本小书之能问世全仰赖与我有多年交谊的知音和乐于助人的周运先生以及浙大出版社的同仁。在红尘滚滚，物欲横流，一切向"钱"看的当今，他们能接纳这种不会有多少读者的东西甚是难能可贵。我谨用"大恩不言谢"这句俗话来表达此时我对他们怀有的感激之情。最后，我不会忘记我的妻子和两个女儿在我写作其中某些论文时为我查找文献、校对引文、誊抄原稿或打印某些德文稿和作为第一批读者校阅定稿所付出的辛劳。这本小书虽轻，却承载着厚重的恩情、友情和我们全家的亲情。

朱雁冰

2013 年 1 月 16 日晨

重庆歌乐山麓

图书在版编目 (CIP) 数据

耶稣会与明清之际中西文化交流/朱雁冰著. —杭州：
浙江大学出版社，2014.8
ISBN 978-7-308-13019-6

Ⅰ.①耶… Ⅱ.①朱… Ⅲ.①耶稣会－关系－文化交
流－研究－中国、西方国家－明清时代 Ⅳ.①K248.03
②B979.2

中国版本图书馆CIP数据核字 (2014) 第052935号

耶稣会与明清之际中西文化交流
朱雁冰 著

策划编辑	周　运
责任编辑	王志毅
营销编辑	李嘉慧
装帧设计	罗　洪
出版发行	浙江大学出版社
	（杭州天目山路148号　邮政编码310007）
	（网址：http://www.zjupress.com）
制　作	北京百川东汇文化传播有限公司
印　刷	北京中科印刷有限公司
开　本	880mm×1230mm　1/32
印　张	11.25
字　数	216千
版印次	2014年8月第1版　2014年8月第1次印刷
书　号	ISBN 978-7-308-13019-6
定　价	45.00元